LECCIONES DE FOOTBALL AMERICANO

Rubén Ibeas

ÍNDICE

Prólogo 4

Introducción 6

Capítulo 1: **LA LÍNEA OFENSIVA** 7
- Fundamentos de los OLs
- Pass-protection
- Run blocking

Capítulo 2: **RUNNING BACKS** 33
- Fundamentos
- Recibiendo el balón
- Rutas terrestres
- Rutas aéreas
- Los RBs bloqueando

Capítulo 3: **WIDE RECEIVERS** 64
- Fundamentos
- Route-running
- Recepción del balón
- Los WRs bloqueando
- Árbol de rutas (Route Tree)

Capítulo 4: **TIGHT ENDS** 99
- Fundamentos
- Los TEs bloqueando
- Saliendo en ruta
- Formación de dos y tres tight ends

Capítulo 5: **QUARTERBACKS** 130
- Stance
- Dropback
- Sujeción de balón durante el dropback
- Release
- Lecturas y Progresiones
- Audibles y Motions

Capítulo 6: **LA LÍNEA DEFENSIVA** **151**
- Techniques y Gaps
- Fundamentos
- Pass-rush moves
- Stunts

Capítulo 7: **LINEBACKERS** **168**
- Stance
- Hit & Shed
- Pursuit
- Tackling
- Claves para las lecturas
- Cayendo en cobertura

Capítulo 8: **CORNERBACKS** **187**
- Stance
- Backpedal
- Slide step
- Break to the ball
- Cuando el balón vuela
- Jam
- Cornerbacks coverages
- Otros empleos del cornerback

Capítulo 9: **SAFETIES** **207**
- Strong Safety
- Free Safety

PRÓLOGO

La primera vez que hablé con Rubén Ibeas me dejó impactado. Sin conocernos de nada, nos enfrascamos en una conversación apasionante como si nos tratáramos desde niños. Un diálogo telefónico en el que prácticamente me contó su vida. Cómo había sido jugador profesional de baloncesto, cómo tras retirarse se convirtió en ojeador y se dedicó a buscar a los jóvenes talentos del mundo de la canasta y cómo, casi por arte de magia, se aficionó al football americano.

Esa experiencia en el basket profesional, y esa forma de ver el deporte entrando hasta esos detalles que pueden dar pistas sobre el auténtico valor de un jugador, fueron moldeando la forma como Rubén ve el football americano. Y es una forma muy diferente a la de la mayoría. Como si fuera un mutante capaz de llegar más allá que cualquier otro ser humano. Con el poder de aislar el trabajo de cada jugador, uno por uno, dentro del maremágnum que es una jugada de la NFL. Como si detuviera el tiempo, y la acción que dura unos pocos instantes se ralentizara a sus ojos, para moverse a cámara lenta mientras él mira con lupa lo que está haciendo cada jugador, y analiza su trabajo.

He conocido a algún otro mutante capaz de hacer algo así. Y os aseguro que son seres superiores e inalcanzables. La mayoría tenemos suficiente con seguir la jugada, o el trabajo de un hombre concreto, o incluso de un pequeño grupo de ellos. Solo unos pocos han alcanzado ese grado superior en la escala evolutiva que les permite no perderse un detalle de lo que sucede sobre un emparrillado.

Rubén es un hombre bueno. Y quiere que todos, en la medida de nuestras posibilidades, seamos capaces de ver lo mismo que él, aunque al principio solo podamos hacerlo en diferido, mirando las jugadas una y otra vez a cámara lenta. Por eso, desde hace años se ha empeñado en la misión quijotesca de explicar el football americano a los que no sabemos. Pero no quedándose en la superficie, en el abecé de lo ya conocido, sino rascando más allá, fijándose en esos pequeños detalles a los que nunca llegaríamos sin ayuda, y explicándolos con cuidado, pasión y mimo para que lo complicado resulte sencillo.

Durante muchos años he tenido la suerte de publicar esos artículos de Rubén. Primero en el blog Zona Roja y más tarde en la sección de NFL del diario AS. Y para mí se han convertido en una biblia indispensable, una fuente de inspiración y un lugar de consulta en el que resolver todas mis dudas sobre las interioridades del maravilloso juego que es el football americano. Muchos de los artículos se han centrado en análisis pormenorizados de jugadores concretos, esquemas, formas de abrir la lata de una defensa infranqueable… Pero hay unos pocos muy especiales, en los que Rubén analiza las claves de cada posición con una profundidad nunca vista en ningún idioma para el gran público. Nociones que antes solo estaban al alcance de entrenadores y jugadores, quedan gracias a él a disposición de cualquier seguidor de la NFL ¡y en español!

Sin olvidar a Marco Álvarez, Deion, coautor de este libro y uno de los grandes sabios del football americano en España que, después de tantos y tantos años viendo y analizando NFL, ha conseguido ver el football con una clarividencia similar a la de Rubén, para convertirse en uno de los mejores divulgadores de este deporte.

Ahora solo queda que disfrutéis de este libro, en el que Rubén y Marco han recopilado y actualizado todos esos artículos sobre la posiciones en el football para que siempre los tengáis a mano. Además, han aprovechado esta edición para retocarlos, reescribir y actualizar conceptos, y volver a confirmarnos que detrás de su simpatía y sencillez hay dos seres superiores, mutantes, empeñados en que los simples mortales disfrutemos de nuestro deporte favorito.

Mariano Tovar
AS NFL

INTRODUCCIÓN

Hace poco más de dos años Mariano Tovar me dio la oportunidad de participar en el megaproyecto de AS NFL. Formar parte de un grupo de gente tan apasionada por este deporte hizo que mi afición por el mismo creciese más si cabe pese a llevar enganchado a él desde hace más de veinte años.

Sin duda una figura destacaba en el grupo de AS por su extraordinario entendimiento del juego, Rubén Ibeas. Veía el deporte más allá de los touchdowns, los placajes espectaculares o los turnovers decisivos. Él era capaz de explicarte por qué un equipo había superado al oponente de tal forma, o mejor aún, anticipar lo que ejecutaría alguien en función de su análisis previo del rival.

Este libro os va a poner en el camino para ver y entender el deporte como Rubén. Por supuesto eso no se puede lograr con una única y fría lectura. Es un libro para tenerlo bien cerca del televisor o el ordenador para revisarlo cada vez que observes algo que te recuerde haber leído. "Lecciones de football americano" es un libro atemporal porque siempre te va a servir de referencia. A mí me sigue valiendo igual que el primer día para recordar conceptos que por acumulación olvidamos.

Os recomiendo que hagáis lecturas por capítulos y luego cuando sea el día de partido prestéis un poco más de atención a ese grupo de jugadores que hasta ahora habías pasado por alto, ya sea la línea ofensiva, los linebackers o los defensive backs. Rubén llega a un nivel de profundidad elevado, pero nunca olvida la esencia y los fundamentos para lograr explicar lo difícil de forma comprensible para todos.

Lo reconozco, hasta hace bien poco yo no era capaz de distinguir una Cover-2 de una Cover-3, ni siquiera revisando la jugada con el vídeo una y otra vez. Trabajar codo con codo con Rubén y contar con este libro como referencia me han permitido poder hacerlo incluso en directo. Ya puedo reconocer porqué tal jugador se ha movido a cierta zona o si alguien ha fallado su asignación. Es fascinante revisar el vídeo y entender cómo los grandes quarterbacks son capaces de destrozar una defensa, o al contrario, cómo una magnífica retaguardia es capaz de confundir al quarterback mejor preparado.

El football americano es el deporte de equipo por excelencia y leyendo este libro vais a entender por qué. Cada posición tiene sus fundamentos técnicos y Rubén los explica de maravilla a lo largo de los capítulos. Pero de nada sirve que un jugador ejecute sus parámetros de la manera más ortodoxa posible si no lo hace en consonancia con el resto de sus compañeros. Eso es lo que veréis desarrollado en la segunda parte de cada capítulo: cómo un quarterback se compenetra con sus wide receivers, un runningback con su línea ofensiva o los cornerbacks con los safeties. Todos juntos convierten el baile del football en una "obra de arte".

Disfrutad del libro con paciencia. No tratéis de leerlo en un día ni os agobiéis con tanta terminología en inglés. Acompañad esta experiencia con mucho vídeo, intentad presenciar todos los partidos que podáis por televisión y poco a poco, si sois capturados por la ilusión de Rubén, llegaréis en su momento a entender el juego como él.

Marco Álvarez
NFL en Estado Puro

LA LÍNEA OFENSIVA

Venga, no me engañéis. Nadie de vosotros se fija en esas cinco personas que están colocadas en la línea delante del *quarterback*, ¿verdad? Una vez que el balón llega a las manos del pasador, nuestra mirada se dirige a él, al corredor, a algún receptor o incluso a algún defensa que está buscando placar al *quarterback*. Pero en ese espacio de tiempo, a veces corto y otras veces más corto aún, hay cinco jugadores del ataque que están dando su vida por mantener a su compañero libre de presión y con el tiempo suficiente para poder pasar lo más cómodo posible. Esos cinco hombres del ataque son los líneas ofensivos (*offensive linemen*, OL).

La línea ofensiva de un equipo la componen el *center* (C), dos *guards* (RG y LG) y dos *tackles* (RT y LT). El *center* es el jugador que está posicionado en el centro de esta línea. A ambos lados de él se sitúan los *guards*, en el lado derecho será el RG (*right guard*) y en el izquierdo el LG (*left guard*). Por último, en los dos extremos de la línea, aparecen el RT (*right tackle*) a la derecha y el LT (*left tackle*) a la izquierda.

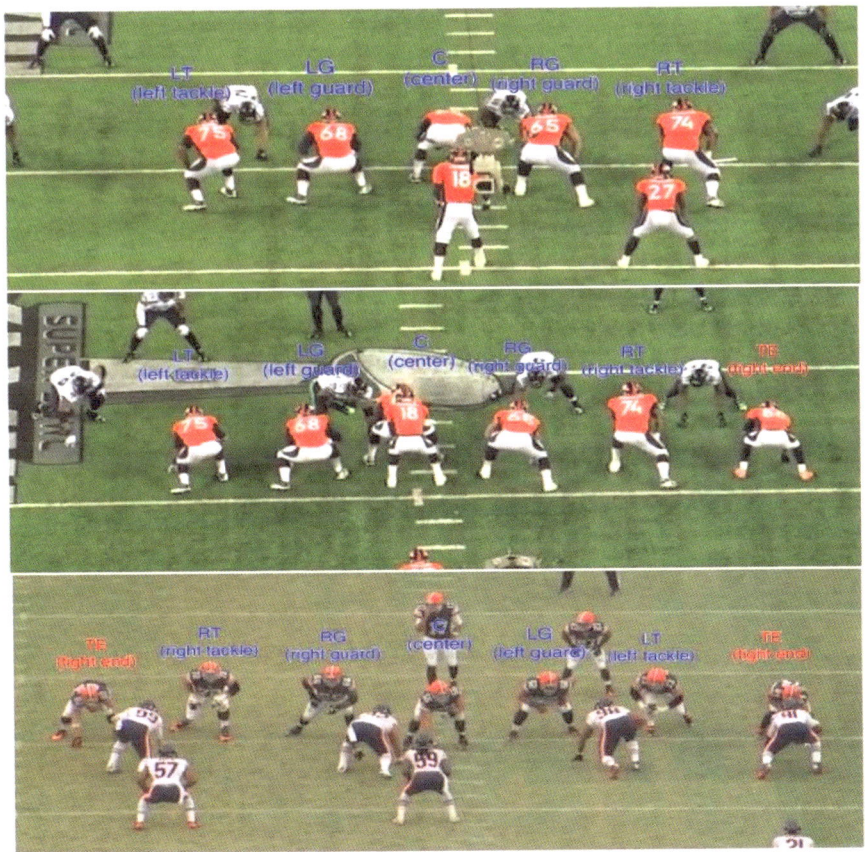

En esta imagen podéis ver la composición de la línea ofensiva. Veréis que en la segunda y tercera imagen, el número de jugadores en la línea se incrementa. Esto es debido a que el equipo sitúa a *tight ends* (TE) a uno o a ambos lados. Los *tight ends* pueden ayudar a bloquear a los defensores o, directamente, salir en ruta para recibir.

El *center* es el jefe de la línea. Es el encargado de discernir lo que propone la defensiva rival, comunicarse con sus compañeros de línea y mandar los tipos de bloqueos a realizar. Además, tiene la difícil misión de lanzar el balón a su *quarterback* (*snap the ball*) y de bloquear a su línea defensivo asignado al mismo tiempo. Debe ser muy inteligente y conocedor del juego para ser capaz de prevenir todo tipo de *blitz* o asignación defensiva. También debe dominar a la perfección el lanzamiento de balón a su *quarterback*. Tiene que ser muy preciso en este aspecto, ya que es vital para que el pasador pueda ejecutar el lanzamiento lo más rápido posible.

Los *guards* suelen tener la misma estatura que los *center*, quizás un poquito más altos y más fuertes. Deben ser muy poderosos físicamente y tener explosividad en sus movimientos. Se mueven en espacios reducidos, así que no es necesario que sean veloces, pero sí explosivos. Se enfrentan cada semana a los tipos más fuertes del equipo rival (*defensive tackles*) y deben ser capaces de cerrar las líneas de penetración aguantando las embestidas de estos defensores, así como de abrir huecos para la carrera de sus *running backs* (RB).

Los *tackles* suelen ser los hombres más altos y rápidos de la línea. Ellos se enfrentan a los *pass rushers* (líneas defensivos que intentan entrar al *pocket*) más veloces del rival. Deben tener pies rápidos y ligeros, así como la suficiente fuerza para aguantar y mantener a su *quarterback* libre de presión. El LT (*tackle* izquierdo) debe ser el mejor atleta de esa línea y el que más calidad tenga, ya que es el encargado de cuidar del lado ciego del pasador (siempre que el *quaretrback* sea diestro. Si fuese zurdo, el lado ciego será protegido por el *tackle* derecho). Un *tackle* debe dominar y ser buen lector de lo que su rival le propone. A diferencia de los *guards* y de los *centers*, los cuales pueden realizar dos por uno entre ellos con más facilidad, los *tackles* se encontrarán, en muchas ocasiones, solos frente al *defensive end* (DE) o frente al *outside linebacker* (OLB, *linebacker* exterior).

Gran parte del éxito del ataque de cualquier equipo, recae sobre estos cinco hombres. Dar tiempo a su *quarterback* para pensar y lanzar, o mantener a los *running backs* libres de defensores para que pueden correr con el balón, son sus objetivos. Como entenderéis, es lo más complicado y más duro de la ofensiva, así que merecen toda la atención y reconocimiento posible.

FUNDAMENTOS DE LOS OLs

Antes del *snap*, los líneas defensivos deben de establecer una serie de aspectos básicos. Su colocación y posicionado en la línea es vital. En la *línea de scrimmage* (LOS) hay una serie de huecos entre cada atacante que son denominados *gaps*.

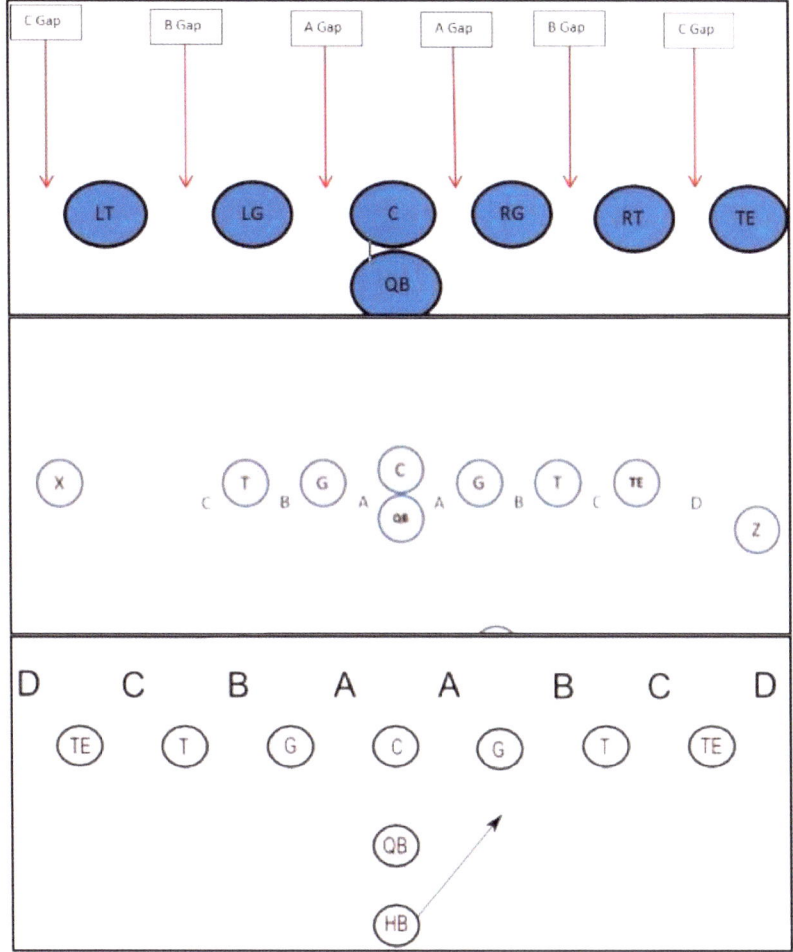

Como podéis ver, el *gap A* está entre el *center* y el *guard*. El *gap B* entre el *guard* y el *tackle*. El *gap C* está por fuera del *tackle* y, si hubiese un *tight end*, aparecería el *gap D* por fuera de éste. Una vez situados en la línea, el *center* (si lee alguna situación defensiva que haya cambiado la asignación previa de la línea ofensiva) dará la orden de qué *gap* corresponde a cada atacante, y éstos tendrán la misión de proteger ese *gap* o de abrirlo para que el *running back* corra por ahí con el balón.

Una vez asignado cada *gap*, el línea ofensivo debe mantener una correcta posición de su cuerpo. A esto lo llamaremos el *stance*. Hay dos maneras de realizar el *stance*: en "dos puntos" (*up stance*) o en "tres puntos" (*down stance*). Lo vemos en la imagen de abajo.

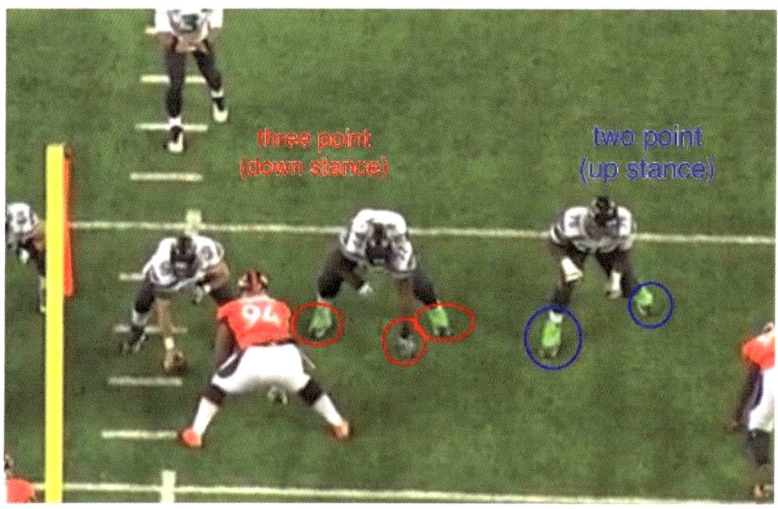

Generalmente (pero no siempre es así), veremos a los *tackles* en "dos puntos" y a los *guards* (y obviamente al *center*) en "tres puntos". Ambos *stance* tienen en común que los pies deben estar a la altura de los hombros, éstos deben estar en paralelo a la *línea de scrimmage*, las rodillas dobladas y la espalda un poco inclinada, formando una especie de Z. La cabeza siempre arriba para ver lo que está sucediendo y nunca bajar la vista porque perdería la referencia del defensor.

En los *guards*, el pie de fuera (el izquierdo en la imagen de arriba) debe estar situado un poco atrasado, dejando su punta a la altura del medio del pie interior. En los *tackles*, el pie de fuera deberá estar con la punta a la altura del talón del pie interior. En "tres puntos" el peso del cuerpo estará repartido en los tres apoyos sobre el suelo (los dos pies y la mano exterior), mientras que en "dos puntos" se repartirá en los dos pies. ¿Por qué así? Para el *guard* será más fácil atacar al defensor y mantenerse flexionado para aguantar a su rival saliendo desde "tres puntos". Y para el *tackle*, iniciar en "dos puntos" le permite salir más rápido para cortar el ángulo del defensor que va por fuera intentando entrar en el *pocket*.

Es fundamental que los líneas ofensivos mantengan siempre (en la medida de lo posible) el mismo *stance*. Si cambiasen el *stance*, dependiendo de si la jugada fuese de pase o fuese de carrera, facilitarían las lecturas de la defensa.

En jugadas de corto "yardaje" o situaciones de *goal line* (pegados a la *end zone*), veremos a todos los líneas en "tres puntos", ya que será más rápido contactar con los defensores, haciendo más fácil la ganancia de esas pocas yardas.

El *snap count* (cuenta o palabras clave que pronuncia el *quarterback* antes del *snap*), es una de las ventajas que tiene la línea ofensiva sobre la defensa, por ello es importantísimo que cada miembro de esta línea sepa y reconozca lo que su *quarterback* está mandando. No puede haber errores ni despistes en esta cuenta. Cualquier fallo, en el *snap count*, puede dar al traste con toda una serie ofensiva

PASS-PROTECTION (PROTECCIÓN DE PASE)

El *quarterback* deja en manos de la línea ofensiva su integridad física. Una vez que es diseñada una jugada de pase por el quarterback, los líneas ofensivos saben que su misión es dar todo el tiempo posible a su compañero para encontrar al receptor idóneo para el lanzamiento. Para realizar estos bloqueos, los *OLs* necesitan de una serie de técnicas y habilidades para que esta protección funcione.

Una vez iniciado el *snap*, el línea ofensivo tiene que mantener un buen *leverage* frente a su defensor. El *leverage* es la posición del cuerpo y su aprovechamiento del espacio. Es decir, un buen leverage para un línea ofensivo es mantenerse siempre más abajo que su oponente, y con una separación de pies adecuada para moverse más rápido (anchura de los hombros). Para ello, necesita mantener las rodillas flexionadas y el centro de gravedad bajo. Esto hará que sus pasos laterales sean más rápidos y así se podrá situar siempre entre su hombre y el pasador.

La cabeza tiene que ir hacia atrás a la vez que sus brazos se extienden empujando al línea defensivo. Si la cabeza la lanza contra el rival, lo más probable es que pierda el equilibrio del cuerpo, permitiendo que el defensa se zafe fácilmente del bloqueo. Es vital mantenerse flexionado y con un buen balance del cuerpo.

Las manos deben ir al pecho del rival, a los números de la camiseta. Una vez las manos ahí, será más fácil moverse con el defensor. Si las manos van a los hombros, o por fuera de ellos, no tendrían una superficie clara donde apoyar las manos para poder empujar, así que es muy posible que cometan *holding* (agarrar o abrazar al defensor) en su afán por bloquear, lo que conllevaría una penalización.

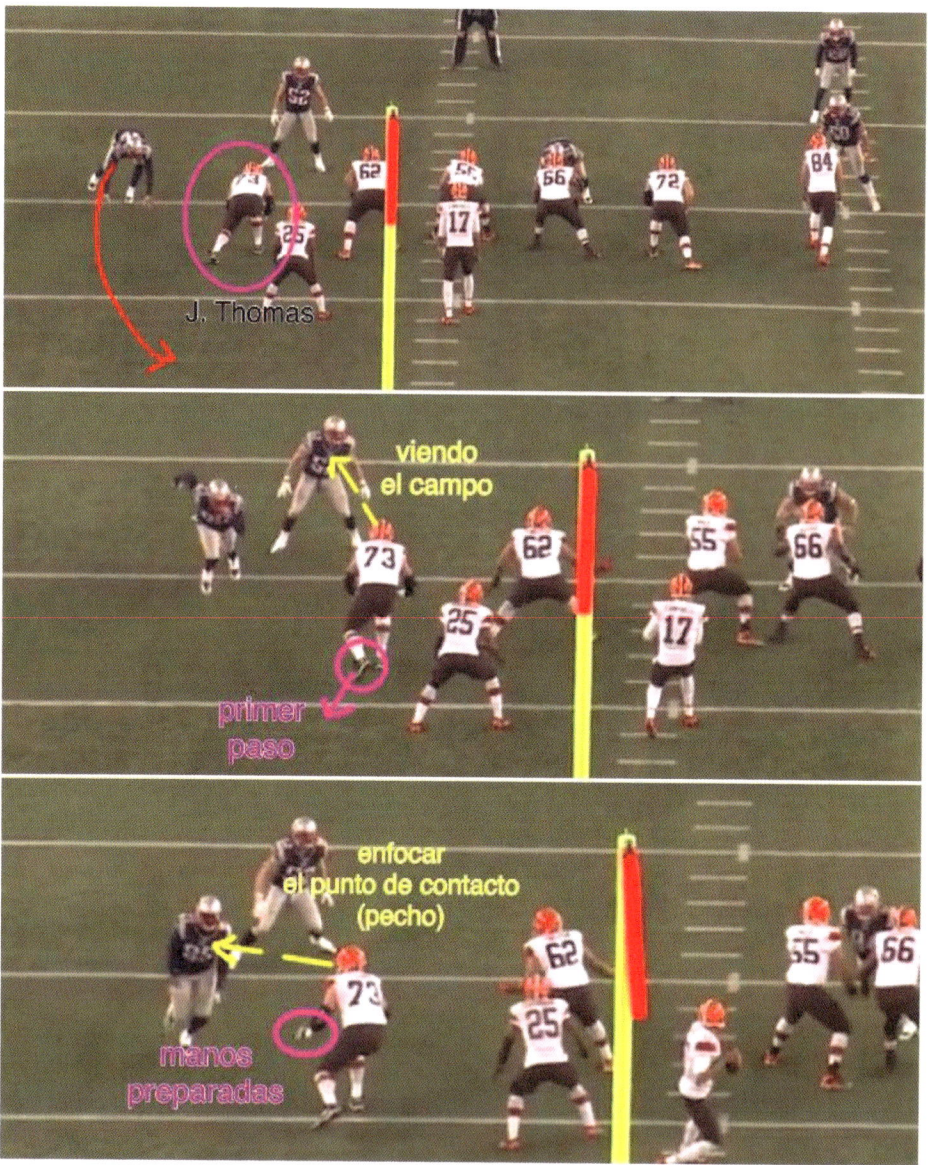

El *left tackle* del círculo morado es **Joe Thomas**, probablemente el mejor tackle izquierdo de toda la **NFL** actual. Vemos como todos los líneas ofensivos, excepto el center, están en *up stance* (dos puntos). El DE intentará penetrar en el *pocket* por el *gap C* (por fuera del *tackle*). Primer paso hacia atrás con el pie exterior de **Thomas**, muy rápido, pero siempre con la cabeza arriba y viendo el posible *blitz* del linebacker. Una vez que mueve el pie interior, mira a su hombre y va subiendo las manos preparándose para el contacto. Los *OLs* deben mirar siempre a los números del defensor, no al casco, así tendrán siempre enfocado el punto de contacto. Vemos como el *center* y el *guard* derecho se quedan en un dos por uno (*double team*) frente al *defensive tackle*.

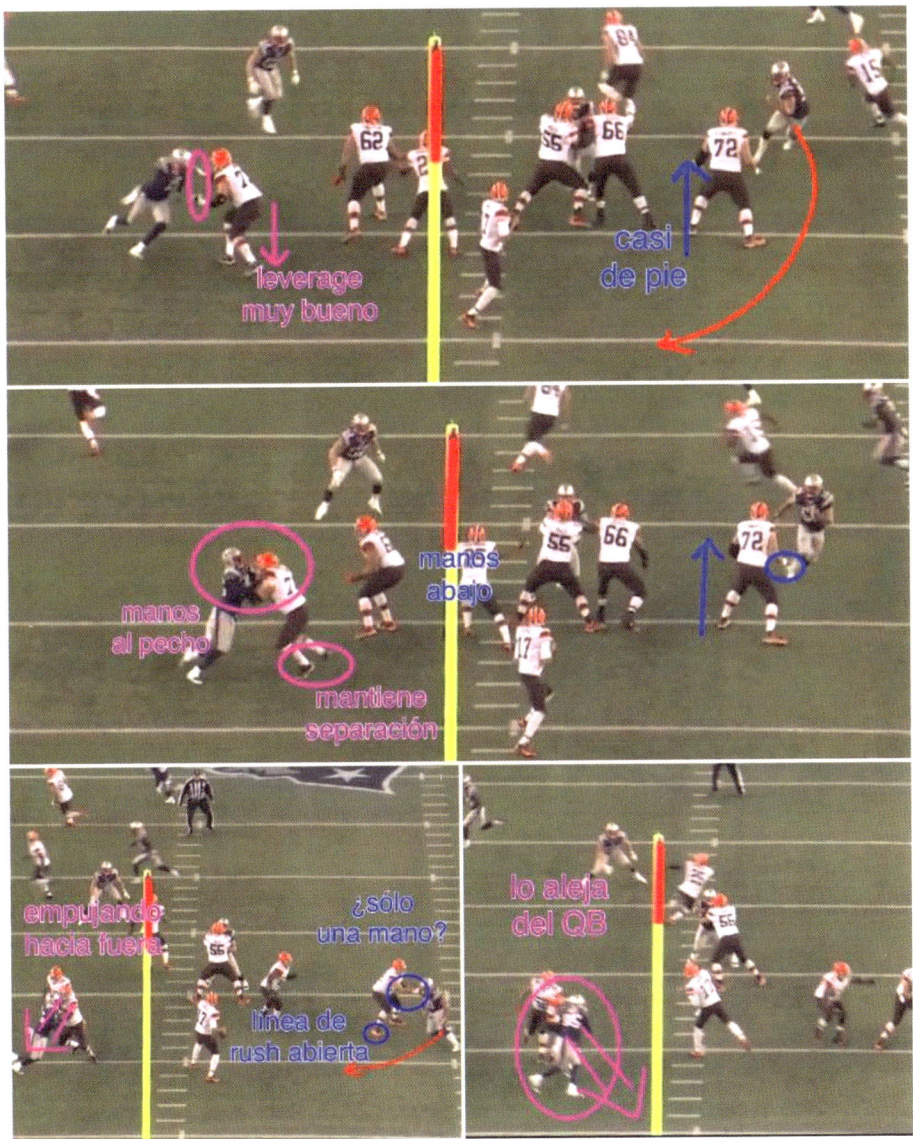

Preparado para el contacto, **Thomas** tiene sus manos dentro de los brazos del defensor. Su *leverage* es muy bueno, ya que es capaz de desplazarse flexionado y posicionarse a un nivel más bajo que su oponente. Consigue que la separación de los pies (a la anchura de los hombros) se mantenga y no tenga problemas de balance o de equilibrio. Contacta con el defensor y sus manos están en los números. Así, y con su buen *leverage*, es capaz de ir alejando a su hombre del *quarterback*, dando tiempo a éste para lanzar cómodo.
Por el contrario, vemos todo lo mal que se puede hacer, si no se domina esta técnica, en el lado derecho con el *right tackle*.

Sin flexión, los pasos laterales son más lentos, provocando que el defensor le gane la línea exterior del *rush* (acción de penetrar en el *pocket*). Al tener las manos abajo, no puede contactar y solo llega a poner un brazo (insuficiente). Por último, su *leverage* es malo, con lo que el defensor (mucho más abajo que él) puede evitar el contacto. Esto es buen ejemplo de lo que es una buena y una mala técnica.

Otra herramienta clave para una buena protección al quarterback es el *kick slide*. Se denomina así a los pasos laterales de los líneas ofensivos para ir cerrando la línea de *rush* a los defensores. Este *kick slide* es más largo y veloz en los *tackles* de lo que tiene que ser en los *guards* o el *center*, ya que, los *tackles*, tienen más superficie para cubrir.

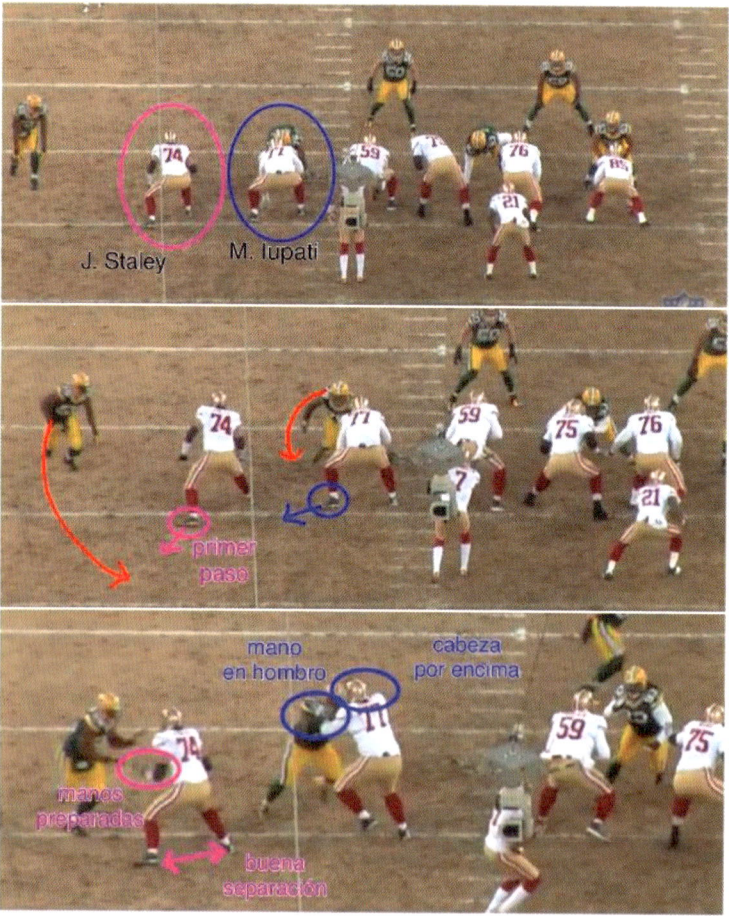

Esta vez, el *tackle* izquierdo está en *up stance* y el *guard* izquierdo en *down stance* (tres puntos). El hombre de ese *guard* irá por el *gap B* y el del *tackle* por el *gap C*. El *tackle* mantiene un buen *leverage* y prepara las manos al mismo tiempo que busca su paso atrás. Sin embargo, el *guard* ve como pierde el *leverage*, no pudiendo colocar las manos dentro de los números del defensor.

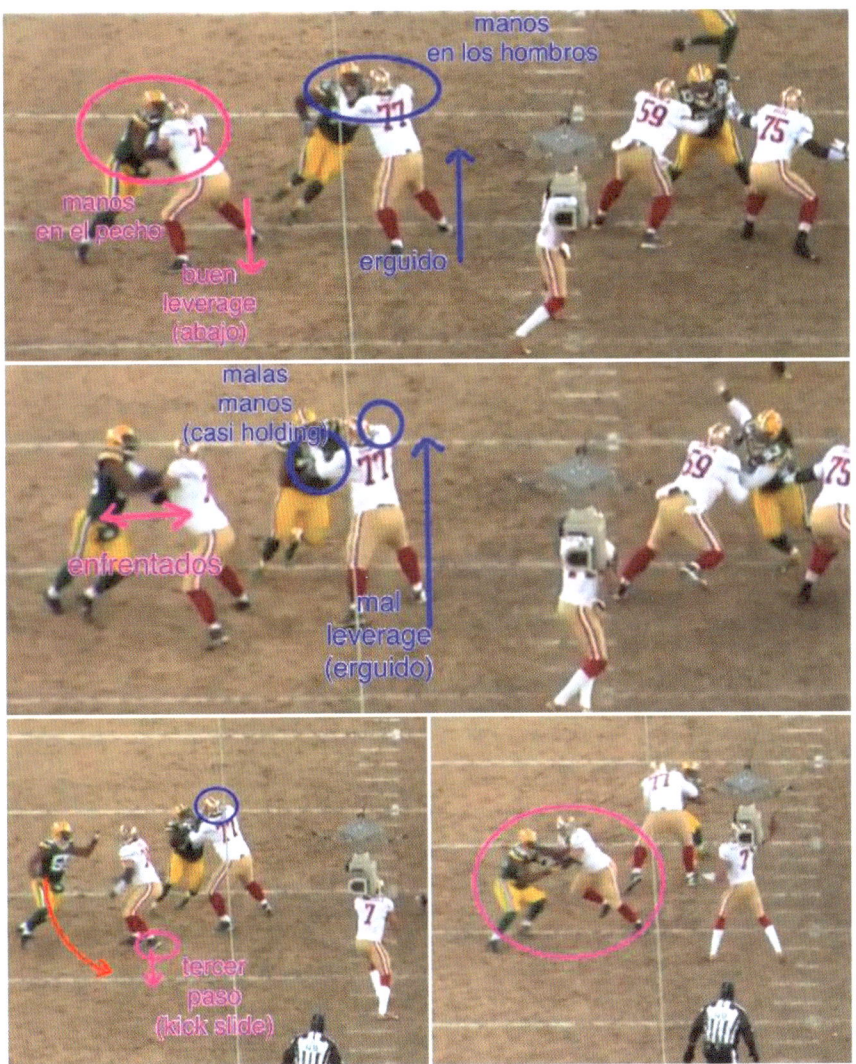

Perfecto el *leverage* del *tackle* izquierdo. La perfecta separación de pies le hace jugar un *kick slide* muy rápido y así consigue una gran colocación de las manos. Es capaz de empujar a su hombre y con un rápido tercer paso, volver a situarse entre el defensor y el *quarterback*. Por el contrario, el *guard* sigue en problemas y cada vez más cercano a cometer un *holding*.

Un línea ofensivo debe posicionarse antes del *snap* con una ventaja sobre el línea defensivo. Es decir, tiene que intentar colocar su pie exterior entre los dos pies del defensor, evitando que éste penetre por dentro, que es lo más cercano al pasador. Las rutas interiores deben estar cerradas.

Una vez así dispuestos, el primer paso de un línea será el *vertical step*. Un paso hacia atrás (el de su pie más exterior) con un ángulo de 45 grados. El *tackle* deberá repetir este paso dos y tres veces más para situarse enfrente del defensor que va por fuera. Este *vertical step* no debe efectuarse nunca antes de tiempo, porque si se comete ese error, se deja abierto el interior para que, con un cambio de dirección veloz, el defensor se cuele por ahí. El *guard*, al tener menos espacio que cubrir, deberá contactar con el defensor tras este primer paso.

No siempre podrá ser posible situarse en la LOS con esta ventaja, ya que el defensor puede moverse antes del *snap* y situarse amenazando la puerta interior. Para corregir esta situación, los líneas ofensivos utilizan el *post step*. Es decir, con el pie interior, en vez de echarlo hacia detrás, lo moverá hacia delante, impidiendo al defensor ir por dentro. A su vez, debe mover las manos rápidamente y empujar el pecho del defensor para evitar que éste cambie de dirección y vaya por el hombro exterior del bloqueador.

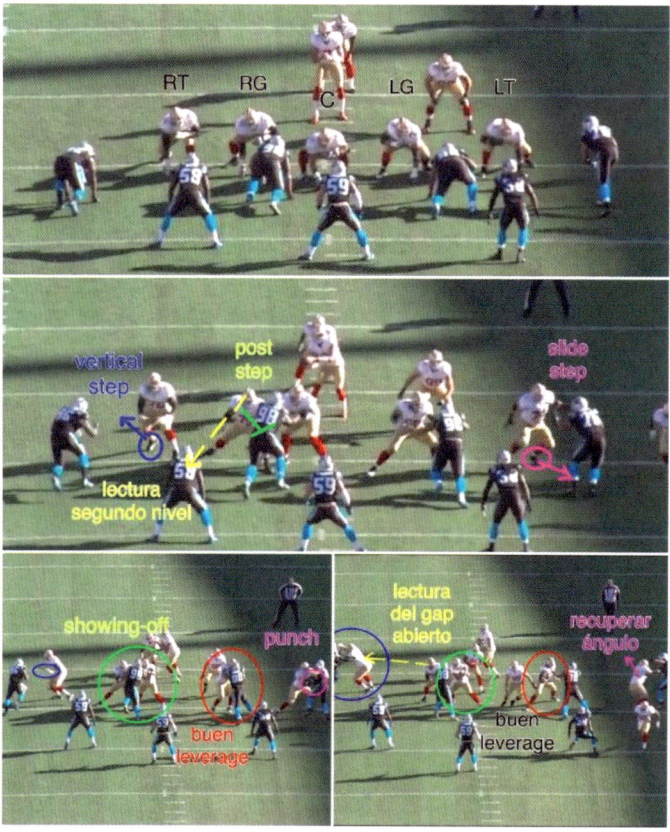

Vemos como el *guard* derecho tiene a su hombre amenazando el hombro interior (*gap A*). Sin embargo, el *guard* izquierdo tiene a su hombre amenazando el *gap B*. Los dos *tackles* también están amenazados por fuera. El guard derecho utiliza su *post step* para evitar que el defensor vaya por ese *gap*, ayudando al *center* y siempre con la visión puesta en el segundo nivel (zona donde están los *linebackers*) por si alguno de ellos entra en *blitz* (acción de presionar al *quarterback* sin ser los líneas defensivos). El *tackle* derecho utiliza el *vertical step* al igual que el *guard* izquierdo, mientras que el tackle izquierdo usa un paso más lateral (*slide step*). Cuando el *tackle* tiene un *rusher*

excepcionalmente rápido, el uso del *slide step* permite contactar antes con el defensor y romper el "timing" de la carrera. Pero no es tan sencillo, después del contacto (*punch*), el propio *tackle* debe ser muy veloz para volver a cerrar el ángulo y poder quedar enfrentado al hombre que le ataca.

Volvamos al *guard* derecho. Una vez que contacta con el defensor, aguanta un segundo (*showing-off*) antes de leer el *gap* abierto de su derecha y decidir qué hacer. El *tackle* derecho se ha movido antes de tiempo y demasiado rápido, aunque mantiene un buen *leverage*, no está frente a frente con el defensor, dejando esa ruta interior abierta. Tanto el *center* como el *guard* izquierdo están mostrando una técnica magnífica.

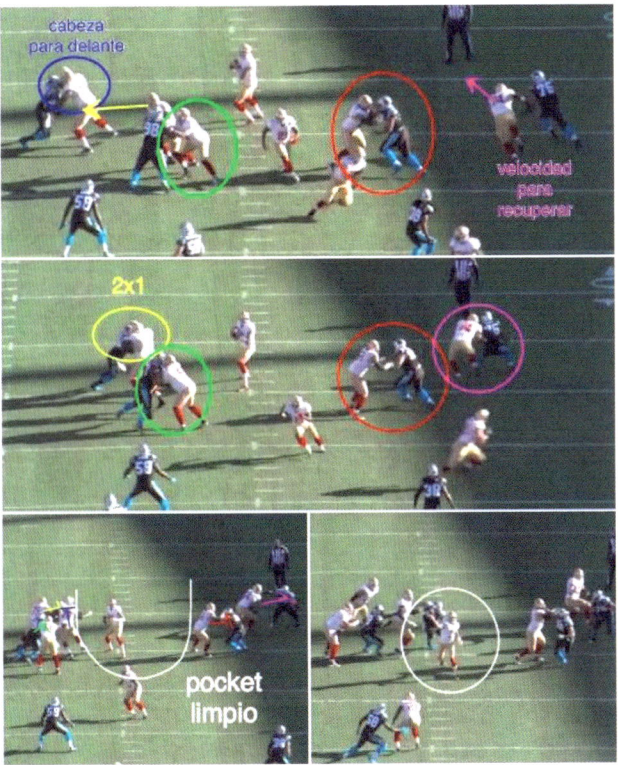

El *tackle* derecho lanza su cabeza hacia delante, perdiendo el *leverage* y el equilibrio. Es el *guard* derecho el que llega para ayudarle en ese dos contra uno. El *tackle* izquierdo demuestra gran velocidad para recuperar con el *rusher* de su lado, y podemos ver como los cinco líneas ofensivos permiten un *pocket* limpio para darle tiempo a su *quarterback*.

El trabajo de la línea ofensiva requiere el máximo grado de concentración de cada uno de sus miembros. Si cada uno hace su trabajo, el éxito está casi garantizado. Además, una de las mejores virtudes que puede poseer un *OL* es no dejar de luchar nunca hasta que no oiga el pitido del árbitro indicando el final de la jugada.

En "protección de pase" (*pass-protection*) existe otro bloqueo que es también utilizado en situaciones de carrera, el *cut down block*. Este bloqueo se realiza en situaciones de pase rápido y es muy útil para evitar que un línea defensivo toque, roce o intercepte el balón. Éste bloqueo se basa en que el *OL* se lance a los pies del defensor provocando la pérdida de equilibrio y evitando que pueda levantar las manos para molestar el lanzamiento.

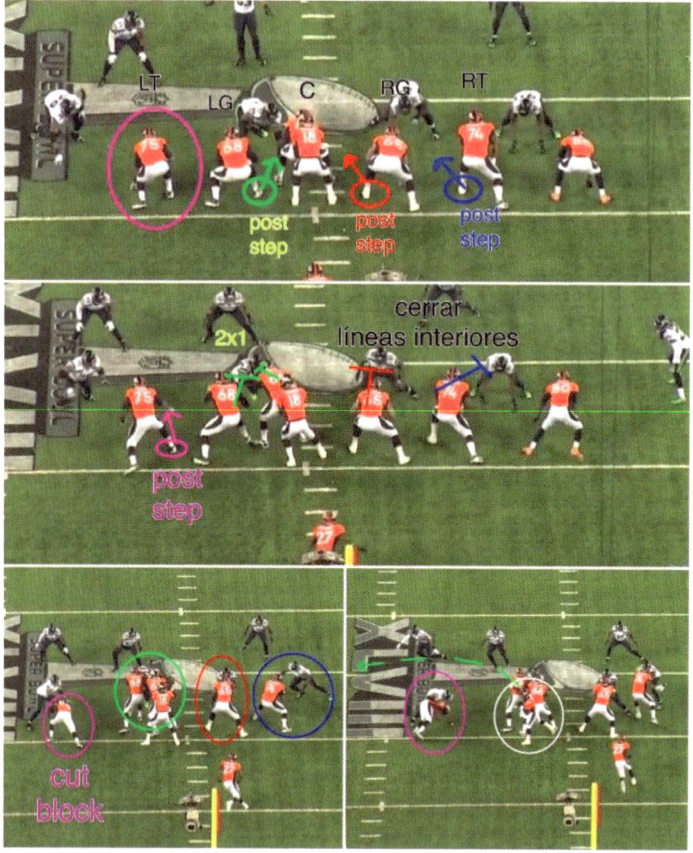

Vemos como todos los líneas ofensivos utilizan el *post step* para cerrar las líneas interiores, y lo hacen sin importar la situación en la que se encuentren los líneas defensivos, ya que su *quarterback* solo necesitará un segundo para lanzar el balón. El *tackle* izquierdo será el encargado de efectuar el *cut down block*, liberando la línea de pase del lanzador.

RUN BLOCKING (BLOQUEOS PARA LA CARRERA)

Si es importante mantener a tu *quarterback* sano y alejado de golpes, igual de importante será que tu *running back* tenga la posibilidad de correr. Más allá de las cualidades de un corredor, para que un equipo sea una amenaza en el juego terrestre, se necesita de una línea ofensiva capaz de abrir *gaps*. Para esto, al igual que en *pass-*

protection, se requiere de una serie de fundamentos y técnicas de las cuales hablaremos a continuación.

Existen varios tipos de bloqueos para abrir caminos a los corredores. Cada bloqueo debe ser dominado al cien por cien por cada miembro de la línea ofensiva. El bloqueo para la carrera es una de las cosas más difíciles que hay en este juego. Todos los miembros de la línea ofensiva deben moverse en un espacio de tiempo determinado, en un área concreta y con una eficacia de nivel elevado. Si algo de esto falla, las probabilidades de éxito disminuyen radicalmente. La línea ofensiva tiene que ser una ventaja para que los *running backs* puedan desarrollar sus aptitudes, no un inconveniente. Vamos a ver los bloqueos más utilizados por las líneas ofensivas en la **NFL**.

Tipos de bloqueos

El posicionamiento es exactamente igual que en protección de pase. Es decir, pueden estar en *up stance* (dos puntos) o en *down stance* (tres puntos). Como dijimos anteriormente, es fundamental no cambiar el *stance* según sea la jugada, ya que se estaría dando ventaja a la línea defensiva para leer al ataque.

El primer bloqueo del que os voy a hablar es el *drive block*. Este es el bloqueo más básico. Se usa para mover al defensor, situado delante de un *OL*, o sombreándolo (colocado en frente de uno de los hombros), fuera de la *línea de scrimmage*. Para ello, son fundamentales los dos primeros pasos que dé el línea ofensivo (*drive steps*). Estos pasos deben ser en vertical y tienen que ganar terreno respecto al defensor.

Una vez ganado ese pequeño espacio, viene la segunda parte. El línea ofensivo tiene que buscar el punto de contacto y este no es otro que los números del defensor. Al igual que en protección de pase, en este bloqueo el punto de contacto es el mismo, ya que esto va a permitir poder empujar al defensor sin riesgo de cometer una infracción. O, lo que sería peor, si empujamos con un mal punto de contacto, el línea defensivo utilizará sus manos para zafarse con facilidad y cazar al corredor sin problemas.

A partir de esto, el bloqueador tiene que empujar al defensor, y debe empujar con pasos cortos pero muy potentes, intentando hacerle retroceder hasta que el árbitro pite el final de la jugada. Uno de los éxitos de cualquier bloqueo es el *pancake*. El *pancake* consiste en llevar al defensor hasta el suelo, siendo el atacante quien acaba encima.

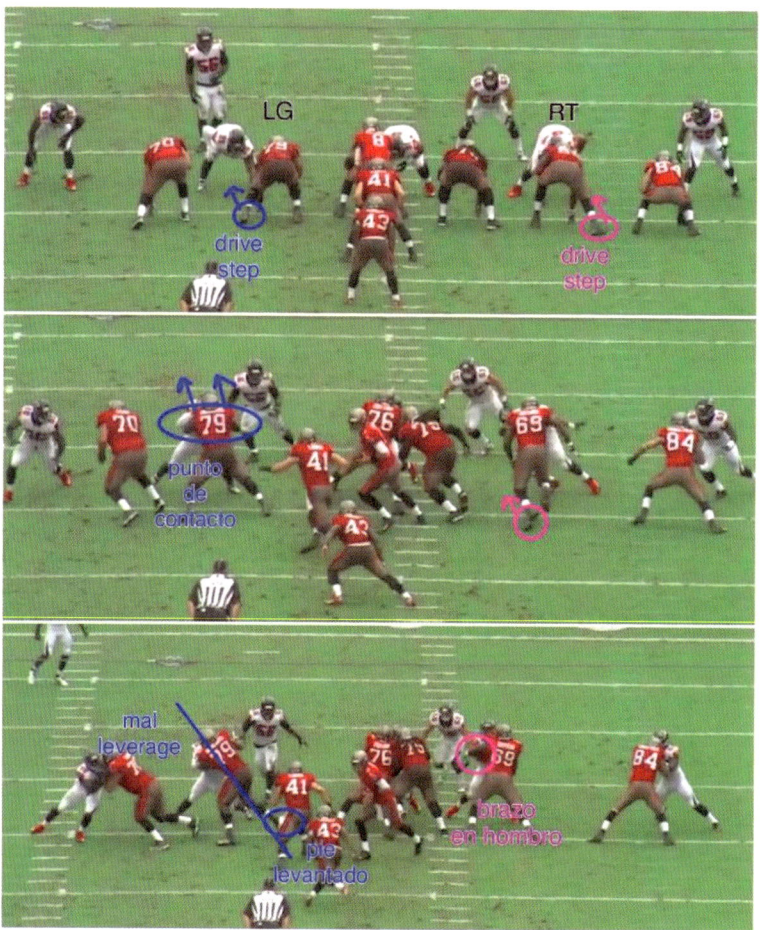

El *guard* izquierdo y el *tackle* derecho son los encargados del *drive block*. Vemos como el RT sí es capaz de ganar terreno con sus dos *drive step*, mientras que el LG a penas lo consigue. Sin embargo, es el LG quien sí obtiene un buen punto de contacto colocando sus manos en los números. Por el contrario, el RT no encuentra el punto de contacto y coloca una de sus manos en el hombro del defensor.

El *leverage*, tanto en protección de pase como en bloqueo para la carrera, es vital y, aquí, podemos ver lo que puede ocurrir si no se mantiene un buen *leverage*. El *guard* izquierdo levanta un pie y su cuerpo se desequilibra.

El *tackle* derecho es capaz de mantener un buen *leverage*, lo que le permite rectificar el punto de contacto para mejorar el *punch* (golpear el pecho) y empujar a su defensor. Así abre el *gap* para que el *running back* pueda leer y correr a través de él. El *tackle* es capaz de finalizar su bloqueo con un *pancake*.

Antes de seguir, quiero que volváis a ver la secuencia entera y os fijéis en el *center* y en el *guard* derecho. Podéis ver como hacen un bloqueo al mismo hombre, es decir, un dos contra uno.

Estos dos contra uno se denominan *double team* y, dependiendo de quién los haga, tienen diferentes nombres. Si el *double team* lo realizan el *center* y el *guard*, se llamará *ACE*. Si se juntan para bloquear el *guard* y el *tackle*, lo llamaremos *DEUCE*. Y, por último, si el dos contra uno se ejecuta con el *tackle* y con el *tight end*, se denominará *TREY*. Los *double teams* son muy necesarios cuando los líneas defensivos sombrean a un *OL*. En la imagen anterior, el *center* tiene a su defensor amenazando el *gap A*, "sombreando" su hombro derecho. Un rápido *drive step* por parte del *center* y del *guard* derecho, les permite juntar caderas y poder evitar que el defensor penetre por ese *gap*.

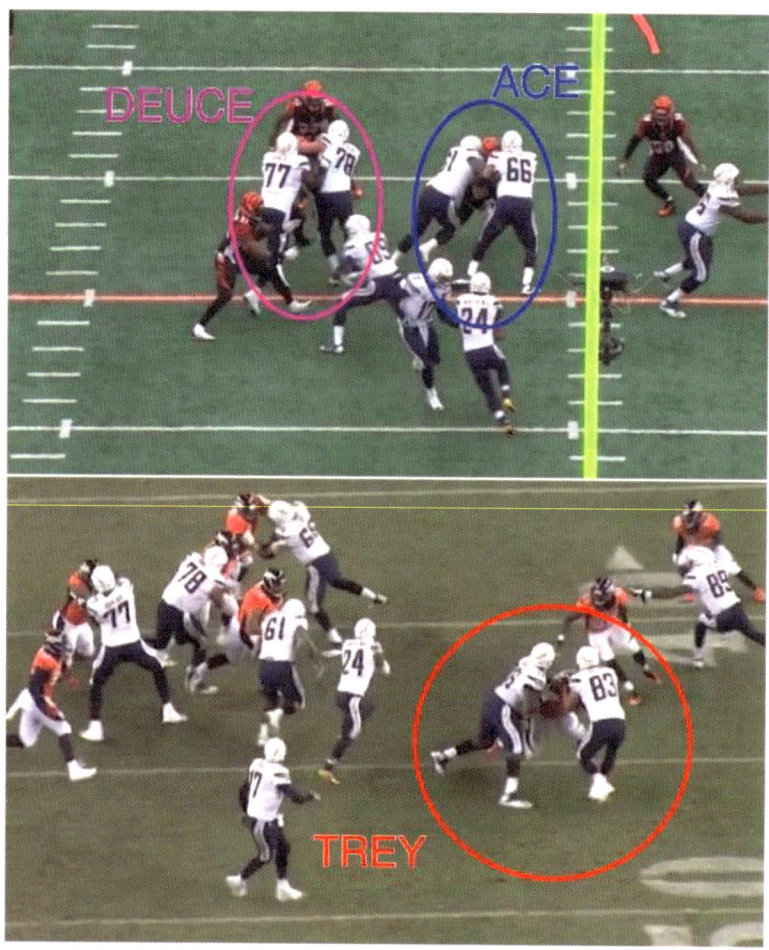

Otro de los bloqueos que más se utilizan, hoy en día, son los *reach blocks*. La técnica es muy parecida a la del *drive block*, pero, a los dos primeros pasos (*drive step*), se les une otro paso, más lateral, para ganar terreno por fuera del defensor. Este tercer paso es el que permite al línea ofensivo buscar el punto de contacto óptimo para realizar este tipo de bloqueo. Lo que diferencia a ambos bloqueos es el punto de contacto. Mientras que en el *drive block*, el *OL* busca los números, en el *reach block* lo que debe intentar es empujar el hombro de su oponente. Es decir, en vez de empujar hacia delante, se intentará empujar hacia un lado. Se necesita mucha rapidez y explosividad para ganar ese terreno lateral que le permita realizar esta acción.

El segundo objetivo es colocar el casco en la zona interior del hombro. Si el casco va por fuera del hombro, el línea ofensivo corre el riesgo de perder el equilibrio al no tener contacto en su ímpetu por empujar. El *leverage* vuelve a ser vital, debe mantenerse flexionado y no erguido, ya que al ser un bloqueo lateral y con tan poca superficie de contacto, es muy difícil sellar al defensor y evitar que lleguen hasta el acarreador de balón.

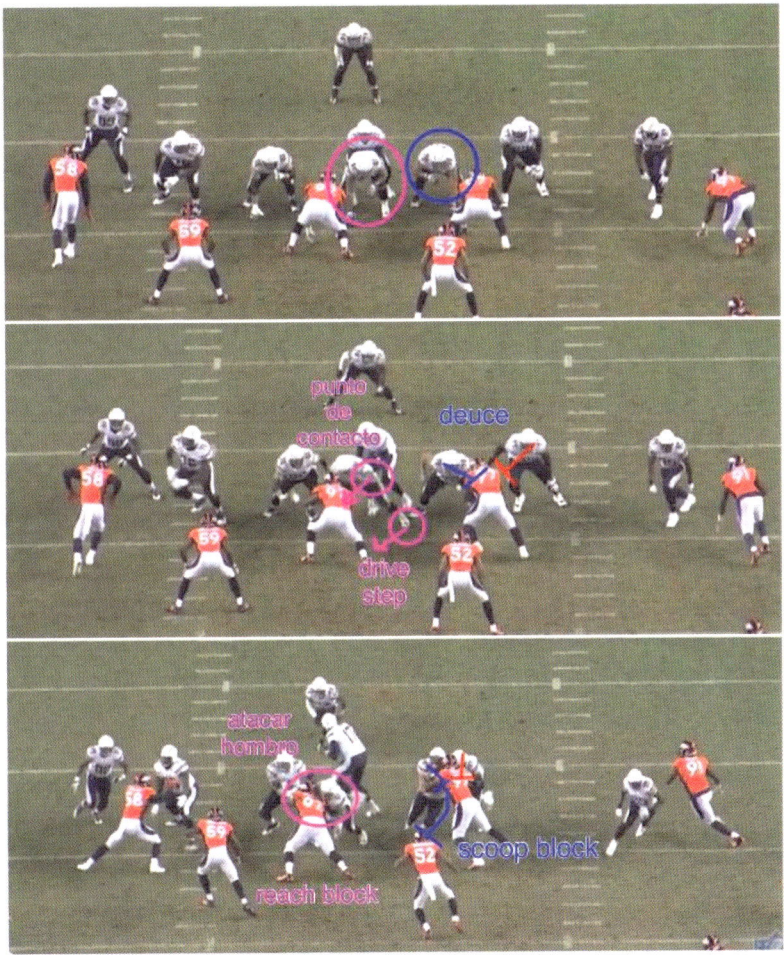

En la imagen de arriba, es el *center* el encargado de realizar el *reach block*. Vemos como ataca el hombro del línea defensivo con los *drive step*. Su punto de contacto es el hombro derecho del defensor, con el error de dejar la cabeza por fuera, algo peligroso y que le puede llevar a una pérdida de equilibrio, pero que consigue subsanar como veremos en la siguiente imagen. Pero, antes, fijaros en el *guard* izquierdo (círculo azul), él va a jugar un *scoop block*.

El *scoop block* es un movimiento que conlleva dos bloqueos, y es así porque se trata de bloquear a dos hombres defensivos distintos, a un línea defensivo y a un *linebacker*.
Se realiza, casi siempre, en el *backside* (lado izquierdo del ataque si el *quarterback* es diestro, o lado derecho del ataque si el pasador es zurdo). El primer movimiento consiste en ejecutar un *double team*, que en este caso concreto (el de la imagen) se

llama *DEUCE* (bloqueo entre el *guard* y el *tackle*). El *guard* izquierdo busca contactar con el hombro interior del línea defensivo, dando tiempo al *tackle* izquierdo para que pueda sellarlo. Una vez conseguido esto, el *guard* tendrá que alcanzar su segundo objetivo: bloquear al *linebacker* que ataca al corredor.

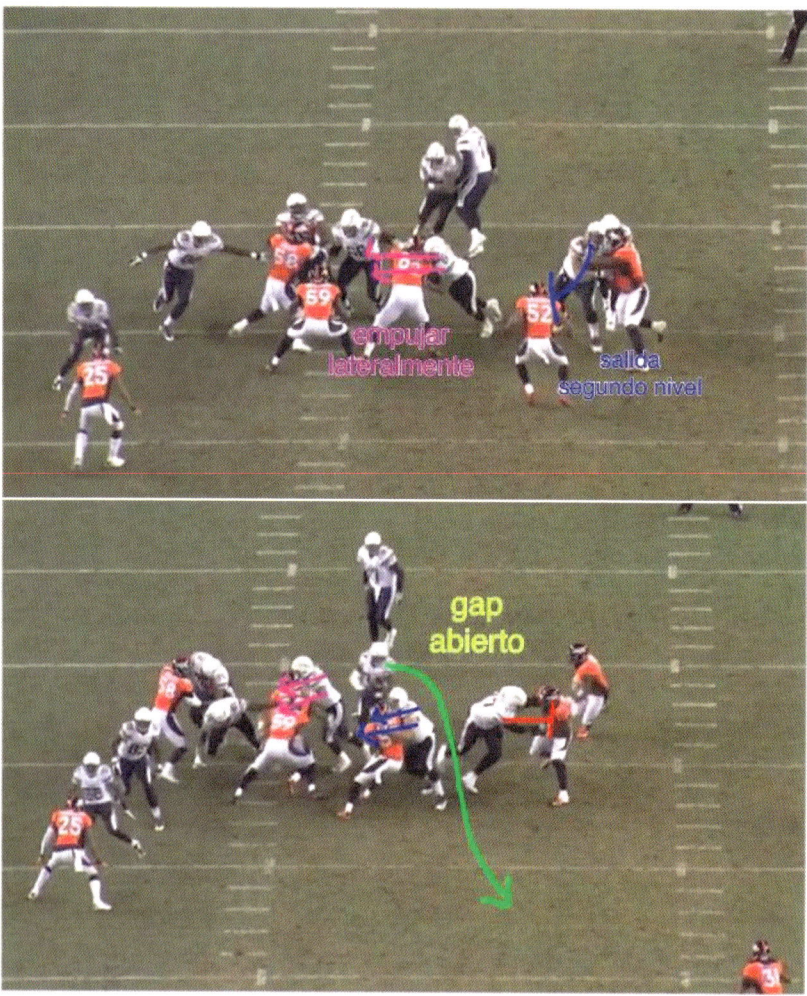

Para ello, tiene que subir al segundo nivel. Llamamos primer nivel a la zona de bloqueo de los líneas defensivos, por lo que llamaremos segundo nivel a la siguiente zona de bloqueos, la de los *linebackers*.

Vemos como ese *guard* abandona el *double team* y busca al *linebacker* que intenta colapsar el *gap* abierto por el *center*. ¿Os acordáis qué empezamos hablando de ese *reach block*? Pues bien, a pesar de la mala situación del casco, el *center* consigue el punto de contacto necesario, con su hombro y pecho derecho, siendo capaz de empujar lateralmente al defensor para abrir el *gap* por donde su *running back*, ayudado por el *scoop block*, encuentra el camino para avanzar yardas acarreando el balón.

En muchas ocasiones, vemos a bloqueadores saliendo de la línea ofensiva. Cuando esto sucede, estamos ante un *pull*. Este movimiento conlleva el desplazamiento de un *OL* al lado contrario, de donde está situado, buscando a un defensor, liberado por otro compañero, para bloquearlo. Es decir, una vez que se inicia el *snap*, el *OL* sale de la formación en línea para ir a bloquear a un línea defensivo, a un *linebacker* o, incluso, a un *defensive back* (jugador de la secundaria), siendo una de las posibilidades del *pull* la de subir al segundo nivel a bloquear. Vamos a ver uno de estos movimientos en la imagen de abajo.

La primera acción del línea ofensivo que juega el *pull* tiene que ser un *drop step*. El *drop step* no es más que un paso hacia atrás, y se debe hacer con el pie de la dirección que queremos coger. En este caso, el primer pie que debe mover el *guard* derecho, y con el que debe hacer el *drop step*, es el izquierdo. Una vez ganado profundidad, el *guard* debe moverse paralelo a la *línea de scrimmage* hasta llegar al *gap* por donde (en este caso) debe subir al segundo nivel para bloquear al *linebacker*.

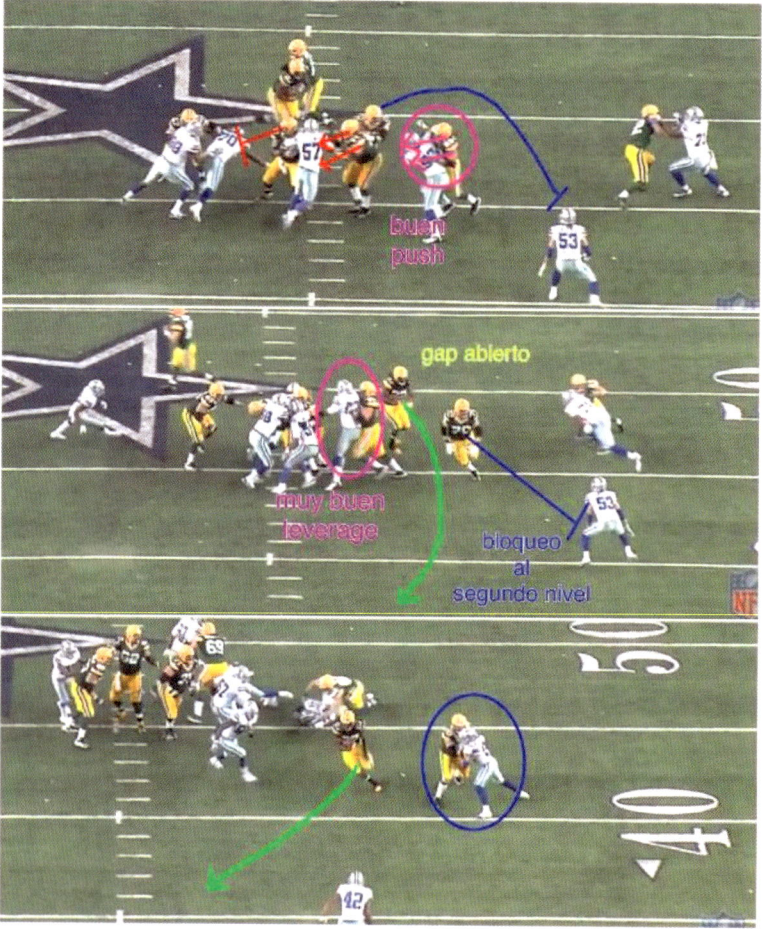

El *reach block* del *tackle* izquierdo es bastante bueno. Su *leverage*, y los puntos de contacto, son idóneos, facilitando la apertura del *gap* para el corredor.

Una vez que el RG llega al segundo nivel, la siguiente acción que tiene que acometer es el bloqueo. El OL encargado del *pull* tiene que intentar que su punto de ataque sea el hombro del defensor en cuya dirección ha hecho el movimiento. Es decir, si el *pull* ha sido hacia la izquierda, el punto de ataque es el hombro izquierdo del defensor, creando así el ángulo adecuado para que el *running back* continúe su carrera.

Estos son los principales bloqueos que podemos ver en un ataque de cualquier conjunto de la **NFL**. Como dije al principio, cada miembro de la línea ofensiva debe saber ejecutar esta clase de bloqueos. Dependiendo del sistema, y de la jugada que se mande desde la banda, puede que un línea ofensivo tenga que realizar un *drive block*, pero puede que tenga que ser el encargado de un *pull*, o de un *reach block*, en los sucesivos *snaps* que juegue su equipo.

Sistemas de bloqueos

A pesar de que los equipos juegan cada vez más por aire, las carreras siguen siendo parte vital de cualquier ofensiva. Por ello, es básico tener un juego terrestre que sea capaz de balancear el ataque y de hacerlo menos previsible. En el juego de carrera tenemos dos claros esquemas que predominan en la liga: las carreras de poder (*power run*) o las carreras zonales (*zone blocking*).

La principal característica de las *power plays* radica en el punto de ataque de los bloqueos. Los bloqueos en estas jugadas son individuales y el punto de ataque, para crear líneas de carrera limpias, viene comandado por bloqueos muy específicos que veremos a continuación. Los más usados y eficientes son:
- *Lead block*
- *Double team block*
- *Kick-out block*

El *lead block* es el bloqueo que se hace al hombre aislado por el ataque, en el segundo nivel, para crear una ruta específica para el *running back*. Este bloqueo es generado, la mayoría de las veces, por el *fullback* o por un *tight end* situado en el *backfield*. Saliendo desde el *backfield*, y subiendo al segundo nivel, este *lead blocker* buscará al *linebacker* (o *safety*) encargado de ese *gap*.

El *double team block* es el dos contra uno que juegan dos líneas ofensivos para abrir el *gap* por donde sube el *lead blocker*. A su vez, uno de los dos bloqueadores que hacen el *double team*, sube al segundo nivel buscando al otro *linebacker* o al siguiente jugador que aparezca para ayudar contra el juego terrestre (*run support*).

Por último, el *kick-out block* es el bloqueo que se hace al hombre más exterior de la línea defensiva. Muchas veces se encarga de hacer este *kick-out* uno de los *tackles* ofensivos, pero también podemos ver a otros hombres de la línea saliendo en *pull* para llegar hasta estos defensores.

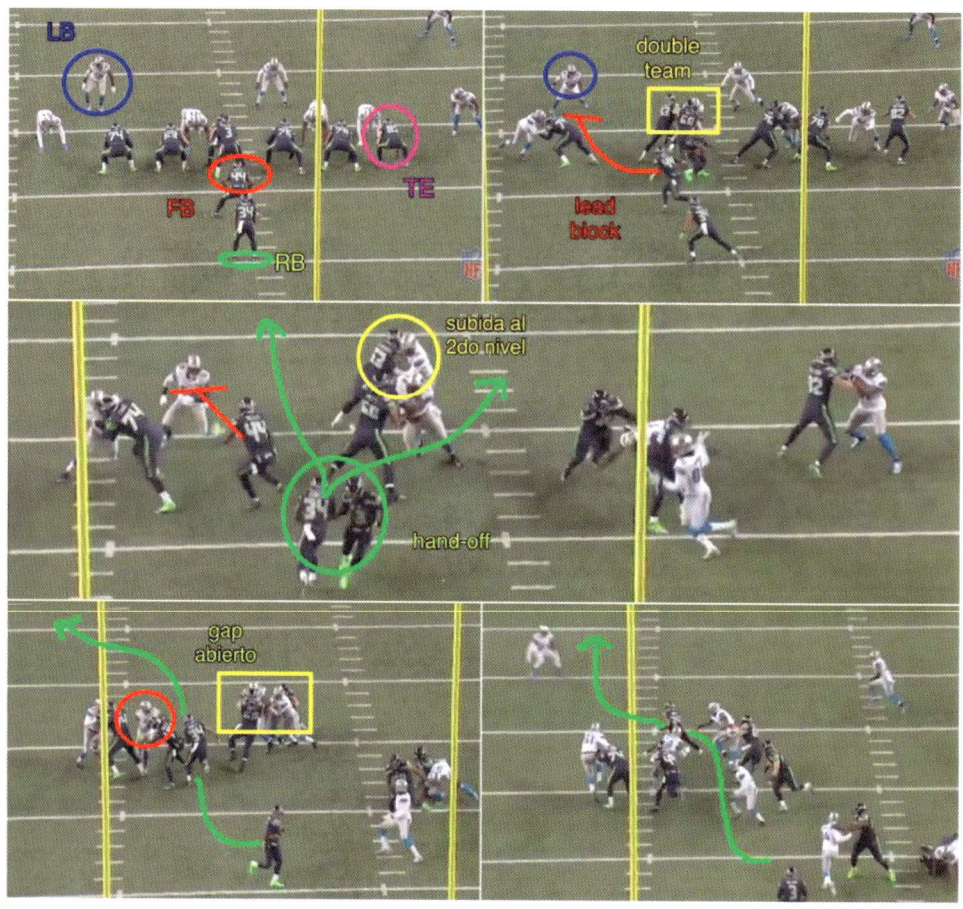

Ésta es una de las jugadas más características de una *power play*, la *Lead Open*. Es muy común ver formaciones en *I* como la de esta imagen. El *quarterback* debajo del *center*, a unas cuatro o cinco yardas (detrás de él) se encuentra el *fullback* y otras tres o cuatro yardas más atrás, tenemos al *running back*.

Una vez que el *quarterback* recibe el *snap*, el *guard* izquierdo (LG) y el *center* juegan el *double team block*, frente al defensor más interior, abriendo el *gap B* para que el *fullback* suba al segundo nivel y juegue el *lead block* en uno contra uno frente al *linebacker*. El *running back* recibe el balón en el *hand-off* y tiene la opción de seguir a su *lead blocker* o de jugar el *cutback* (cambio de dirección hacia el otro lado). En esta ocasión, el corredor decide seguir a su *fullback*. Además, el *guard* izquierdo, que jugaba el *double team*, ha subido al segundo nivel buscando al otro *linebacker* para darle más espacio, y campo, al corredor.

Otro tipo de *power run* muy frecuente en la **NFL** es la *Counter OF*. En esta jugada nos encontramos con el *kick-out block* proporcionado por un hombre de la línea ofensiva que sale en *pull* buscando al defensor más exterior. En esta situación, el ataque corre por el lado débil (*weak side*) usando al *fullback*, o al *tight end*, como *lead blockers*.

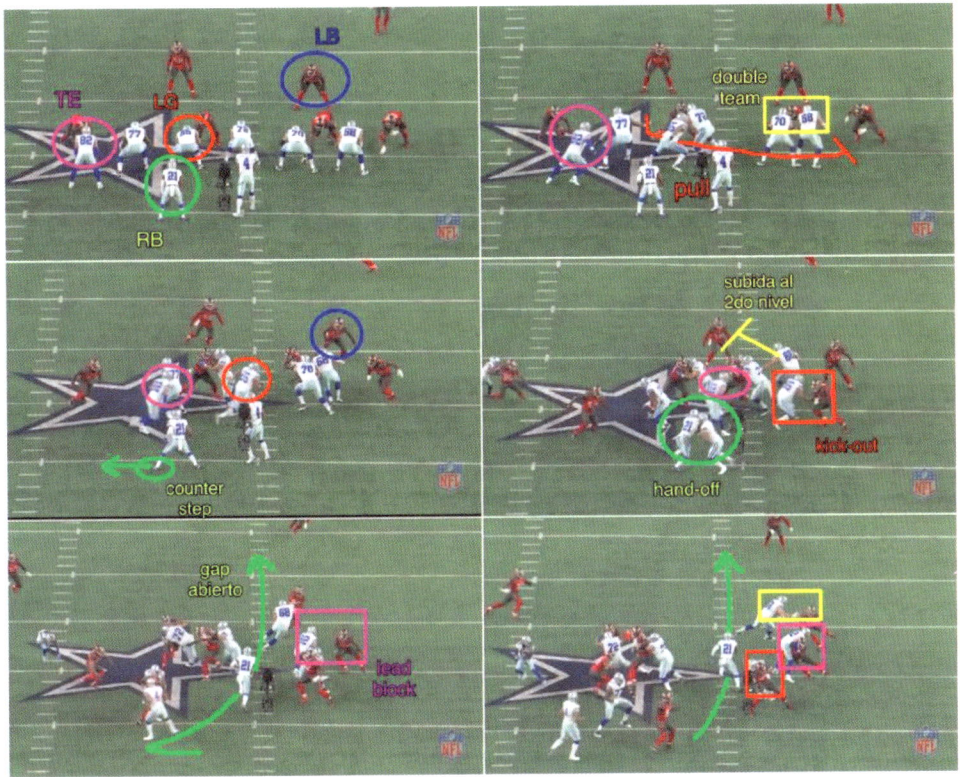

Aquí vemos al *running back* situado al lado del *quarterback*, en formación *shotgun* (el *quarterback* unas cinco yardas por detrás del *center*). En cuanto se inicia el *snap*, el *guard* izquierdo sale en *pull* de la línea ofensiva para buscar el *kick-out block* al hombre más exterior de la línea defensiva. Por su parte, el *tight end* también juega en *pulling* hacia el mismo lado para subir al segundo nivel, favorecido por el *double team* que han realizado el *guard* derecho (RG) y el *tackle* derecho (RT).

Podemos ver como el RT después del *double team* sube al segundo nivel buscando al segundo jugador de la caja, mientras el *tight end* juega el *lead block* contra el hombre aislado de ese lado. Las puertas que le abren al *running back* son inmensas, y él solo tiene que seguir el camino.

Las carreras zonales son diferentes a las carreras de poder. Esta diferencia radica en los bloqueos. Mientras que en las *power plays* veíamos bloqueos individuales, en la *zone blocking* tenemos bloqueos zonales. Estos bloqueos empiezan con un paso zonal y lateral (*zone step*) hacia el *playside* (lado hacia donde, originariamente, va la jugada de carrera). Los *zone steps* se ejecutan todos a la vez por parte de los miembros de la línea ofensiva, ya sean de los propios líneas ofensivos o de algún *tight end* apostado en esa línea ofensiva.

Con este movimiento, cada hombre de la *OL* es encargado de una zona, no de un defensor en concreto, y deben bloquear al primer hombre que aparezca atacando esa zona o *gap*. A su vez, este movimiento lateral les permite subir al segundo nivel buscando a los *linebackers* que "viajan" hacia ese mismo lado, creando caminos para poder correr por parte del *running back*.

En la *zone blocking* nos encontramos con las dos modalidades más importantes en este tipo de esquemas: la *inside zone* y la *outside zone*.

La *inside zone* viene caracterizada porque el *zone step* es un poco más vertical que lateral, buscando abrir los *gaps* interiores. Los bloqueos en este interior de la *OL* son muy físicos y muy duros para que el *running back* pueda correr verticalmente. Debe de haber, por lo menos, un *double team* para crear ese camino interior, mientras que los *tackles* ofensivos se encargan de abrir la línea para un posible *cutback*.

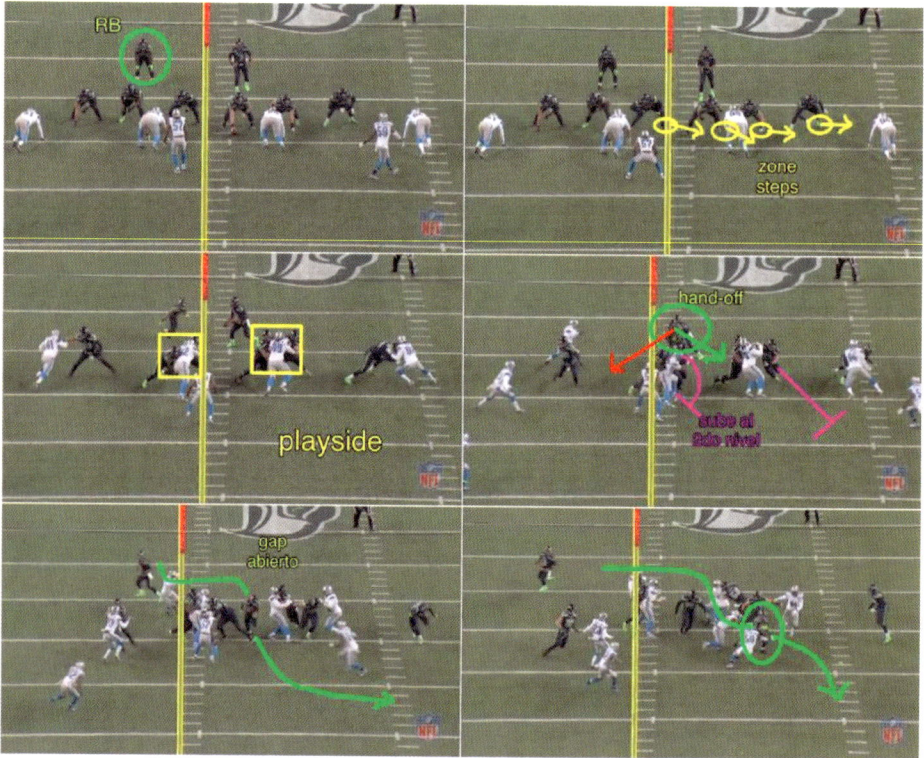

En esta imagen vemos como el *center* y el *right guard* juegan su *zone step* más vertical que lateral, buscando sellar a los dos hombres interiores de la línea defensiva. Para ello, se juegan ambos *double teams*, pero siempre con la intención de seguir bloqueando al siguiente defensor que aparezca por sus zonas, como es el caso de esos dos *linebackers*. El *running back* y el *quarterback* inician la jugada en formación *shotgun*. El corredor recibe el balón en el *hand-off* y lee los *gaps* que se le abren por el interior. Aunque los dos *linebackers* consiguen evitar los bloqueos de los *OLs* que suben al segundo nivel, el *running back* se zafa de los placajes para seguir sumando yardas.

En la *outside zone*, al contrario que en la *inside zone*, los bloqueos buscan el camino exterior, pero dando una opción al *running back* para que juegue el *cutback* y busque la ruta interior.

El corredor debe ser muy buen lector del juego para aprovechar el primer *gap* que se le abra. En las *outside zones*, el *running back* debe decidir por qué camino ir de los tres que se le presentan. Estos tres caminos son:
- *Bounce* (o más exterior, por fuera del último hombre de la *OL*)
- *Bang* (entre el último hombre de la *OL* y el *guard* de ese lado)
- *Bend* (jugar el *cutback* y atacar el medio de la *OL*)

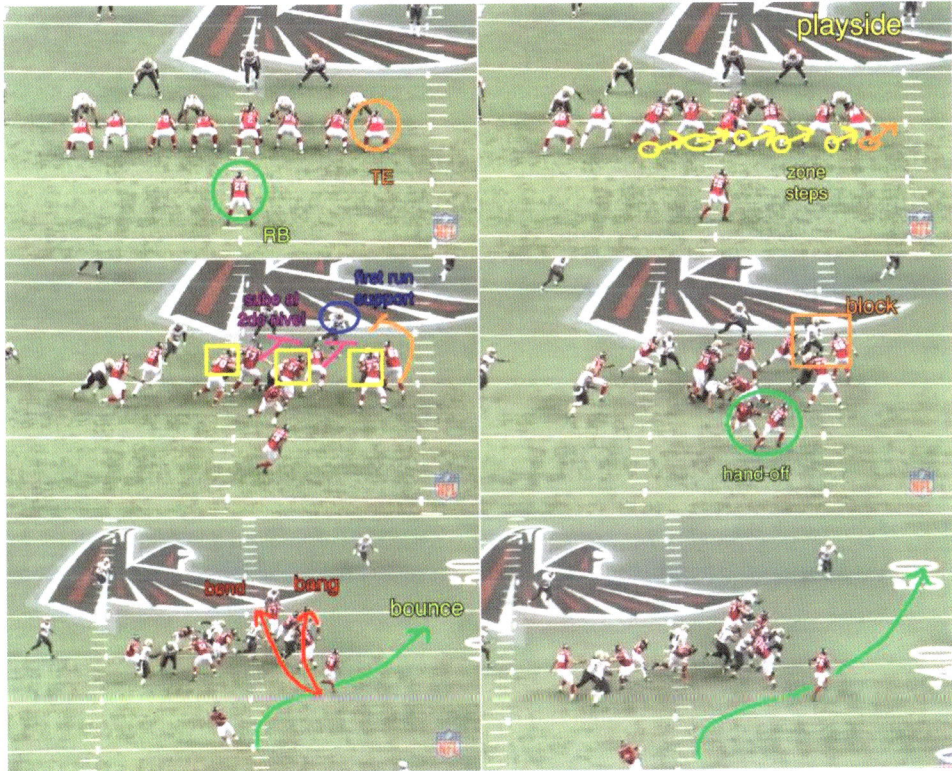

Una vez que se inicia el *snap*, vemos como toda la línea ofensiva se mueve al unísono hacia el *playside*. El *running back* ataca ese lado y recibe el *hand-off* del *quarterback* mientras lee lo que se le presenta. El último hombre de ese lado de la *OL*, el *tight end*, es el encargado de bloquear al primer defensor que aparezca por esa zona exterior (*first run support*). Vemos como este *tight end* sube al segundo nivel para sellar al *linebacker* de ese lado, mientras el resto de líneas ofensivos bloquean su zona del campo.

Con el balón en las manos, y viendo que dos de los tres caminos están cerrados, el corredor se decide a ir por la ruta donde no tiene ningún defensor, el *bounce*.

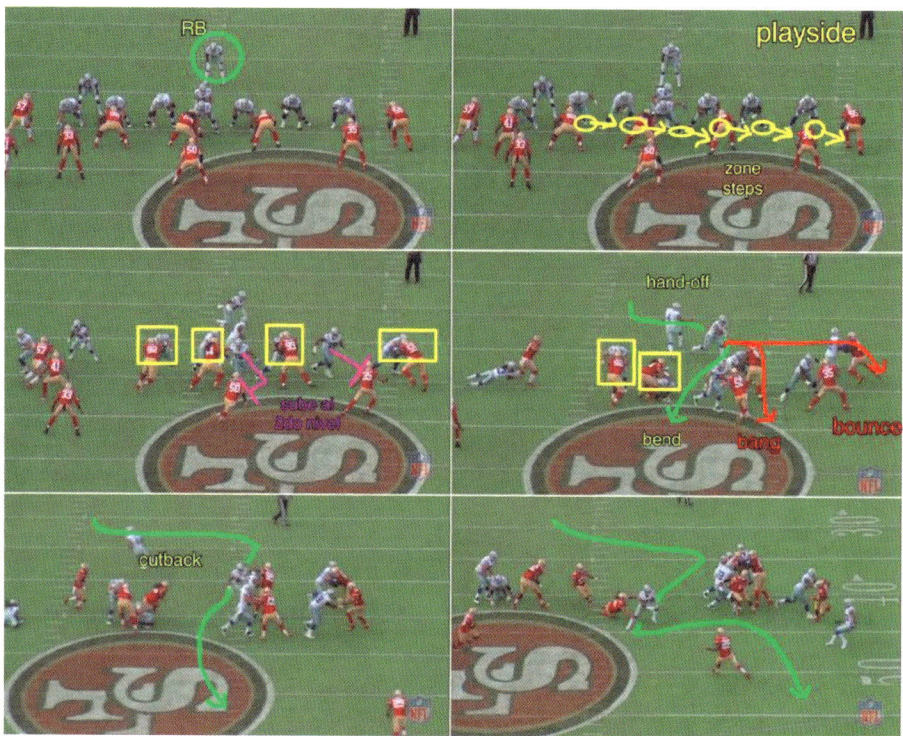

En este caso, y con una formación muy similar (*I Formation*), el corredor elige la ruta más interior (*bend*) tras leer que los dos caminos restantes (*bang* y *bounce*) están ocupados por defensores. Aquí podemos ver como el *tight end* del *playside* no sube al segundo nivel, ya que el hombre más exterior que se encuentra en su zona está en la línea defensiva.

Llegamos al final del capítulo sobre las líneas ofensivas. Los fundamentos, técnicas o tácticas de estos hombres les hacen ser vitales para que un ataque funcione. Para mí, la línea ofensiva es el corazón de un equipo. Son los que hacen funcionar al ataque y los que, con ello, pueden dejar descansar a su defensa, dándole más posibilidades de rendir bien cuando les toque saltar al campo. Todos los equipos que consigan una buena *OL*, serán capaces de competir en cualquier tipo de partido. Háganles caso porque, sin duda, merecen todo el reconocimiento del mundo.

RUNNING BACKS

Puede que la posición de *running back* no sea la más completa en cuanto a técnica o táctica. Puede que tampoco sea la más vistosa e, incluso, puede que haya muchas más importantes dentro de un esquema de equipo. Pero, para mí, es la más espectacular.

Desde que empecé a ver *football*, mi atención se centraba en esos hombres que intentaban atravesar un barullo de jugadores y en su mayoría más grandes que ellos. Lo intentaban una y otra vez, sin cesar en su empeño de llevar el balón un poquito más lejos, por poco que fuera. Si los derribaban, ellos se levantaban y lo volvían a intentar. Eso es lo que más define el *football*, "aunque te derriben, tienes que levantarte y seguir adelante".

En este capítulo, quiero explicar como un *running back* necesita de una serie de fundamentos y habilidades para conseguir sus objetivos. No se trata de avanzar, se trata de esquivar a defensores a una velocidad de vértigo protegiendo lo que todos en ese campo de juego desean: el balón.

Los *running backs* se diferencian en dos tipos de jugadores, los *halfbacks* (o *tailbacks*) y los *fullbacks*. Los *halfbacks* (HB) son los encargados, en la mayoría de las ocasiones, de acarrear el balón. Lo pueden recibir mediante el pase del *quarterback* o mediante el mano a mano (*hand-off*). Los *fullbacks* (FB) pueden llevar el balón también, pero la mayoría de las veces será en situaciones de corto yardaje o en la *goal line* (pegado a la zona de anotación).

En los *halfbacks* puedes encontrar todo tipo de constitución física. Los hay altos, bajos, rápidos, potentes, poderosos o más ágiles, pero todos tienen una habilidad en común, la facilidad para buscar y encontrar el agujero por donde deben colarse entre la muralla humana que tienen delante. Deben de ser rápidos y buenos lectores de juego. También deben ser capaces de recibir el balón en situaciones de pase, ya que se vuelven más imprevisibles y así serán una mayor amenaza frente a la defensa.

Dentro de los *halfbacks*, también podemos encontrar dos clases de corredores: los "norte-sur" o los "este-oeste".

Los "norte-sur" son los que van más en vertical, es decir, buscan pasar por la *línea de scrimmage* de una forma más potente y sin modificar su camino en demasía.

Los "este-oeste", en cambio, basan su carrera en muchas fintas, cambios de dirección e intentando engañar a los defensores. Éstos suelen ser más rápidos y ágiles que los "norte-sur". Tanto unos, como otros, son igual de importantes y decisivos para un equipo. Dependiendo del esquema ofensivo, un equipo buscará corredores más potentes o buscará jugadores más finos y veloces. Lo mejor es tener de los dos tipos en un mismo *roster* (plantilla). En un *halfback*, el tamaño no es tan importante como lo es su habilidad para correr con el balón.

Los *fullbacks* suelen ser más grandes y fuertes que los *halfbacks*, y su función se basa en bloquear y abrir caminos para que el *halfback* avance y gane yardas acarreando el balón. Dada su potencia, como dije antes, también se les puede utilizar para jugadas de corto yardaje. Aunque cada vez se les utiliza menos en el *football* moderno, para mí son jugadores vitales y a los que yo tendría siempre en mi equipo. Otra de las funciones de un FB, y que cada vez es más necesaria dado el incremento del juego de pase en la liga, es la protección del *quarterback*. Se les puede ver muchas veces jugando este tipo de situaciones. Los HBs pueden y deben saber bloquear cuando el pasador necesite de su protección. Además, muchos coordinadores ofensivos exigen a sus *running backs* saber bloquear.

Si tuviese que destacar cuatro cualidades de las muchas que tiene que tener un RB serían: la lectura de juego, la durabilidad física, la protección del balón y la velocidad.

La lectura de juego es esencial. Esta lectura conlleva la capacidad para tener paciencia y dejar que el hueco se abra mientras que la línea ofensiva bloquea a la defensa. Muchos *running backs* pecan de impaciencia y esto provoca malas lecturas y pocas ganancias (o ninguna) en yardas. El corredor debe estar siempre leyendo y ser capaz de esperar el momento exacto para pasar por la ventana que aparezca.

La durabilidad física es vital. Un RB, a lo largo de su carrera, recibe demasiado castigo físico. Estar durante gran parte del partido recibiendo golpes de gente más fuerte debe ser durísimo, y sus carreras deportivas suelen ser más cortas que en la mayoría de las otras posiciones. Mantenerse sano, y el mayor tiempo posible dentro del campo, es una cualidad que está muy valorada dentro de este tipo de jugadores de *football*.

La protección de balón y la velocidad son fundamentales para el éxito de un RB. Si no eres capaz de llevar el balón hasta el final o si no eres lo suficientemente rápido como para zafarte de defensores, tu carrera en esta liga (y tu salud), corre un serio peligro. Una vez hablado de lo que más se busca y se aprecia en un *running back*, vamos a ver una serie de fundamentos y habilidades que se tienen que dominar y que distinguen a los buenos de los grandes.

FUNDAMENTOS

El primero de los fundamentos, como lo fue en el capítulo de la linea ofensiva, es el posicionamiento del cuerpo antes del *snap*. Al igual que allí, el *stance* puede ser de dos formas: *two-point stance* y *three-point stance*.

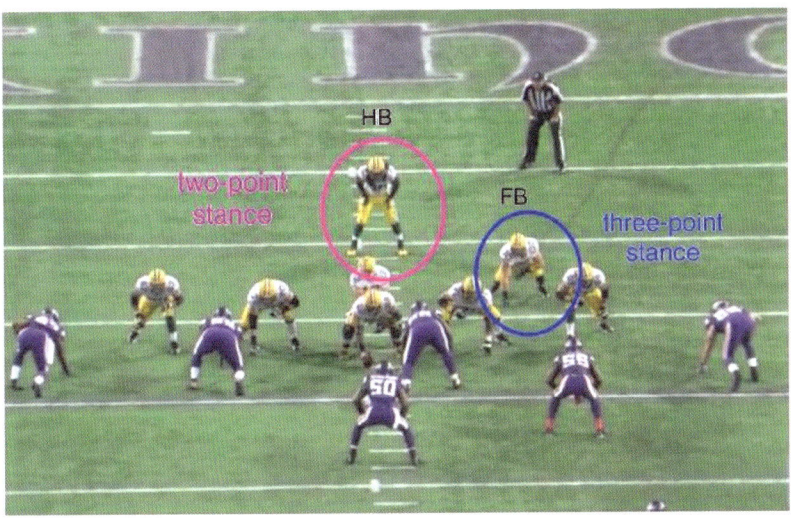

Básicamente, el *stance* es muy parecido al de los líneas ofensivos. El *three-point stance* es similar al *down stance* (tres puntos) de un OL. El *running back* tendrá tres puntos de apoyo y uno de los pies estará más atrasado (dedo de un pie alineado con el talón del otro). La cabeza se mantendrá arriba, viendo todo lo que ocurra en frente de él.

El *two-point stance* se diferencia del *up stance* (dos puntos) del línea ofensivo en que el corredor estará más erguido y con las manos sobre los muslos. Los pies estarán alineados con los hombros y las rodillas formarán ligeramente dobladas.

RECIBIENDO EL BALÓN

Un corredor puede recibir el balón de dos formas distintas. Una será mediante la entrega mano a mano (*hand-off*) y la otra será atrapando un pase que le lance el quarterback.

El *hand-off* necesita de mucha práctica entre *quarterback* y *running back*. Una mala ejecución puede suponer una pérdida de balón, con el peligro que esto supone. Cuando el *quarterback* muestra el balón al corredor, éste debe subir el codo interior (más cercano) y bajar el exterior, de tal manera que ambos brazos queden en paralelo, con un brazo a la altura del pecho y el otro a la altura de la cintura.

La palma de la mano superior debe estar hacia fuera con el pulgar hacia abajo, y la palma de la mano inferior mirando hacia arriba. El RB debe esperar a que el balón golpee en el estómago para cogerlo. Si el corredor cierra sus manos antes, puede provocar un *fumble* (balón vivo caído). Una vez que el corredor nota el ovoide en el estómago, éste debe cerrar sus brazos protegiendo el balón con ambos y agarrarlo por los extremos.

En todo este proceso, el atacante no debe mirar el balón, sino que debe mantener los ojos campo abajo, leyendo lo que se le presenta.

Sin embargo, como dije antes, cada vez vemos más *running backs* saliendo en ruta para recibir pases de sus *quarterbacks*, y cada vez se le da más valor a que un corredor tenga buenas manos para atrapar este tipo de pase, en su mayoría cortos y sencillos, pero que necesitan de una buena técnica para no cometer un *drop* (balón que, al tocar las manos, cae al suelo).

El *running back* tiene una serie de premisas para recibir. Debe mirar el balón, atraparlo y después correr en la dirección adecuada. Nunca girar la vista y querer correr antes de tener el balón en las manos, ya que lo más normal es que se caiga y la jugada termine ahí.

Para atrapar el ovoide, debe hacerlo con las manos. Otro de los errores (y no solo en *running backs*, en *wide receivers* también) es dejar que el balón golpee el cuerpo para luego cogerlo. El balón hay que recibirlo con las manos, ya que es lo más seguro.
Para ello, las dos técnicas son las siguientes:

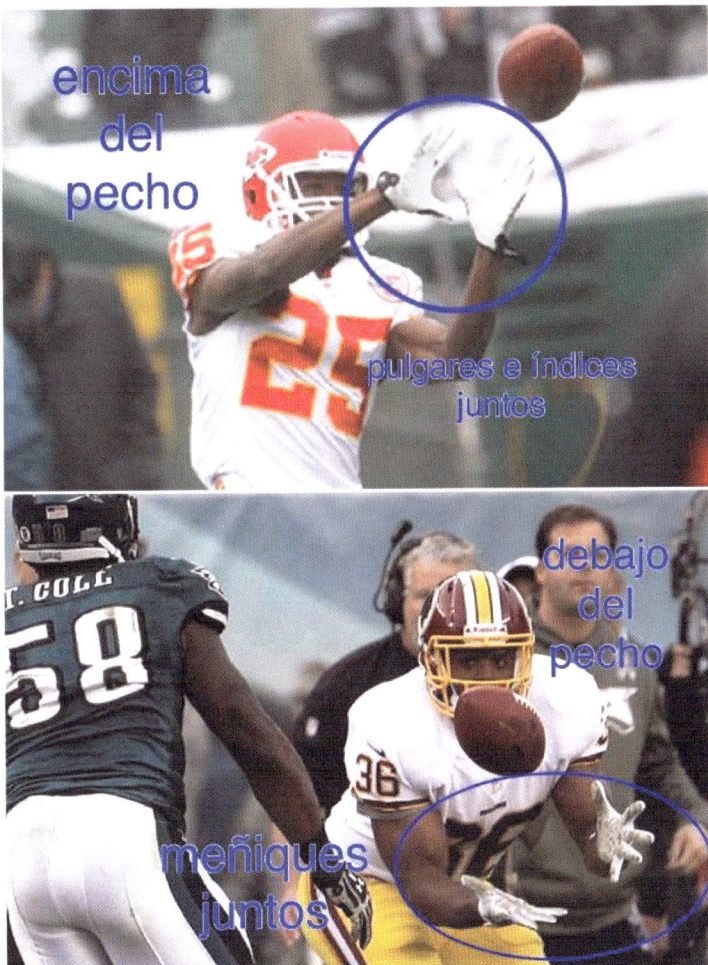

- Si el balón va por encima del pecho, el *running back* colocará sus manos de tal manera que los pulgares y los índices estén juntos.
- Si el balón viene por debajo del pecho, las manos deberán presentarse con los meñiques muy cerca uno del otro.

El corredor debe ser capaz de reconocer cómo la defensa del equipo contrario está actuando, a que distancia tiene a su defensor y no permitir que sus manos estén tensas.

Una vez recibido el balón, ya sea en el *hand-off*, o a través de un pase del *quarterback*, viene el acarreo. Llevar el ovoide también debe hacerse bajo una serie de premisas para que el éxito de la carrera sea posible. Cuando el RB tiene el balón en su poder, debe situarlo de tal forma que éste tenga cinco puntos en los que contacte con el portador.

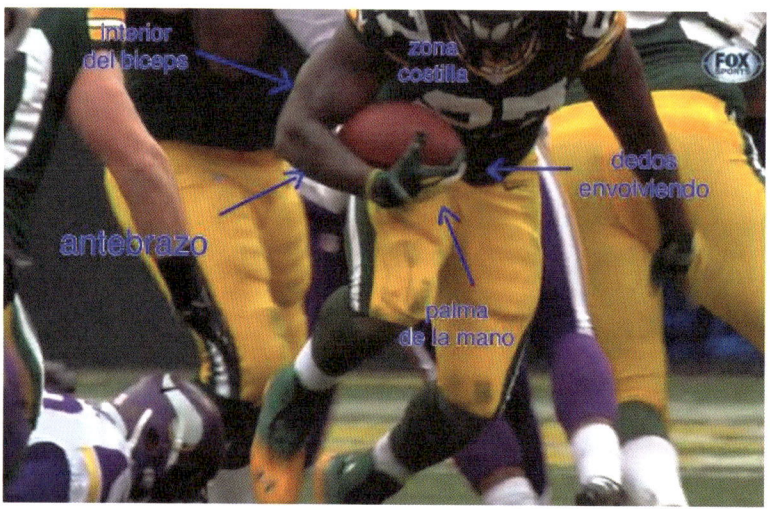

Estos cinco puntos de contacto son:

-Los dedos de la mano envolviendo el extremo más exterior del balón.
-La palma de la mano.
-El interior del antebrazo.
-El interior del bíceps.
-El área de las costillas donde se sitúe el ovoide.

El corredor debe ser capaz de mantener estos cinco puntos todo el tiempo que sea posible, ya que proteger el balón es su máxima prioridad.

Mientras el corredor va en carrera, serán muchos los defensores que intenten, ya no placarle, si no hacer que pierda el balón por el camino. Él, todavía, tiene más maneras para protegerlo.

El balón debe estar a la altura del pecho o a la altura de las costillas, nunca bajarlo hasta el estómago o más abajo. Siempre debe acarrearlo en el brazo más alejado del defensor. Si lo lleva en el brazo derecho y aparece un defensa por ese lado, debe moverlo hasta el otro brazo y, una vez allí, colocarlo en la misma posición de la que os he hablado con anterioridad (cinco puntos).

Cuando el *running back* intente atravesar una zona de mucho tráfico (donde se sitúan muchos defensores, como puede ser la *línea de scrimmage*), debe proteger el balón con ambos brazos. O con el brazo sin balón por encima o por debajo, embolsando el ovoide sobre el pecho y poniendo sus antebrazos por delante.

Con el balón protegido y siempre con la cabeza levantada, el RB debe seguir moviendo sus pies hasta que se vea en el suelo. Los corredores también poseen habilidades para cuando en su carrera se encuentran con defensores en un uno contra uno. Algunos corredores prefieren agachar la cabeza y embestir al que tienen delante con la idea de derribarlo, sin embargo, hay una serie de técnicas en las que no hace falta poner la salud física del RB tan comprometida.

La más fácil es el *dive*. El *dive* consiste en lanzarse al suelo para ganar las pocas pulgadas que resten para alcanzar un primer *down*. Si el corredor ve que hay mucho tráfico y que puede verse placado antes, buscará el suelo para evitar el contacto y conseguir su propósito.

Otra técnica que pueden usar los corredores es el *stiff-arm*. Esta técnica se basa en que cuando el *running back* ve que un defensor está cerca de placarle, extienda su brazo y contacte con cualquier parte de su oponente para mantenerlo a distancia y poder seguir con su carrera.

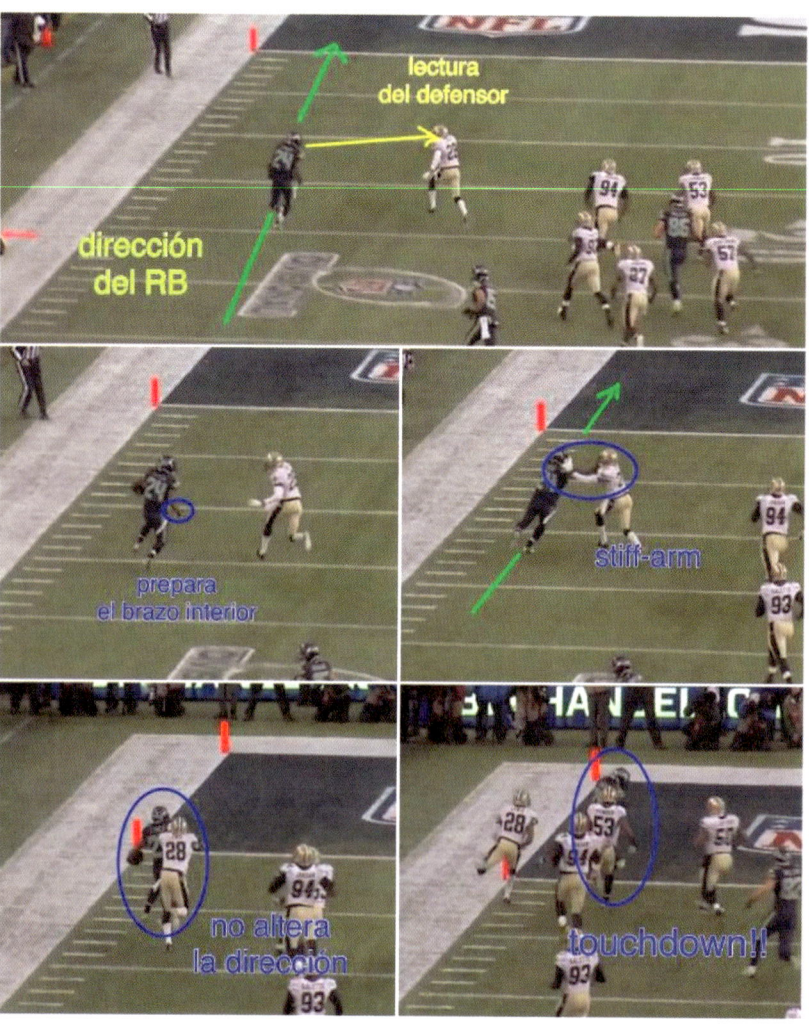

La tercera habilidad, o técnica, es el *spin move*. Puede que sea la más espectacular y más virtuosa de todas. El *spin move* consiste en que, viendo el intento de placaje por parte de un defensor, el *running back* gire sobre sí mismo 360 grados evitando que éste pueda contactar, agarrar o empujar. Se necesita de una gran velocidad de pies y de un control bajo del centro de gravedad para, una vez hecho el movimiento, salir de él con el cuerpo equilibrado.

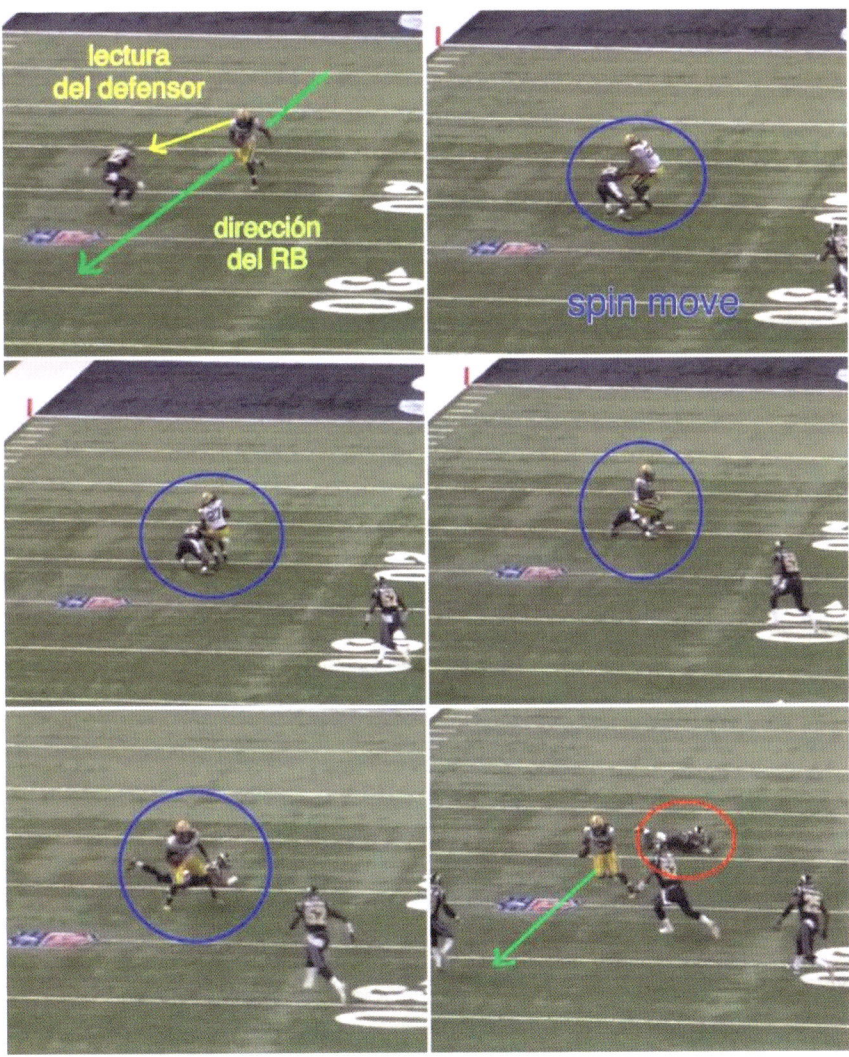

Sin ser tan asombroso como el *spin move*, la siguiente técnica es también un movimiento que deja al aficionado con la boca abierta. El *juke move* es una finta en carrera en la que el corredor suele dejar por los suelos (y con una risa en el espectador) al rival. Cuando el corredor ve llegar al defensor, amaga con ir hacia un lado para cambiar rápidamente de dirección.

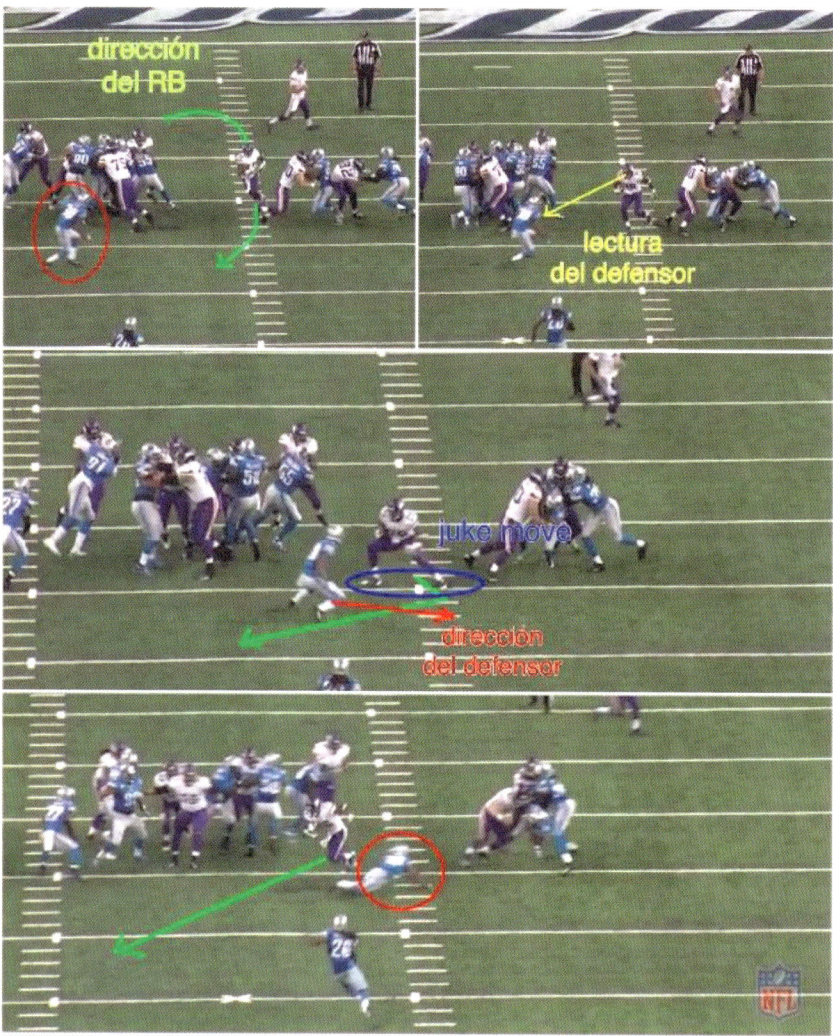

Y, por último, pero no por ello menos importante, tenemos el *high step*. Esta técnica consiste en alargar los pasos de la carrera subiendo las rodillas para así evitar el contacto del placador cuando se lanza a parar al *running back*. Éste, al ver que los defensores pueden contactar con él, por sus piernas o pies, lo que hace es subir las rodillas y alargar el paso para evitar ese contacto. Se necesita de mucha habilidad, y potencia, para que al realizar el *high step* no se pierda velocidad en la carrera.

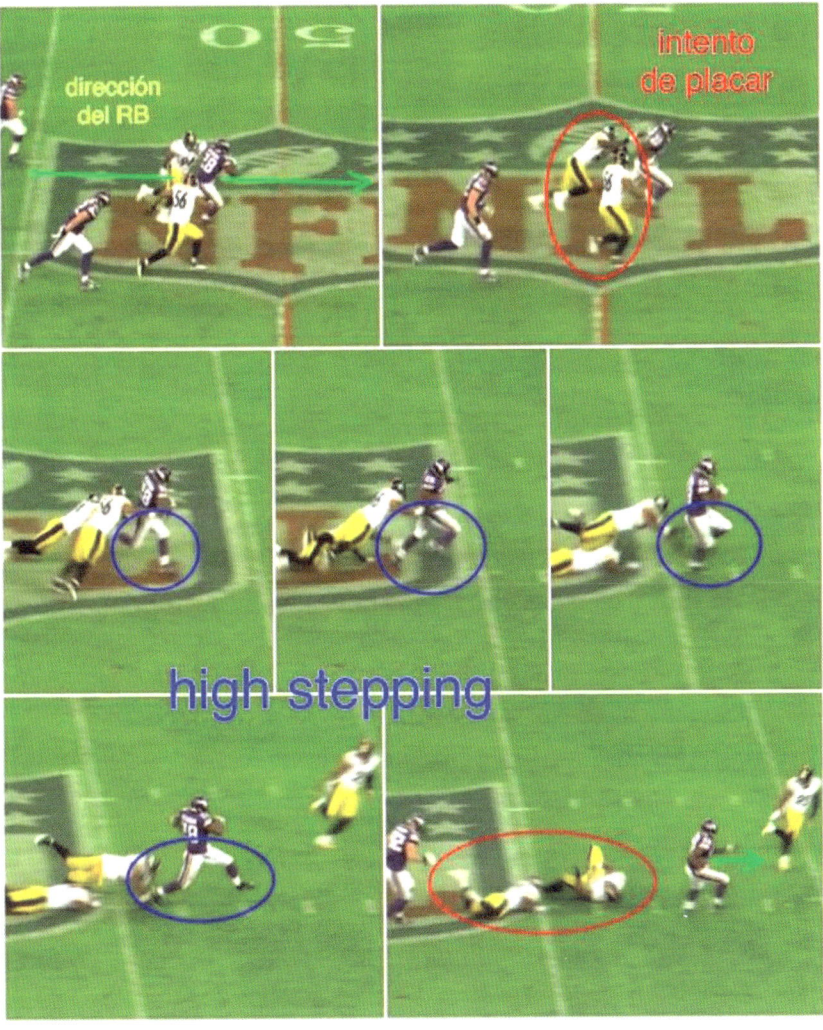

Estos son los tipos de recursos, fundamentos, habilidades y técnicas que deben dominar los *running backs*. Son los encargados de proteger el balón y de llevarlo lo más lejos posible en cada carrera. Si pensabais que solo se chocaban contra la defensa y que solo tienen fuerza bruta, estáis equivocados. Son fuertes, pero también talentosos, que nadie lo dude.

RUTAS TERRESTRES

De aquí en adelante, y cuando hablemos de rutas (tanto terrestres como aéreas), quiero que tengáis una cosa clara. Las denominaciones en las rutas son variables, es decir, hay equipos, entrenadores, jugadores o periodistas que al mismo tipo de ruta lo llaman con nombres distintos. Es la misma ruta, pero se usan distintos términos según quién lo haga. Yo os los nombraré como generalmente se hace.

Para empezar, y como siempre tiene que haber algo prioritario, vamos a ver el movimiento de pies en el inicio de los *snaps*. A esto se llama *footwork*. Dependiendo de cuál sea la ruta, o cuál sea el tipo de carrera que se va a jugar, el *running back* usará un determinado movimiento de sus pies.

Existen muchos tipos de carrera, pero voy a hablaros de las cuatro más importantes: el *dive* (*inside*), la *open* (*off-tackle*), la *outside* y la *counter*. Cada estilo tiene su movimiento de pies en el inicio y, cuando se realiza, nos da una idea aproximada de por dónde va a correr el *running back*.

El *dive* es la ruta más vertical de todas. Se inicia con dos pasos verticales hacia el lado por donde se va a acarrear el balón (*playside*).

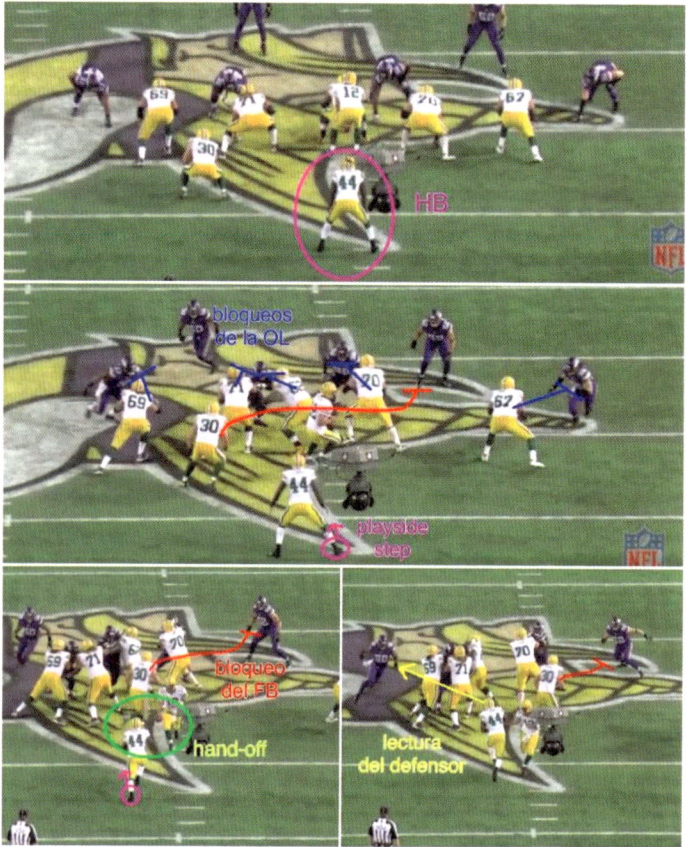

Vemos como, una vez que el *quarterback* recibe el *snap*, el HB da dos pasos hacia delante (*playside step*) tomando la dirección en la que correrá su ruta. El FB, por su parte, tiene la misión de bloquear y abrir huecos para su compañero.
Después del *hand-off*, el HB tiene que empezar a buscar puertas por donde poder pasar y seguir sumando yardas. Como dije en el anterior capítulo, la paciencia es clave. Ayudado por los bloqueos de la línea ofensiva, por el del FB y por su buena lectura, el HB es capaz de ir leyendo *gaps* cerrados hasta encontrar el que está abierto.

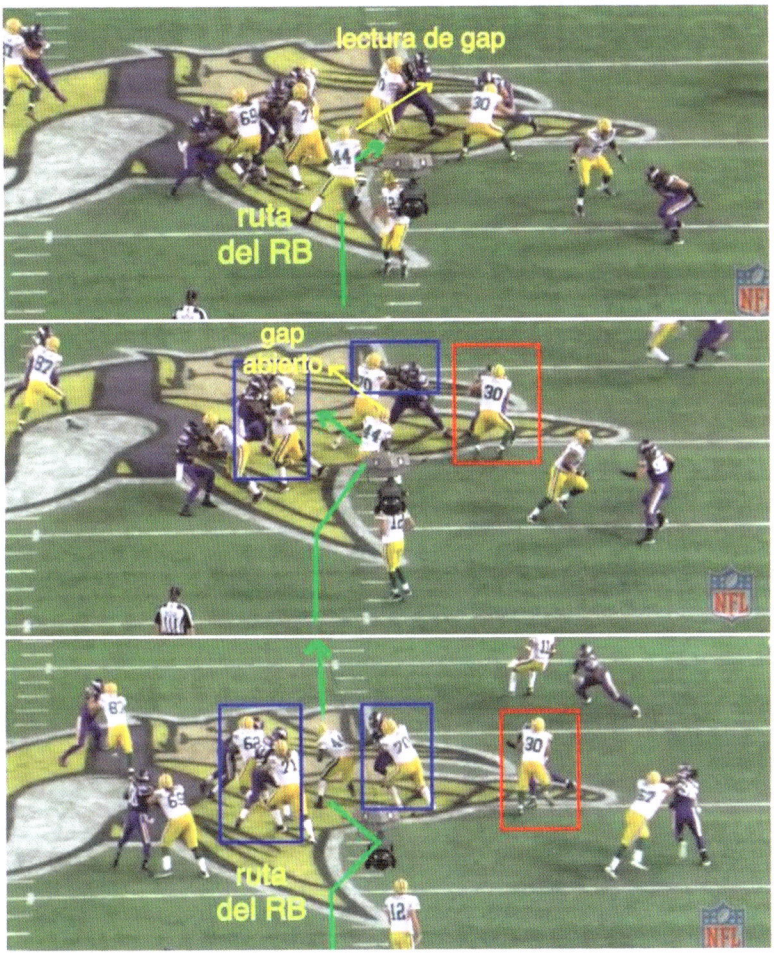

Para jugar una ruta *open* u *off-tackle*, el *footwork* cambia. Estas rutas se llaman así porque el corredor no irá por el medio de la línea como en el *dive*, si no que buscará correr por fuera de la línea ofensiva. Más exactamente, por fuera de uno de los dos *tackles* (RT o LT). Para ello, su primer paso será hacia el lado por donde va a correr, pero en vez de ser vertical, el paso tomará un ángulo de unos 45 grados (*playside step at an angle*).

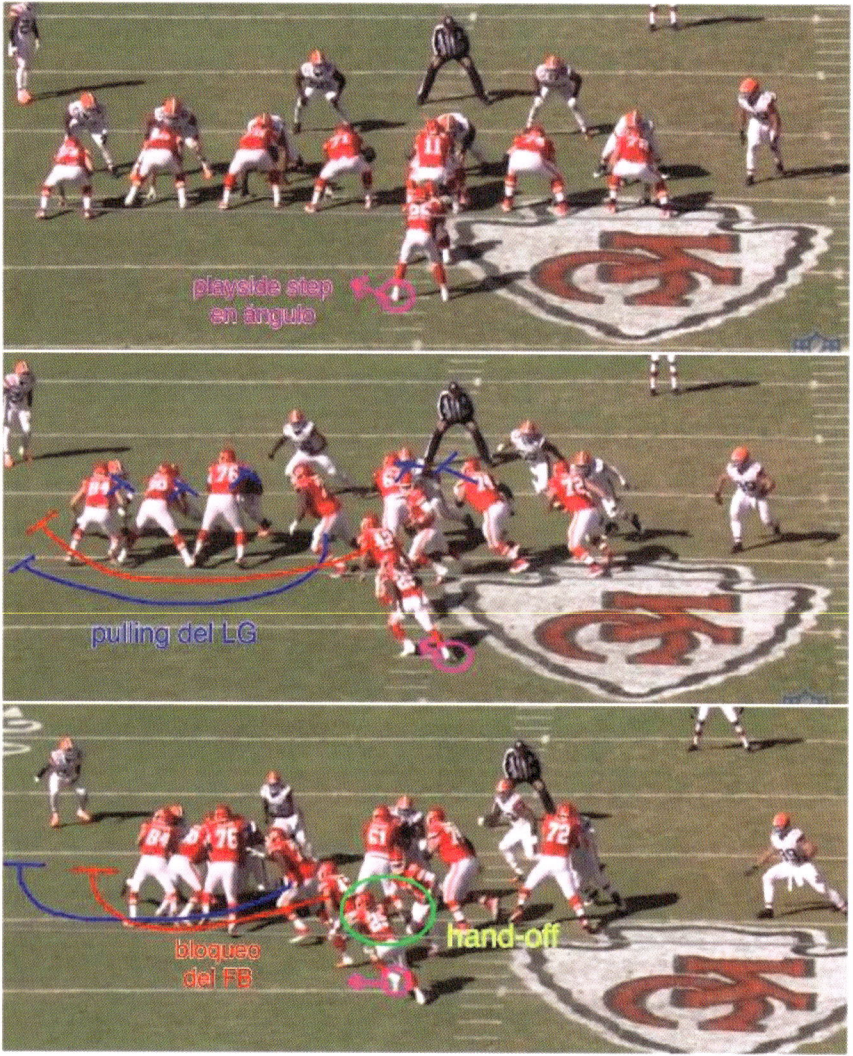

Al igual que el primer paso, el segundo paso tendrá la misma dirección, haciendo que el corredor enfoque su camino por fuera de la línea. En este caso, el HB recibe el *hand-off* y busca el lado izquierdo. A su vez, el *guard* izquierdo realiza un *pull*, el *tackle* izquierdo, junto con el *tight end* y un *wide receiver*, cierra el extremo de la línea y el *fullback* marca el camino por donde el corredor debe ir.

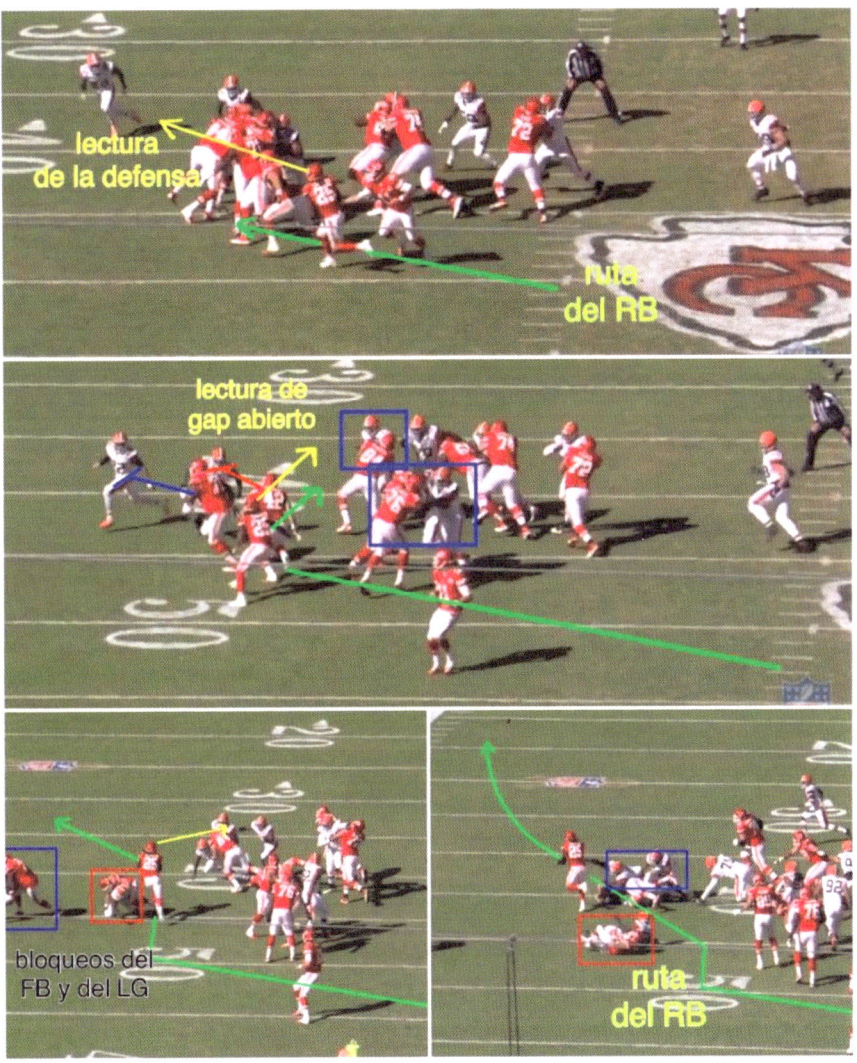

Como en el caso anterior, el HB siempre va con la cabeza arriba y con sus ojos leyendo donde se encuentran los defensores o donde está el hueco para pasar. El LG y el FB suben al segundo nivel para bloquear y para liberar de obstáculos la ruta del HB. Éste, mediante cambios de dirección y de ritmo, consigue ganar bastantes yardas.

La siguiente ruta, la *outside*, tiene una pequeña diferencia con el resto. La entrega de balón no se realiza mediante un *hand-off*, si no que el *quarterback* lanza el ovoide en un *toss pass* (también llamado *pitch*). Podemos denominar *toss pass* al pase lateral o atrasado que pueda lanzar un *quarterback*.

El *running back* correrá hacia la línea de banda (paralelo a la LOS) para que, una vez recibido el balón, haga un corte campo abajo. El *footwork* se inicia con un primer paso lateral del pie del *playside* y el segundo paso se hará con el otro pie cruzándolo por delante (*crossover step*).

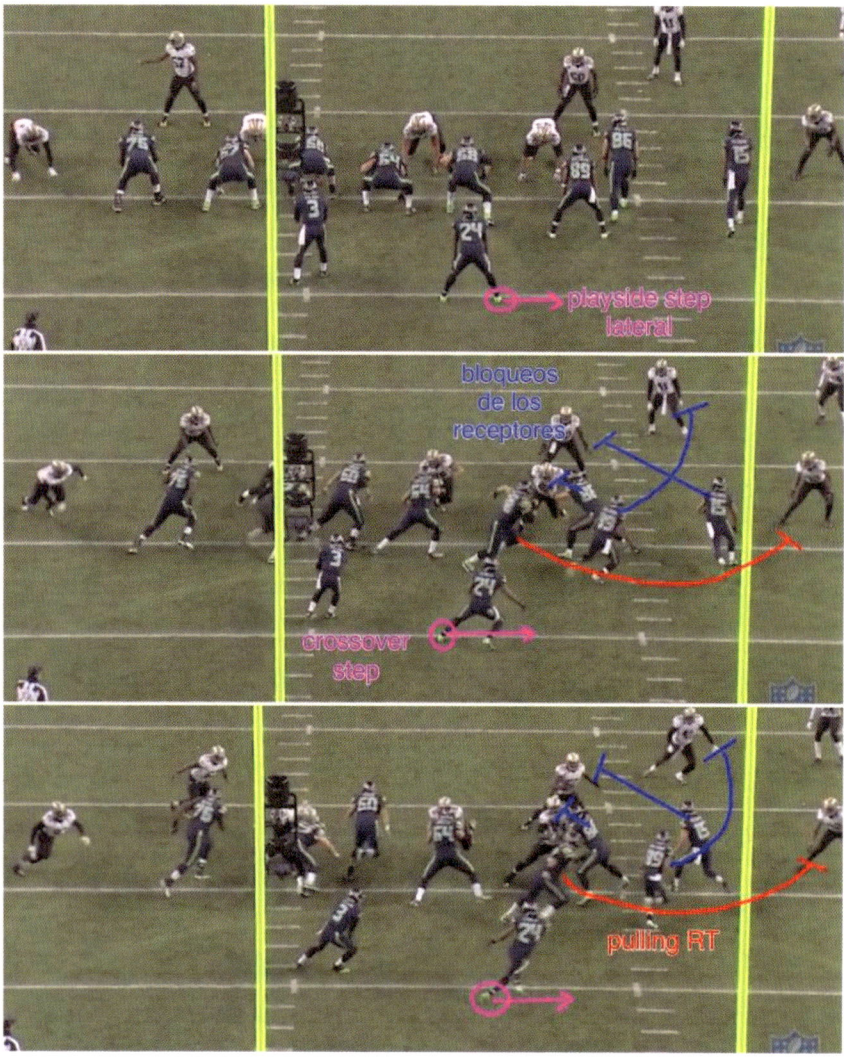

Vemos como los dos primeros son pasos laterales, e incluso el tercero también lo es. El HB, hasta que no tenga el balón en sus manos, debe tener la vista fija en el *quarterback* y en el vuelo del balón. Cuando reciba, es cuando mirará y leerá el posicionamiento de la defensa y el de sus compañeros bloqueando. En este caso, el encargado del *pull* es el *tackle* derecho y los dos receptores son los que subirán al segundo nivel a bloquear.

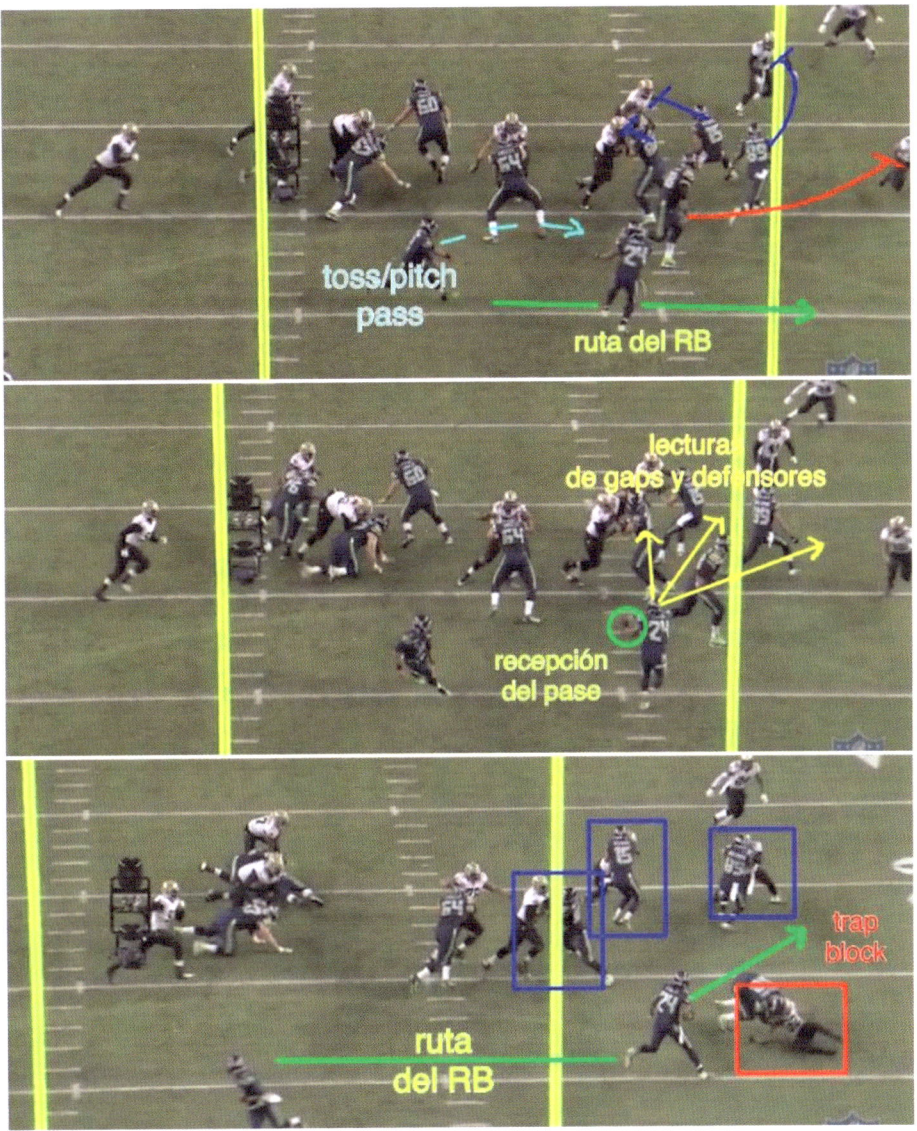

El pasador realiza el *toss pass*, y cuando el HB ya ha recibido, es cuando empieza a leer por donde tiene que avanzar para ganar el mayor número de yardas. Vemos como el *tackle* derecho bloquea a un defensor (*trap block* o kick-out) y se abre un espacio para que el *running back* corra por ahí.

Por último, voy a explicar la *counter*. Hasta el momento, hemos visto como el RB que iba a acarrear el balón, iniciaba el movimiento con el pie del lado a donde iba dirigida su carrera. En la *counter*, los dos primeros pasos se dirigen al lado contrario de donde en realidad queremos ir. Esto se hace con la finalidad de engañar a la defensa, haciéndole creer que se va a correr por un lado mientras que los bloqueos de la OL irán encaminados hacia el otro.

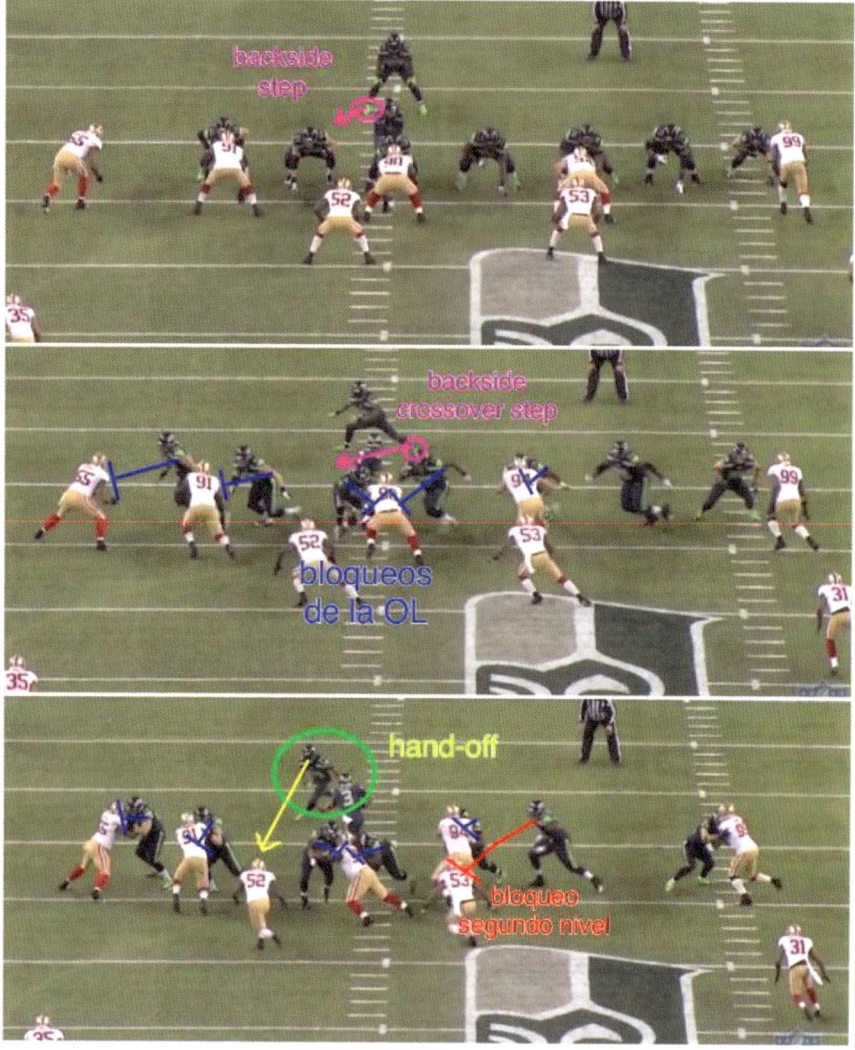

El *backside step* y el *backside crossover step* son los dos primeros pasos en esta ruta. Lo que los diferencia es que van a la dirección opuesta a donde realmente se dirige el corredor. En esta imagen el *playside* es el lado izquierdo del HB, y su ruta comienza con dos pasos a su derecha. Una vez recibido el *hand-off*, el HB cambia de dirección engañando a la línea defensiva. Los líneas ofensivos abren el gap exterior, incluso con un *tackle* subiendo a bloquear al segundo nivel.

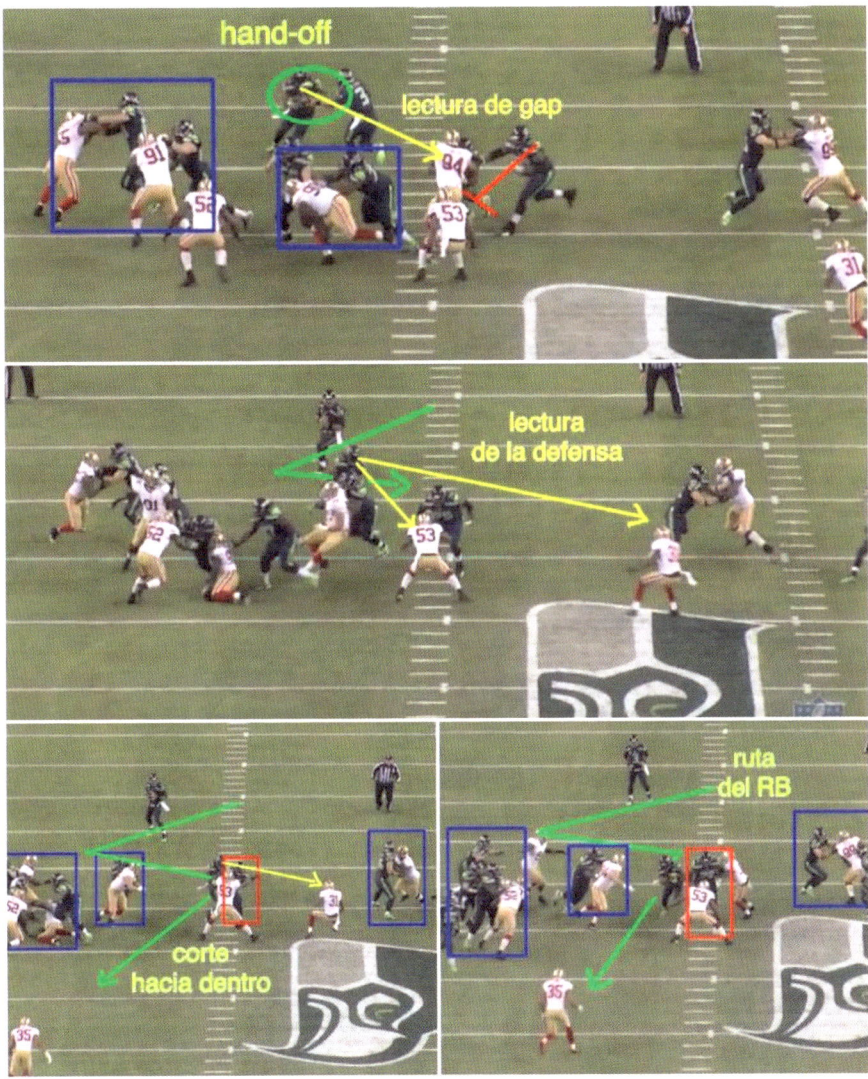

RUTAS AÉREAS

Ya hablamos de cómo un *running back* tiene que tener la capacidad de saber jugar como un receptor más. Cada vez se ve más y más juego aéreo en los equipos de la liga. Un corredor con malas manos para atrapar lanzamientos, lo tiene más complicado para jugar un gran número de *snaps* en cada partido.

De nuevo, yo os voy a hablar de lo que a mi entender son las rutas, para *running backs*, más jugadas en la **NFL**. Vamos a ver cinco rutas, volviendo a hacer hincapié en que puede que os las encontréis denominadas de otra forma. Estas rutas son: *flare* (o *swing*), *check*, *hide* (o *cross*), *flat* y *screen*.

La ruta *flat* puede ser la más conocida por todos. En ella, el *running back* corre en dirección a la *línea de scrimmage*, pero yendo hacia la línea de banda, y allí es donde recibirá el balón. Se busca mucho a los RBs en esta ruta como complemento, o en combinación, con otras rutas que corren los *wide receivers* o los *tight ends*, ya que permite al RB ocupar una zona que queda vacía de defensores al ser arrastrados siguiendo a los receptores.

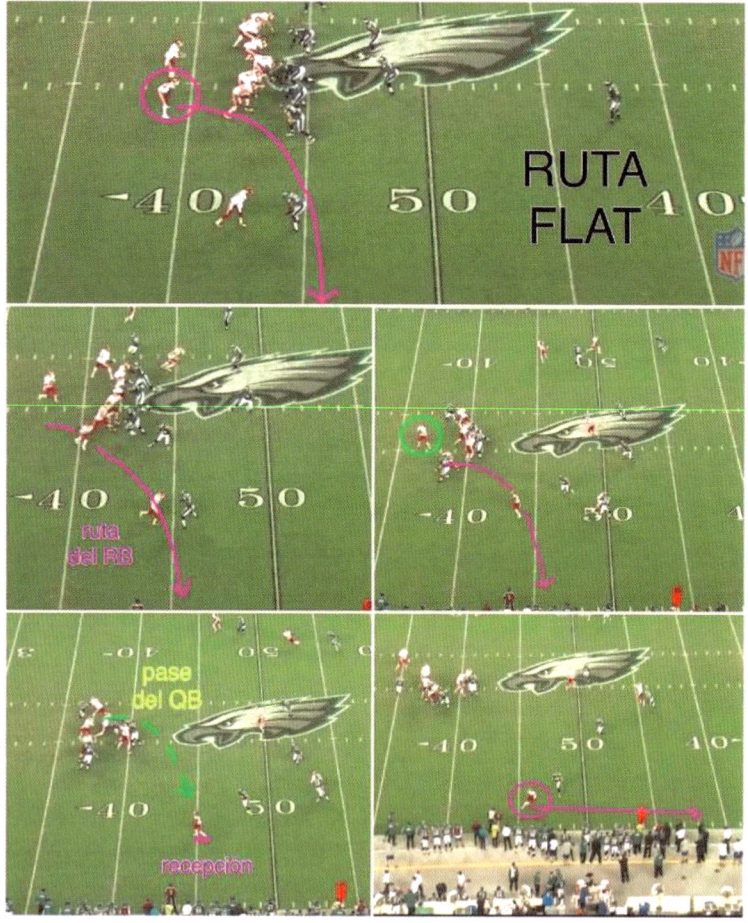

Desde *two-point stance*, el *running back*, una vez que el *quarterback* recibe el *snap*, corre en dirección a la línea de banda. Vemos como el *wide receiver* de ese lado ha liberado un espacio que es aprovechado por el corredor.

Para que sea una ruta *flat*, es necesario que el balón se reciba más allá de la LOS. Hago énfasis en esto porque puede llevar a equívoco con la siguiente ruta que vamos a explicar.

La ruta *flare*, o *swing*, es parecida a la *flat* en el sentido en que el *running back* va a correr hacia la línea de banda también, pero, en este caso, cogerá un cierto ángulo y recibirá el balón antes de atravesar la *línea de scrimmage*.

En esta ruta es muy común ver al *wide receiver* bloquear a su par para darle un camino más plácido a su compañero, incluso también es usual ver a OLs saliendo a bloquear e ir quitando defensores de en medio.

En este tipo de rutas, *flat* o *flare*, se busca el desajuste que puede provocar la asignación defensiva entre un *linebacker* y un *running back*. Si esto se produce, el *linebacker* va a tener muchos problemas para parar a un hombre que es mucho más rápido.

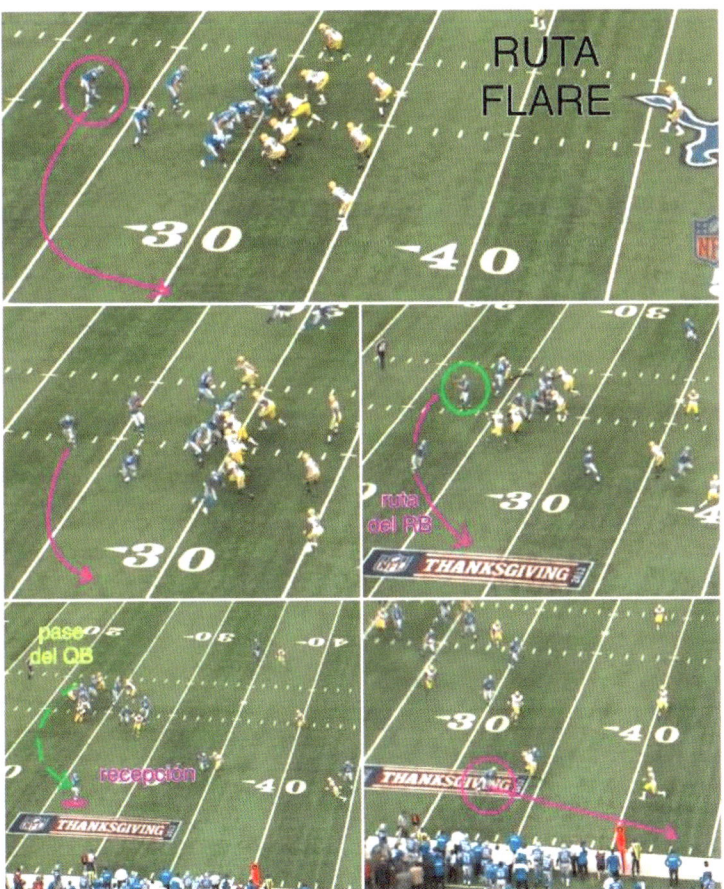

A diferencia de la ruta *flat*, el corredor coge una pequeña curva y recibe antes de rebasar la *línea de scrimmage*. Esto provoca que el *running back* tenga mucho campo para leer y escoger la mejor opción para su carrera.

Si en las dos rutas anteriores se buscaba al corredor por fuera, pegado a la banda, las dos siguientes son al contrario. El corredor jugará la zona media una vez que haya pasado la LOS. El primer caso es la ruta *hide* o *cross*.

En esta jugada, el *running back* atravesará la *línea de scrimmage*, parará y cambiará de dirección corriendo en paralelo a la LOS. El corte y cambio de dirección deben ser explosivos para dejar atrás al defensor asignado a esa zona.

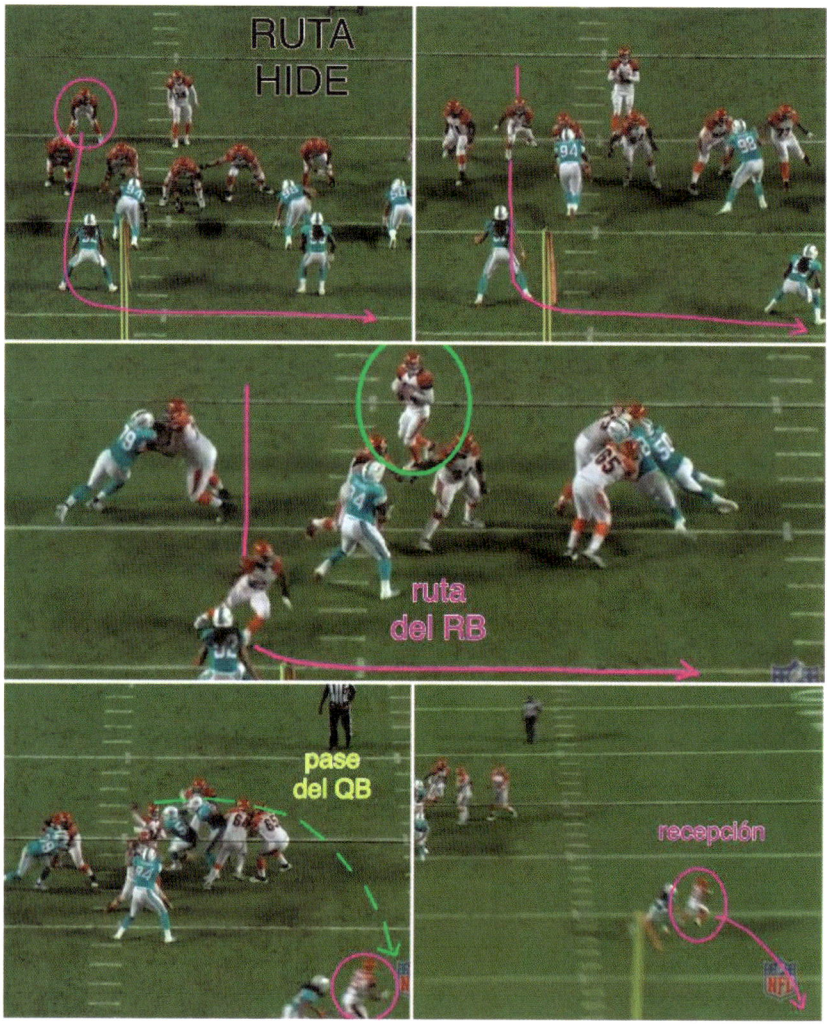

El corredor debe ir directo a por el *linebacker* y hacer el corte hacia dentro, recorriendo la zona media y dando un objetivo claro a su *quarterback*, ya que siempre estará entre el defensor y el pasador. Una vez recibido el pase, es muy normal tener campo para correr al haber arrastrado los demás receptores a la defensa limpiando esa zona.

Quiero decir una cosa, cuando algo sale bien, todo es de color de rosa, pero os imaginaréis que no siempre es así de fácil. La defensa siempre tiene algo que decir, pero eso forma parte de otro capítulo al que todavía falta tiempo para llegar.

La siguiente ruta en explicar es la ruta *check*. Más que una ruta en sí, lo podríamos llamar un pase de seguridad para el *quarterback*. En esta ruta, el corredor, cuando se lanza el *snap*, tiene como primer objetivo ayudar a su línea ofensiva en protección de pase. Si el *running back* ve que no tiene a nadie a quien bloquear, sale a la *zona underneath* (la zona media, justo detrás de la *línea de scrimmage*). Una vez allí, se para y encara con el *quarterback*. Si el pasador no ha encontrado a ningún receptor abierto, su última lectura será ese *running back*.

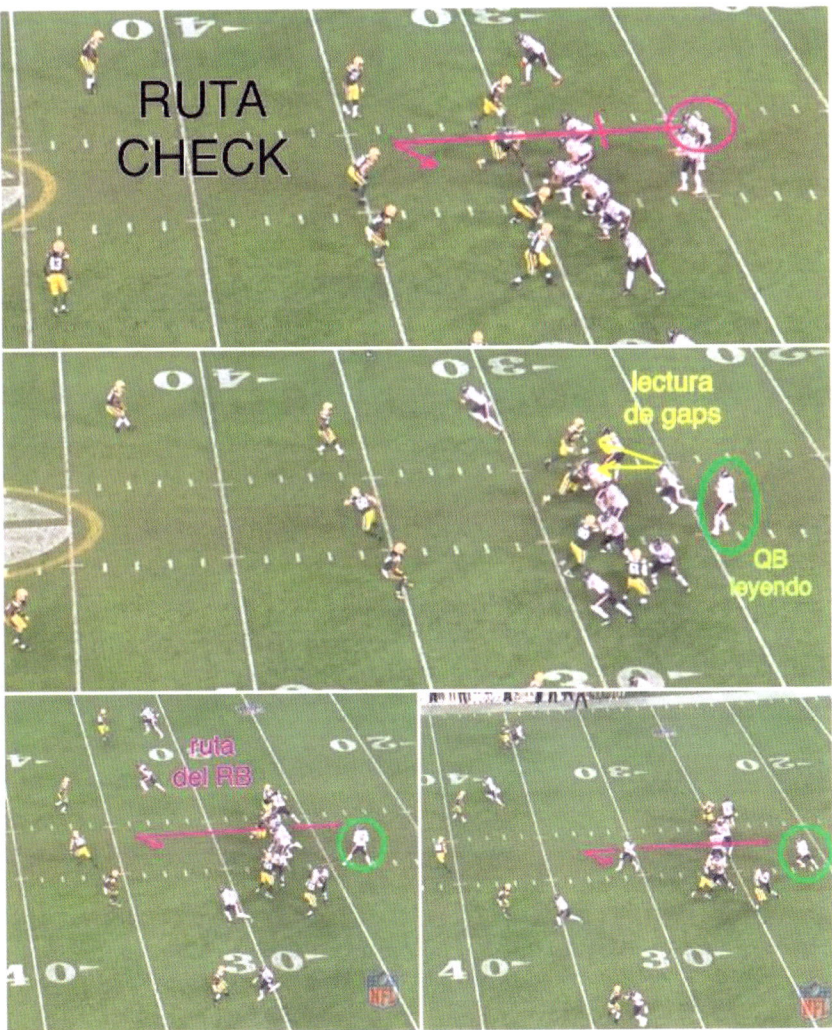

El *running back* lee a la defensa y no tiene a quien bloquear. Su siguiente movimiento es alcanzar la *zona underneath* y, una vez allí, darle un posible pase cómodo a su *quarterback*. Vemos como el pasador, después de leer todo el campo, no tiene a quien lanzar, y ve que su *pocket* se está colapsando. La mejor opción que tiene es buscar al RB, el cual está libre de defensores. Éste recibe y juega un *juke move*, del que hablamos anteriormente, para zafarse del *linebacker* que sale a su encuentro.

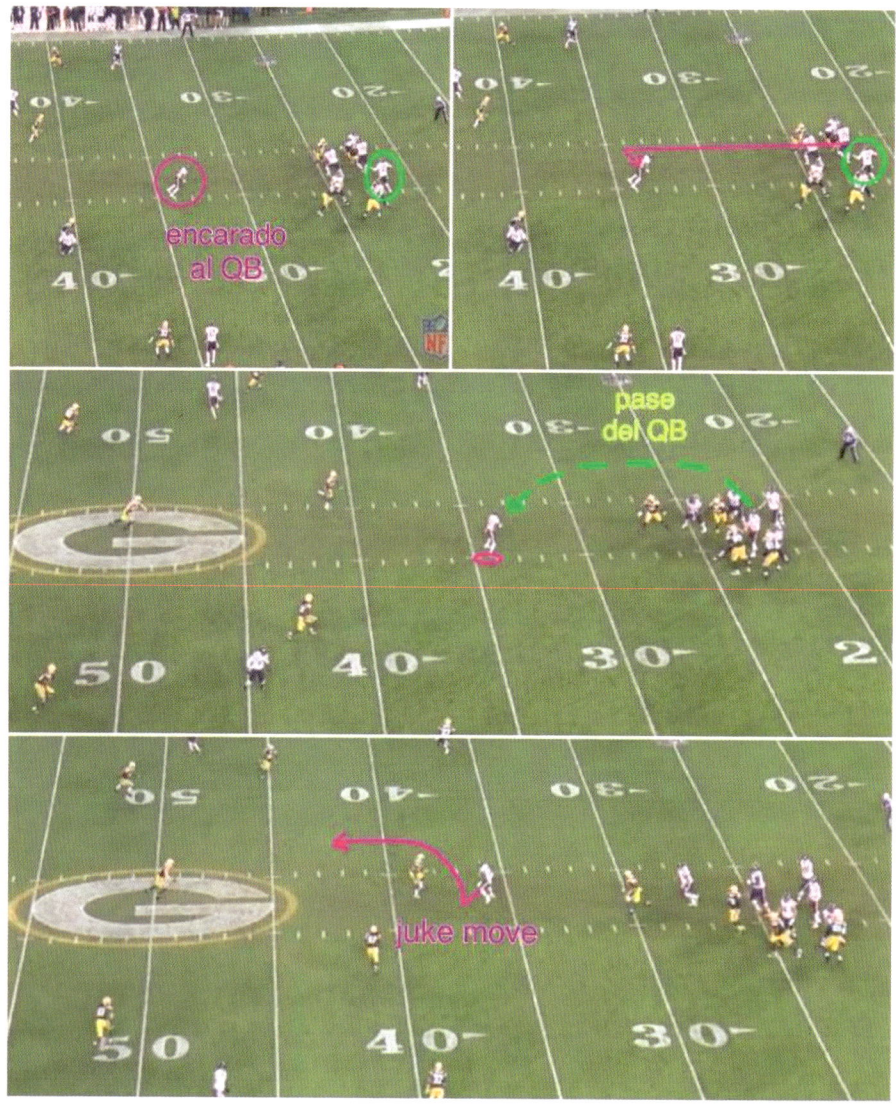

Éstas son cuatro de las rutas más utilizadas y funcionales que posee un *running back* para ganar yardas recibiendo el balón mediante un pase. Hay una última ruta que, si bien no es una de las que más me gusta, sí que creo que puede resultar muy útil en según qué situaciones. Se trata de la *RB screen*.

En esta ruta, el corredor apenas tiene que salir muy lejos para recibir. El *quarterback* fintará que va a buscar un receptor, pero rápidamente girará la vista para lanzar al *running back*. A partir de aquí, tanto receptores como algunos OLs, tienen que salir a campo abierto para ir bloqueando defensores que se crucen en el camino del corredor.

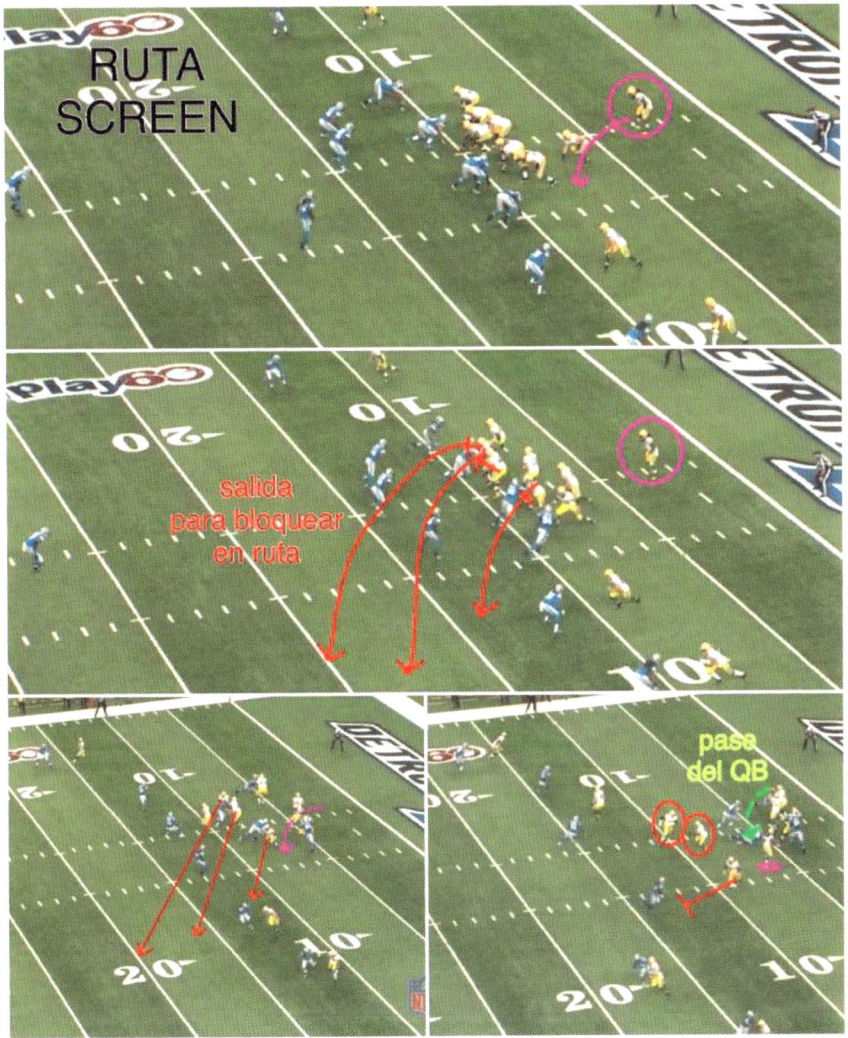

Los miembros de la línea ofensiva, como en este caso son el *center*, el *guard* derecho y el *guard* izquierdo, hacen un pequeño contacto con los líneas defensivos y salen campo abajo. Solo dos hombres de la OL se quedan bloqueando. Y no hacen falta más, ya que el *quarterback* soltará el balón con mucha rapidez.

Vemos como el pasador, cuando ha recibido el *snap*, mira al *close side* (lado derecho de un QB diestro) para fintar jugar allí. Al momento, gira hacia la dirección del corredor para conectar con él. Con el balón en las manos, y con un campo lleno de defensores, el *running back* ve como sus receptores y sus hombres de la línea ofensiva van haciéndole más sencillo el trayecto. Aunque se vea favorecido por los bloqueos, él debe ser capaz de ir leyendo cual es la mejor opción. De nada sirven los bloqueos si el corredor no lee las ventajas.

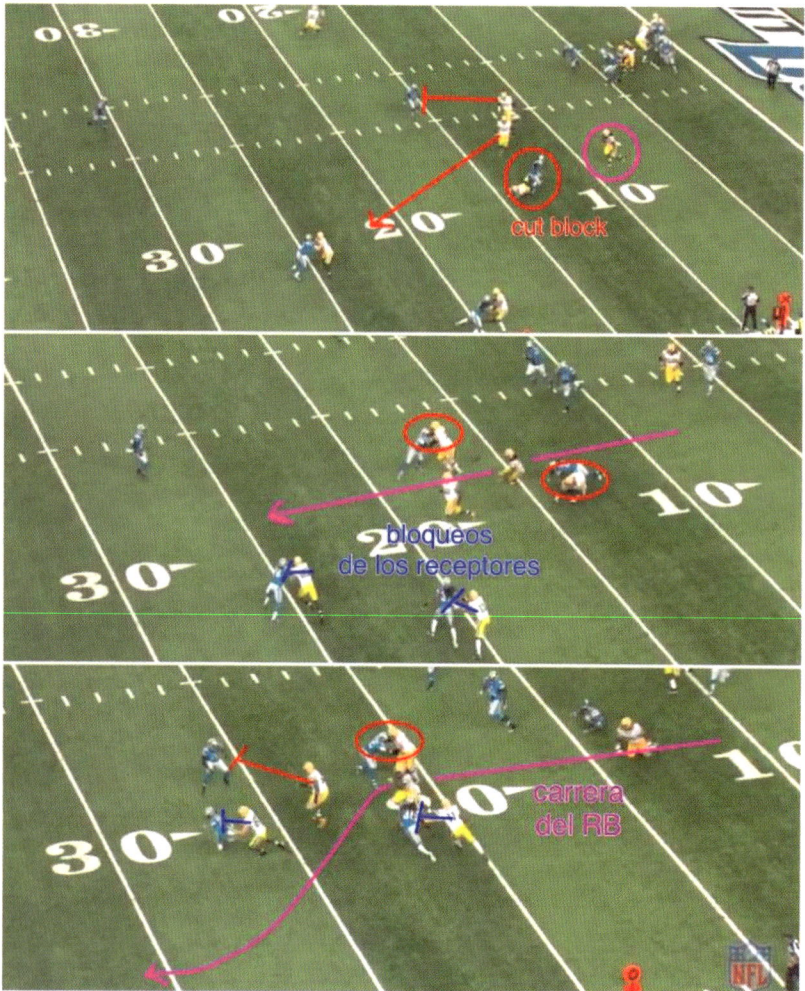

Existen muchas más rutas, y con el crecimiento del juego aéreo en la liga, podemos ver a los *running backs* incluso jugando abiertos, como si fueran *wide receivers*. A este tipo de corredor, el cual juega muchas rutas de pase y que es veloz, ágil, escurridizo y con unas manos fantásticas, se le conoce como *air back*.

LOS RBs BLOQUEANDO

Pero no todo es acarrear el balón o recibirlo. Cada vez más, podemos ver a los *running backs* quedándose en el *pocket* para ayudar en protección de pase.

Lo primero es hablar de la utilidad del *fullback*. En muchas de las fotos anteriores, habéis podido ver como el FB marcaba el camino al HB. Pues bien, esto es lo que se conoce como un *lead block*, como pudimos ver en el capítulo anterior, donde hablábamos de los sistemas de bloqueos.

En este bloqueo, el *fullback* guía al corredor por el *gap* que abre la línea ofensiva y es el encargado de bloquear al *linebacker* asignado en ese *gap*, dando más posibilidades de éxito al acarreador del balón.

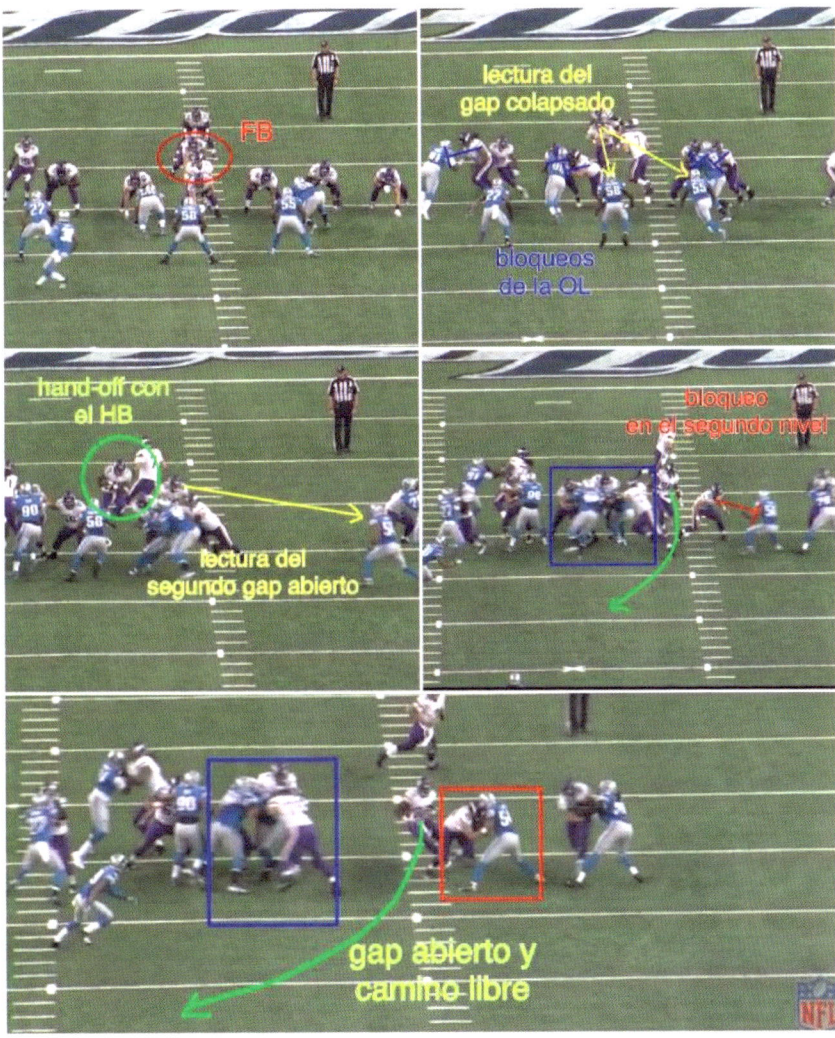

Estamos viendo una *Formación en I*. Esta formación se caracteriza por que el QB, el FB y el HB se sitúan en fila detrás del *center*. En la secuencia de arriba vemos como el FB lee cual es el gap más idóneo por donde tiene que ir la ruta del HB. Una vez que se cuele por ese *gap*, su siguiente misión es bloquear al jugador del segundo nivel que salta a parar la carrera. El HB va detrás del FB siguiendo sus pies y aprovecha el bloqueo para seguir avanzando yardas. No solo en esta formación el FB puede realizar los *lead blocks*, existen más tipos de jugadas o formaciones donde se dan lugar esta clase de bloqueos. Incluso, a veces, son los *tight ends* los que ejercen esta función. A parte de bloquear para la carrera, los *fullbacks* ayudan a proteger a su *quarterback*. Tanto los fullbacks, como los halfbacks, tienen que ser capaces de cerrar los *gaps* que se le asignen. Toda ayuda al pasador dándole un segundo más para lanzar, es bienvenida.

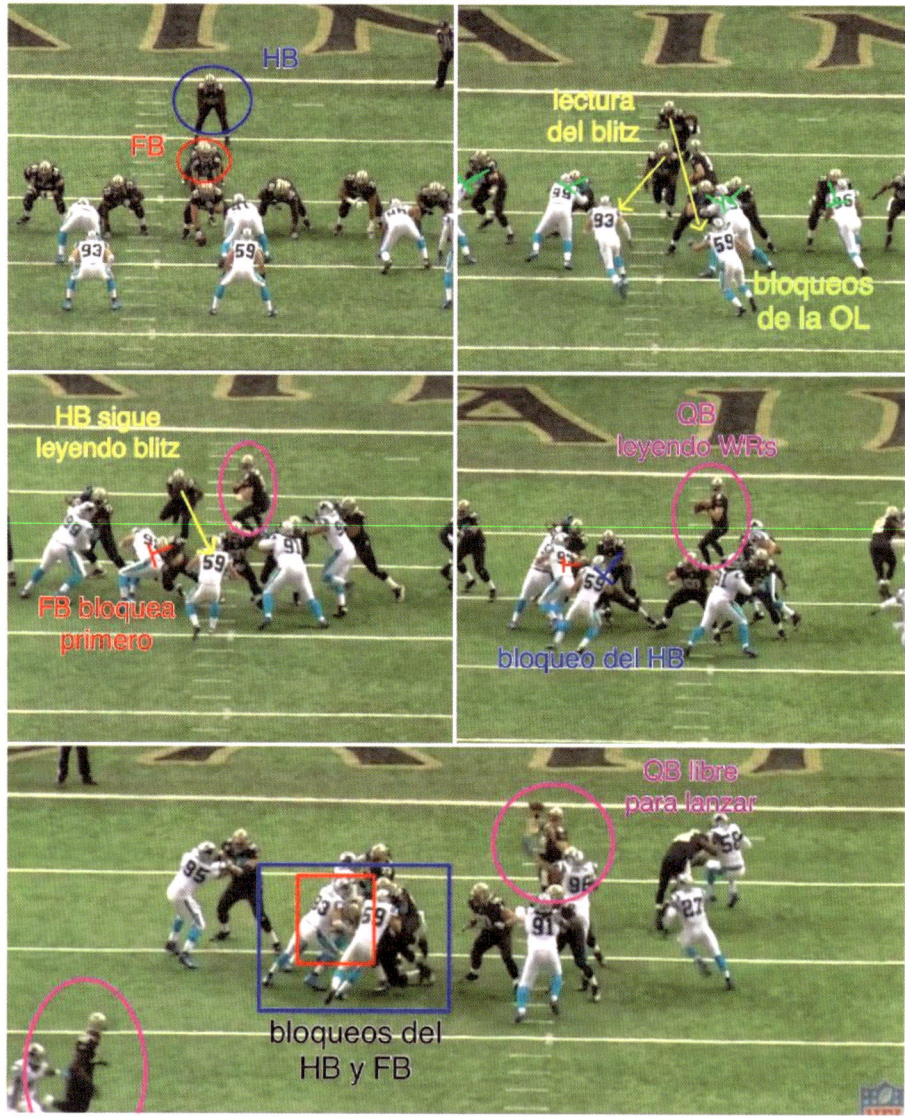

Otra *Formación en I*, pero esta vez los dos *running backs* se encargan de sellar el *gap A*. Primero es el *fullback* quien bloquea el primer *blitz* (defensor, sin ser línea defensivo, que entra a presionar al pasador) y, seguidamente, es el *halfback* el encargado de parar al linebacker que quiere entrar en el *pocket*.

Los *running backs*, aparte de ser buenos lectores de rutas, tienen que saber identificar lo que la defensa rival tiene preparado. Si el corredor debe bloquear a un defensor que entra en *blitz*, y no lo lee, o no es capaz de identificarlo, es más que probable que todo el sistema de bloqueos de la línea ofensiva se venga abajo.

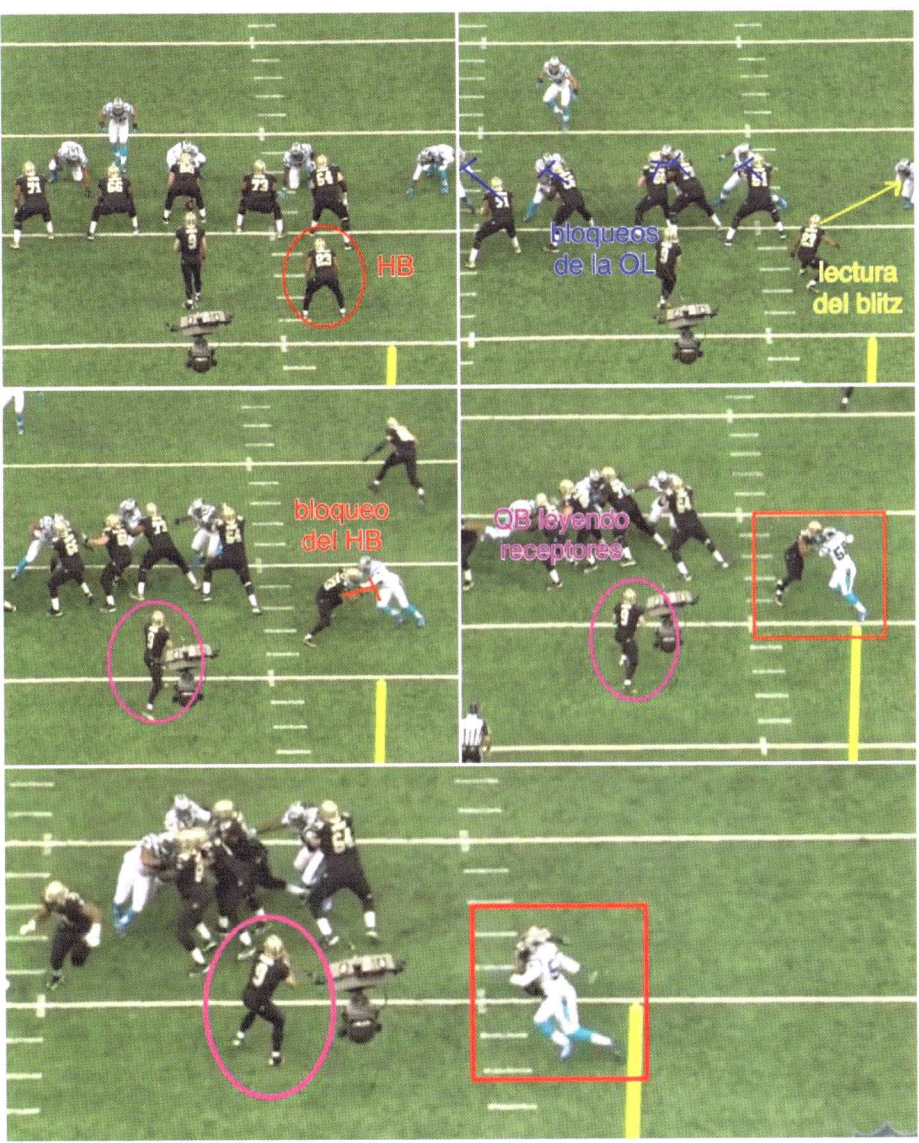

En la imagen superior lo podemos ver. El *running back* lee el posible *blitz* y tiene que estar preparado para bloquear a ese defensor, ya que cada compañero de la OL tiene un jugador o una zona asignada. A pesar de que la técnica de bloqueo no es del todo correcta (mal *leverage*, regular punto de contacto), consigue el objetivo de retrasar el *blitz* y de darle tiempo a su *quarterback* para leer y lanzar al receptor abierto.

Otras veces, y ante el desequilibrio que existe entre un *running back* y un hombre de línea defensiva, los corredores usarán el *cut block* intentando hacer que el defensor pierda el equilibrio y así no tener que luchar con un jugador que te supera en kilos y fuerza.

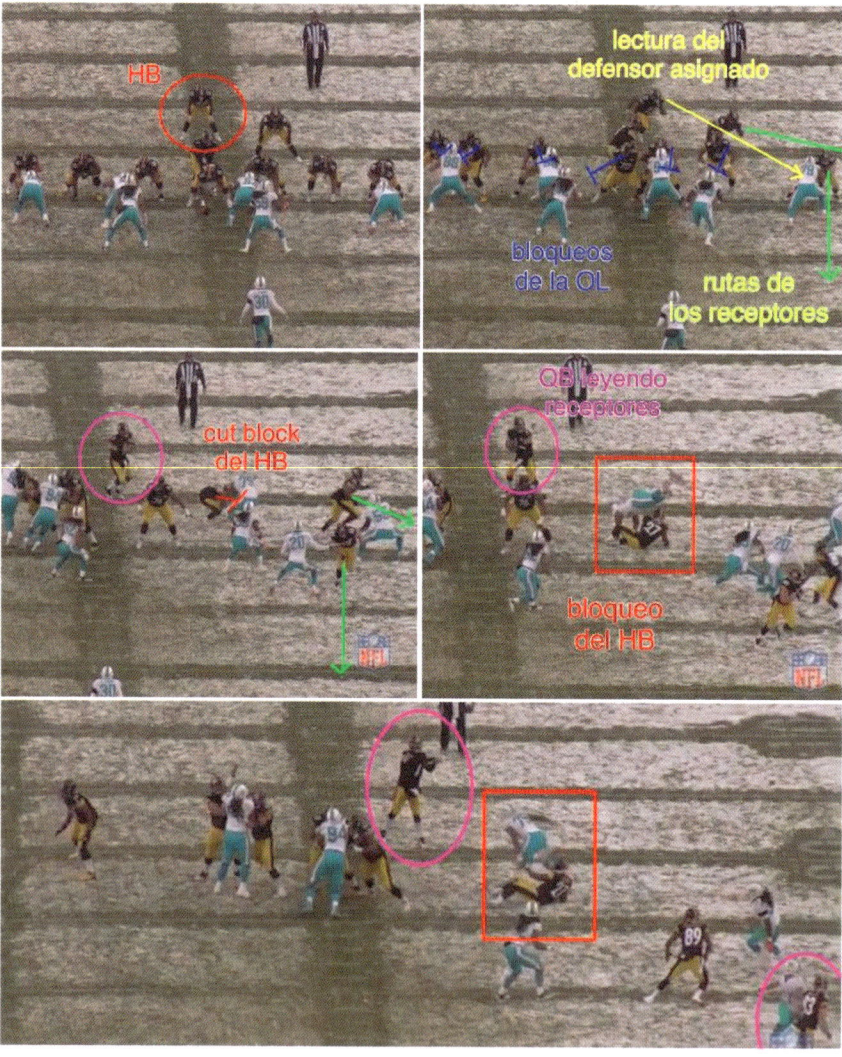

En este caso, la línea ofensiva libera al *defensive end* de bloqueos, siendo el *halfback* el hombre el asignado para esa labor. Una vez que los receptores salen en ruta, y que el *tackle* izquierdo ocupa su zona, el único que puede parar al DE, en su intento por llegar al *quarterback*, es el corredor. Ante un jugador más poderoso que él, el *halfback* utiliza la técnica del *cut block* para desestabilizar al defensor y dar tiempo al pasador.

Esto es lo más básico y principal de lo que debe poseer, conocer y poner en práctica un *running back*. Como siempre digo, en el mundo del *football* existen muchos matices y opciones. Cada equipo cada entrenador o cada coordinador adapta su juego a los profesionales con los que cuenta, y buscan variantes dentro de un mismo sistema.

Lo que yo he pretendido contar, y mostrar, es la dificultad que entraña la posición de *running back*. No solo es chocar contra un muro humano, se trata de saber encontrar una grieta en ese muro y de tener las herramientas adecuadas para atravesarlo siendo capaz de no perder lo más valioso de este deporte, el balón.

WIDE RECEIVERS

En el *football* moderno, los *wide receivers* (WRs) están cogiendo una importancia vital en el juego ofensivo de cada equipo. Es una de las posiciones más vistosas y aplaudidas por los aficionados. A todos nos gusta ver como ese "atleta" salta para atrapar un balón imposible de coger y como, una vez conseguido esto, corre hasta la zona de anotación. Son el alma de la fiesta ofensiva y, junto con los *quarterbacks*, centran todas las miradas y todos los focos.

Sin embargo, cuando estamos viendo un partido de *football* americano en directo, solo vemos el inicio y el final del movimiento de un WR. En este capítulo dedicado a ellos, intentaré explicar cómo se desarrollan las rutas que corren y como hacen para estar desmarcados y así poder recibir el pase (a partir de ahora lo llamaremos "estar abierto", acercándonos un poquito más a la terminología americana).

Cada vez vemos más prototipos de *wide receivers* más grandes. Ese receptor alto, con gran zancada, brazos largos y mucha potencia física, está de moda. Sin embargo, existen receptores más bajitos y veloces, u otros más fuertes, potentes y físicos. Todos ellos deben tener las mismas cualidades más allá de su físico. Estas cualidades son: lectura y conocimiento de lo que propone la defensa, aceleración tanto campo abajo como después de cada corte, "timing" entre él y su *quarterback*, generar separación respecto a su defensor, calidad de manos para recibir el balón y capacidad para ganar yardas después de recibir el pase.

FUNDAMENTOS

Lo primero, como siempre, es hablar del *stance*. A lo largo de los años, el *stance* ha ido cambiando según el juego iba evolucionando.

Hace algunos años, podíamos ver a los receptores en *three-point stance*, es decir, con una mano en el suelo. Esto era debido a que a los *wide receivers* se le pedía explosividad en cada arrancada e inicio de movimiento. En esta posición (imitando a un velocista de atletismo), el WR podía liberarse de su defensor más fácilmente, ya que el defensor, al estar más erguido, realizaría el movimiento inicial de manera más lenta.

Cuando el juego de ataque fue evolucionando a pases más rápidos y cortos, al receptor se le hacía muy complicado recibir un pase tan veloz desde esa posición, así que el WR pasó a estar en *two-point stance* casi el 100% de las veces. Es extremadamente raro, hoy en día, ver a un WR con la mano en el suelo.

En la primera imagen, vemos el *three-point stance*. En las dos siguientes, vemos las dos maneras de jugar en *two-point stance* dependiendo de cómo el entrenador, o el coordinador ofensivo, crea que es más conveniente para su receptor. Situar las manos en el pecho viene dado por ese juego de pases rápidos y cortos del que os hablé antes. Así, facilitas al receptor tener las manos más preparadas en el caso de que esto suceda. Sin embargo, es mucho más difícil para el WR arrancar muy rápido con las manos ahí. Es por esto, que la mayoría juega con los brazos en la posición que vemos en la última imagen.

Los pies deben estar escalonados, las rodillas un poco flexionadas y el tren superior ligeramente hacia delante para favorecer la arrancada. Hay entrenadores que prefieren que el pie adelantado sea el interior, y otros prefieren que sea el exterior. Llamamos pie interior al más cercano al balón y pie exterior al más alejado. En el caso de la tercera imagen, el pie derecho será el interior. La separación de los pies viene dada por la situación del defensor. Si el defensor está jugando con separación respecto al *wide receiver*, éste tendrá los pies más separados que si estuviese pegado, ya que el primer paso será vertical para coger rápidamente velocidad en su ruta e intentar ganar espacio frente al defensor, mientras que, si el defensor está cerca, el primer paso del receptor será lateral para intentar liberarse lo más rápido posible de la presión.

ROUTE-RUNNING

La finalidad del receptor, cuando corre una ruta, es la de ganar separación respecto a la defensa. Tiene que ser capaz de dar un objetivo más o menos claro al pasador y tener espacio para poder recibir el balón sin que el defensor pueda interceder en la acción. Al proceso de correr una ruta, desde que la inicia, hasta que la termina, se le llama *route-running*.

Para ganar separación respecto al defensor desde la *línea de scrimmage*, el *wide receiver* posee varias técnicas de hacerlo. Lo primero que debe hacer un WR desde el *stance* es leer a la defensa. Saber si le defienden en zona o en hombre, o si el defensor se sitúa cerca o lejos de él.

Si el defensor está en zona, o en hombre, pero jugando con espacio (*man-off*), hay dos movimientos esenciales para los receptores. Uno de ellos es el *vertical release* (llamamos *release* a la salida del receptor nada más iniciarse el *snap*).

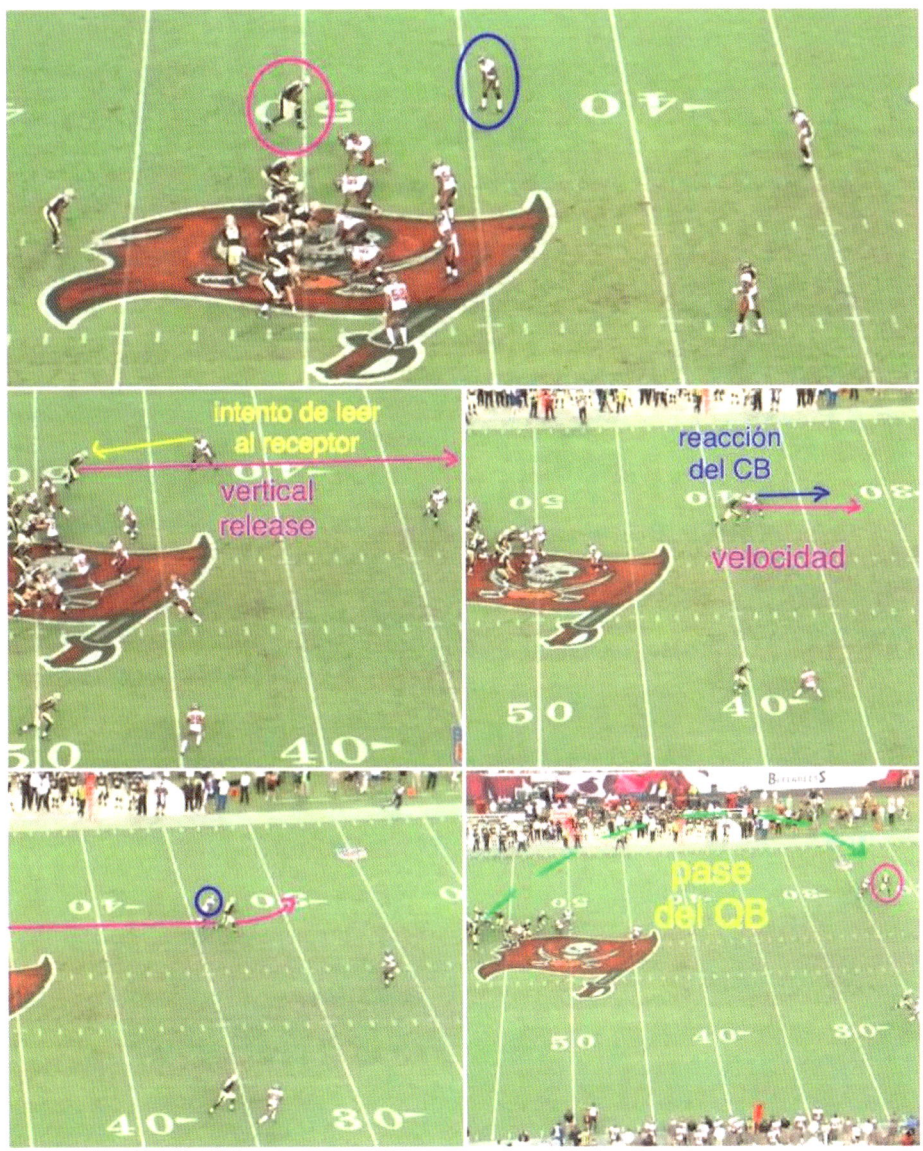

Este *release* es muy bueno para los jugadores con mucha velocidad. Consiste en ganar profundidad para rebasar al *cornerback*, impidiendo que éste adivine la ruta que correrá el *wide receiver*. Cuando un CB sabe que el receptor al que defiende es muy rápido, debe intentar estar lo más cerca de él una vez que llega a su altura, y debe adivinar qué ruta está corriendo su oponente. De otra manera, es muy difícil evitar la recepción. Aquí vemos como la reacción no es buena y como el WR gana suficiente espacio para recibir el pase. El receptor no deja de acelerar en ningún momento y, una vez que supera al defensor, gira la cabeza para localizar el balón que le viene.

Otra de las técnicas que puede usar un receptor, cuando el rival propone una defensa así, es el *attack release*. Este *release* se basa en atacar al *cornerback* en relación al movimiento que nos concede el defensor. No es un *release* nada fácil y se debe dominar muy bien para realizarlo. Cualquier error en ruta delataría la intención del WR y puede provocar que el CB rompa el "timing" entre receptor y pasador.

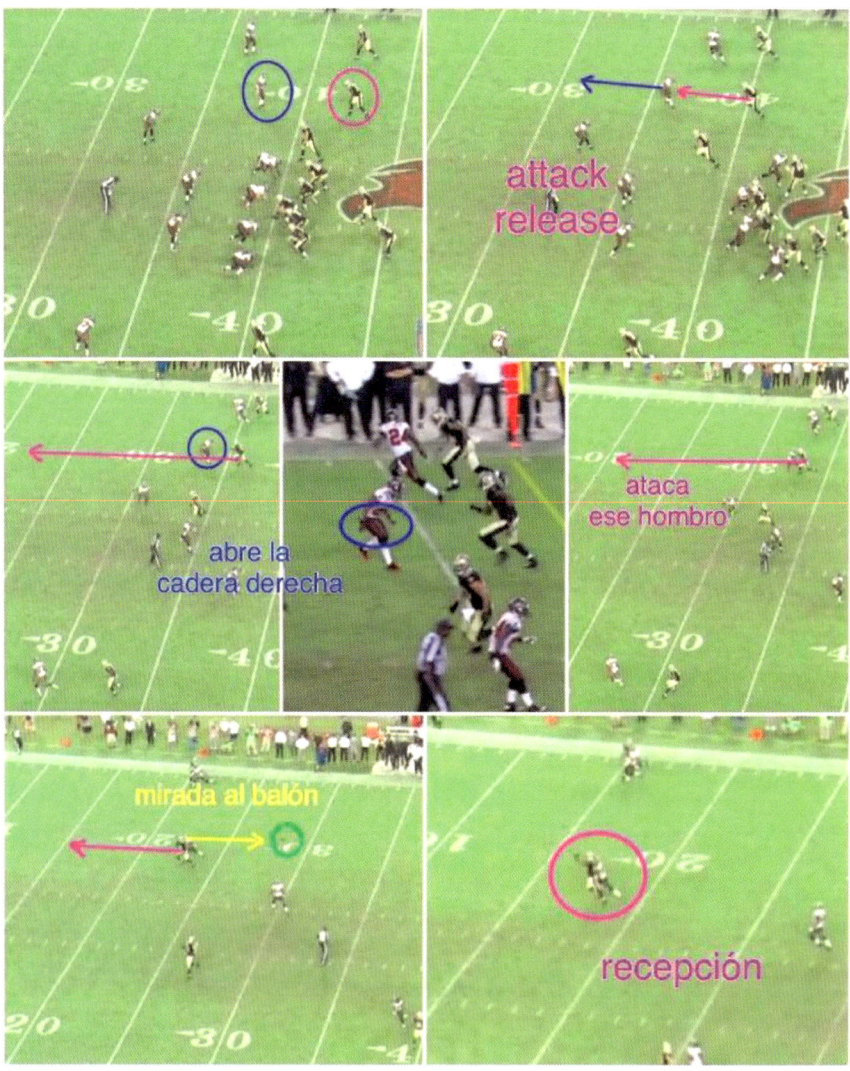

Vemos como el receptor ataca directamente al CB. El WR no debe atacar un lado, debe ir al cuerpo del CB quitando cada vez más espacio entre ellos. Una vez que está cerca del CB debe leer su cuerpo. El CB tiene que decidir hacia donde puede ir el receptor y, como en este caso, abrir una de sus caderas (en la imagen de arriba vemos como es la derecha). Cuando esto sucede, el WR debe atacar ese hombro y seguir acelerando. Siempre irá más rápido que su defensor, ya que él corre hacia delante y el CB hacia detrás. Vemos como el WR gana el suficiente espacio superando al defensor para que su *quarterback* encuentre un objetivo claro.

Estas han sido dos de las técnicas que pueden usar los *wide receiver* para liberarse de la defensa, ganando separación y espacio, cuando ésta deja a sus *cornerbacks* en *man-off*. Sin embargo, si la defensa propone presión sobre la *línea de scrimmage* con los receptores, éstos deben dominar una serie de técnicas que les faciliten hacer el *release* desde el inicio de su ruta.

Lo primero que deben conseguir es separación respecto al defensor para poder salir en ruta, Es decir, deben evitar el contacto con el *cornerback* para así no perder el "timing" de la ruta y estar en el sitio y en el tiempo adecuado, donde les esperará el balón que lanza el *quarterback*. Muchas veces habréis visto que el lanzamiento va a un sitio donde no hay nadie o el receptor no llega a tiempo. A esto me refiero cuando os hablo del "timing" entre receptor y pasador. Un receptor debe correr su ruta con el objetivo de llegar a un determinado lugar en un determinado espacio de tiempo. No puede haber error de ruta ni correr una ruta que no es la que se ha mandado previamente.

Como iba diciendo, el *wide receiver* evitará el contacto mediante las siguientes técnicas: *speed release*, *single-step release* y *double-step release*.
El primero de ellos, el *speed release*, es el más básico. Consiste en que el receptor elige un lado del defensor y lo ataca. Se necesita de una gran explosividad para poder liberarse de tu oponente. El lado que el WR elige dependerá de la ruta que vaya a correr o de cómo quiere manejar al defensor para poder engañarlo. Debe moverse extremadamente rápido al salir desde su *stance*.

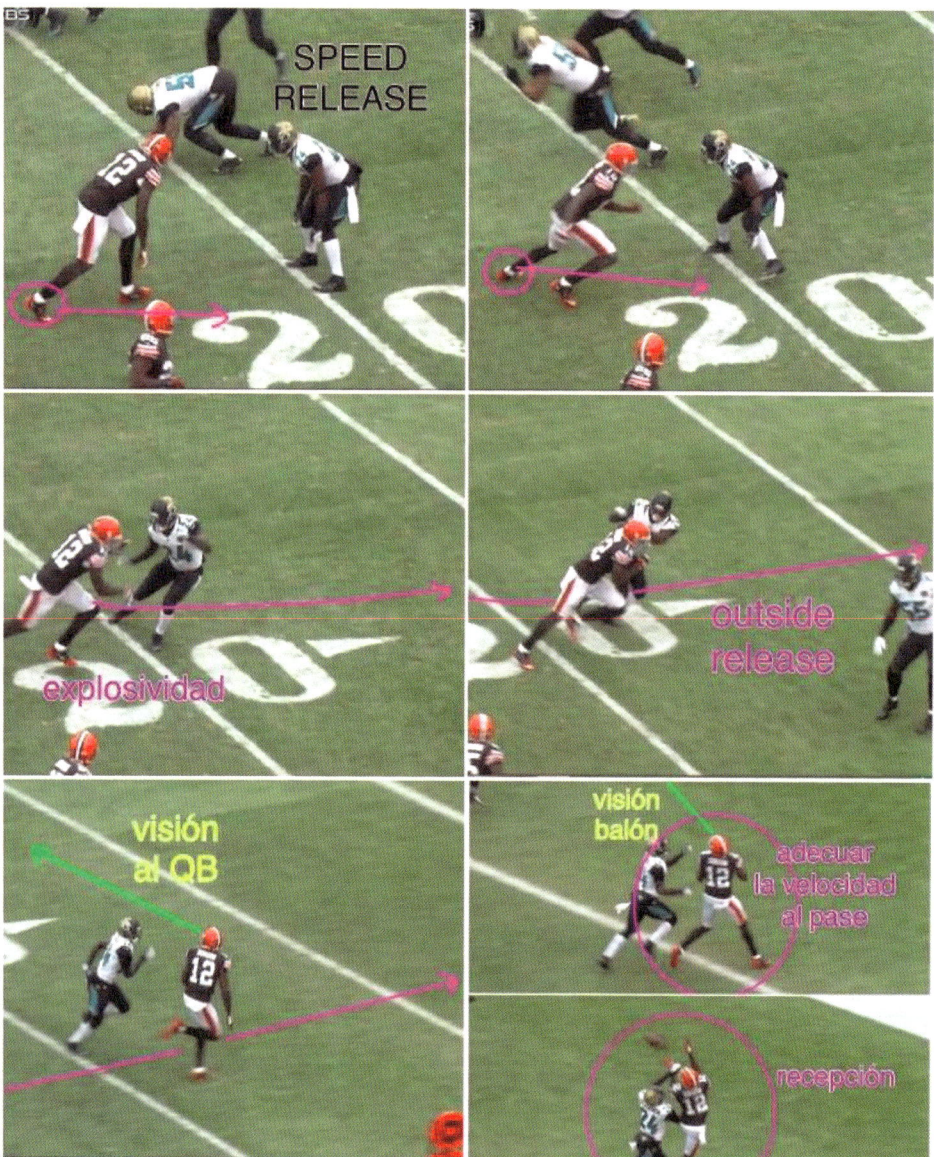

En esta secuencia vemos como el WR arranca con el pie atrasado (*back foot*) en la dirección que quiere hacer el *release*. Su explosividad, y velocidad, hacen que gane la separación suficiente para poder recibir el balón. Una vez que supera al CB, gira la cabeza para poder ver al QB y así, una vez que éste lanza, poder ver la trayectoria del balón. Si el receptor sale por el lado más alejado del balón, se le llamará *outside release*, y si lo hace por el lado más cercano al balón, se denominará *inside release*.

La segunda técnica de la que voy a hablar es el *single-step release*. Esta puede ser la técnica más usada por los *wide receivers* cuando la defensa está presionando. Consiste en fintar hacia un lado mediante el primer paso y, una vez que el defensor se ha movido hacia allí, cambiar de dirección y atacar el lado contrario, sacando de la línea de ruta al rival.

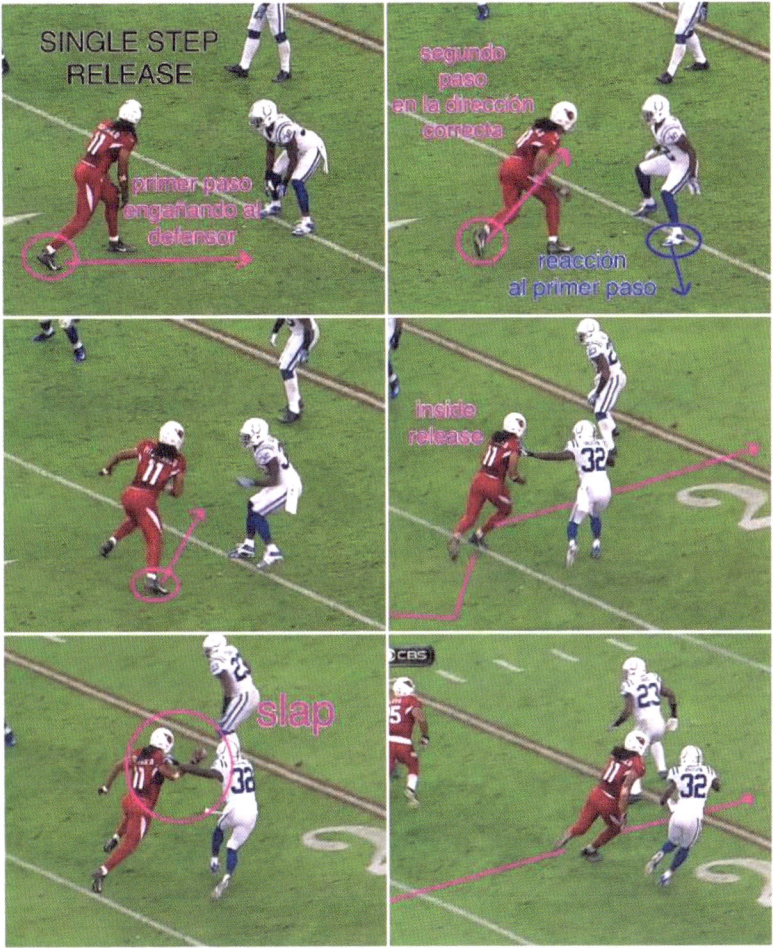

En la imagen de arriba vemos cómo el receptor va a buscar el *inside release* y para ello fintará ir por fuera, como primer movimiento, usando el *single-step release*. Con el primer paso parece atacar el exterior y, una vez que el defensor se lanza a frenarlo, él cambia de dirección ganando el espacio que ha liberado el CB. Éste intenta parar al WR sujetándolo, pero el receptor lo evita con un *slap*. El *slap* sirve para evitar el contacto con el defensor y que éste no pueda interrumpir, o frenar, la carrera del WR mediante el uso de las manos o el brazo.

Por último, voy a hablar del *double-step release*. Como os imaginaréis, es muy parecido al anterior, pero en vez de utilizar un paso, se usan dos pasos para fintar al defensor. Este *release* es para *wide receivers* con gran explosividad y unos pies muy ágiles. Comienza con un paso en la dirección donde queremos ir, es decir, si queremos coger un *inside release*, se debe mover el pie interior en esa dirección. El segundo paso será con el pie exterior hacia fuera, consiguiendo así la doble finta y, finalmente, otra vez con el pie interior, el receptor atacará hacia la dirección correcta. Lo vemos en imágenes.

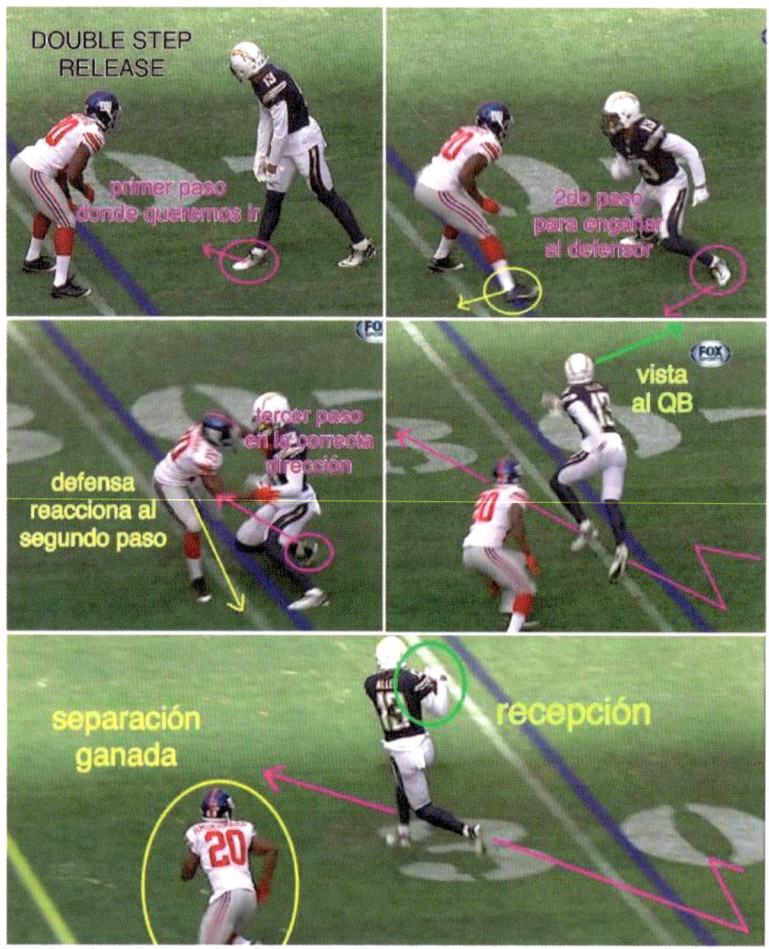

El receptor quiere coger un *inside release* en esta secuencia. El primer pie que mueve es el interior, el segundo paso es hacia fuera con el pie exterior y finaliza el movimiento con el pie interior para liberarse del CB. Este movimiento es bastante complicado y realizarlo perfectamente está al alcance de muy poquitos receptores.

Estos tres movimientos se realizan en el inicio de la ruta, en el momento de atravesar la *línea de scrimmage*. Una vez rebasada, y en carrera, existen otra serie de técnicas para liberarse del defensor, si éste ha sido lo suficientemente rápido como para recuperar espacio, y poder ganar separación.

Estos movimientos se conocen como *breaks*, o cortes, y se realizan para generar separación entre el receptor y el defensor, dando al pasador un objetivo mucho más claro. A parte de para esto, los *breaks* son básicos para conseguir otra de las cualidades más importantes que debe poseer un receptor: las yardas después de la recepción (*yardas after catch* o *YAC*). Cuanto más se separe de su defensor, más podrá avanzar el WR antes de ser placado. Para realizar estos *breaks*, el receptor debe mantener la aceleración hasta el punto del corte, no debe dar pistas de lo que va a hacer y debe salir del *break* con una gran explosividad para crear la separación adecuada.

Los *breaks* se dividen en tres estilos: *speed cut*, *comeback cut* y *breakdown cut*.

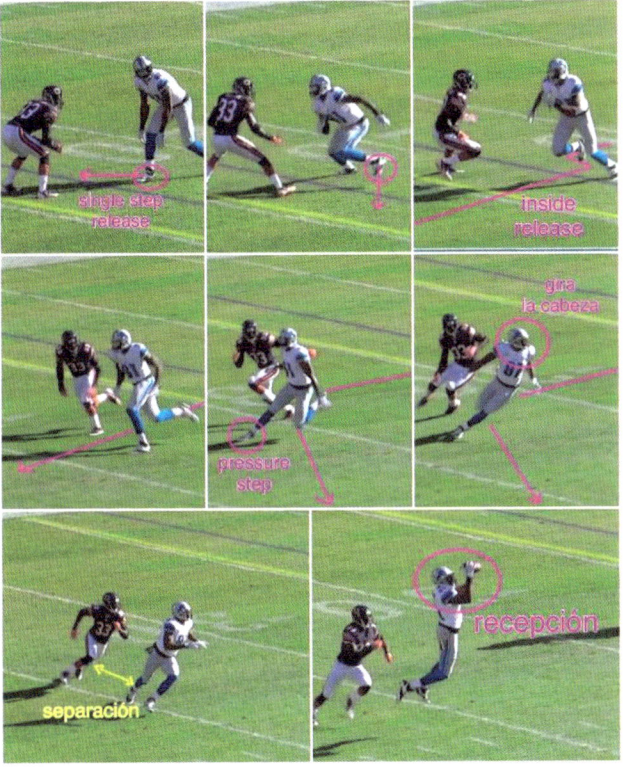

El primero de ellos, el *speed cut*, se basa en tres directrices claras. El *break* comienza con el pie contrario hacia donde el WR seguirá su ruta. Es decir, si el receptor va a cambiar de dirección hacia la izquierda (como en el caso de la foto), el inicio del corte lo hará con el pie derecho (*pressure step*). En el momento de realizar esto y antes de plantar el pie interior, el atacante debe girar su cabeza buscando al *quarterback* y al balón. El segundo y tercer paso deben ser explosivos para acelerar y ganar separación respecto al defensor. En los tres primeros fotogramas vemos al WR jugando el *single-step* para tomar un *inside release*.

Otro tipo de *break*, el cual juegan los receptores para correr sus rutas, es el *comeback cut*, y es utilizado en rutas *hook*, *curl* o *hitch* (las rutas las veremos más adelante). A diferencia del anterior, este corte requiere de una pequeña desaceleración progresiva antes del corte.

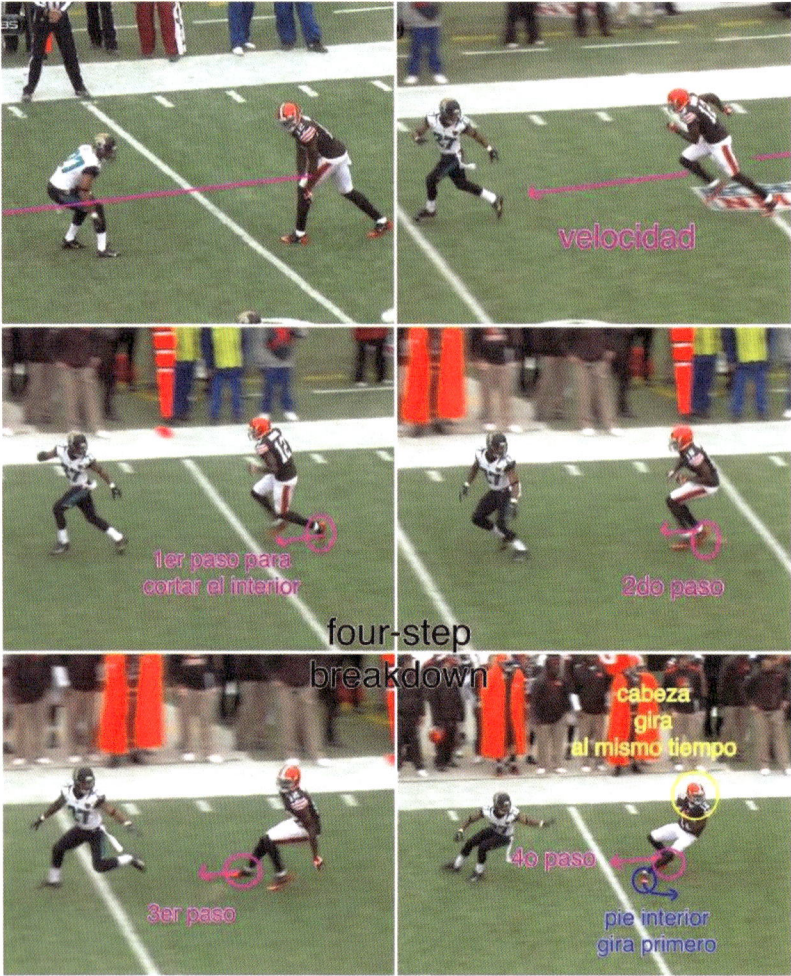

Vemos el inicio de la ruta y la aceleración del receptor. Una vez que se aproxima al punto del corte, comienza la desaceleración. Esto se hace con una serie de cuatro pasos que se llama *four-step breakdown*. El primero de estos cuatro pasos es con el pie del lado donde va a girar el receptor. Como veis en la imagen, con el segundo y tercer paso, el WR va girando su cabeza para mirar al QB. Una vez plantado el cuarto y último paso (*pressure step*), el receptor avanza unos pasos hacia el pasador para ganar separación y poder recibir el balón.

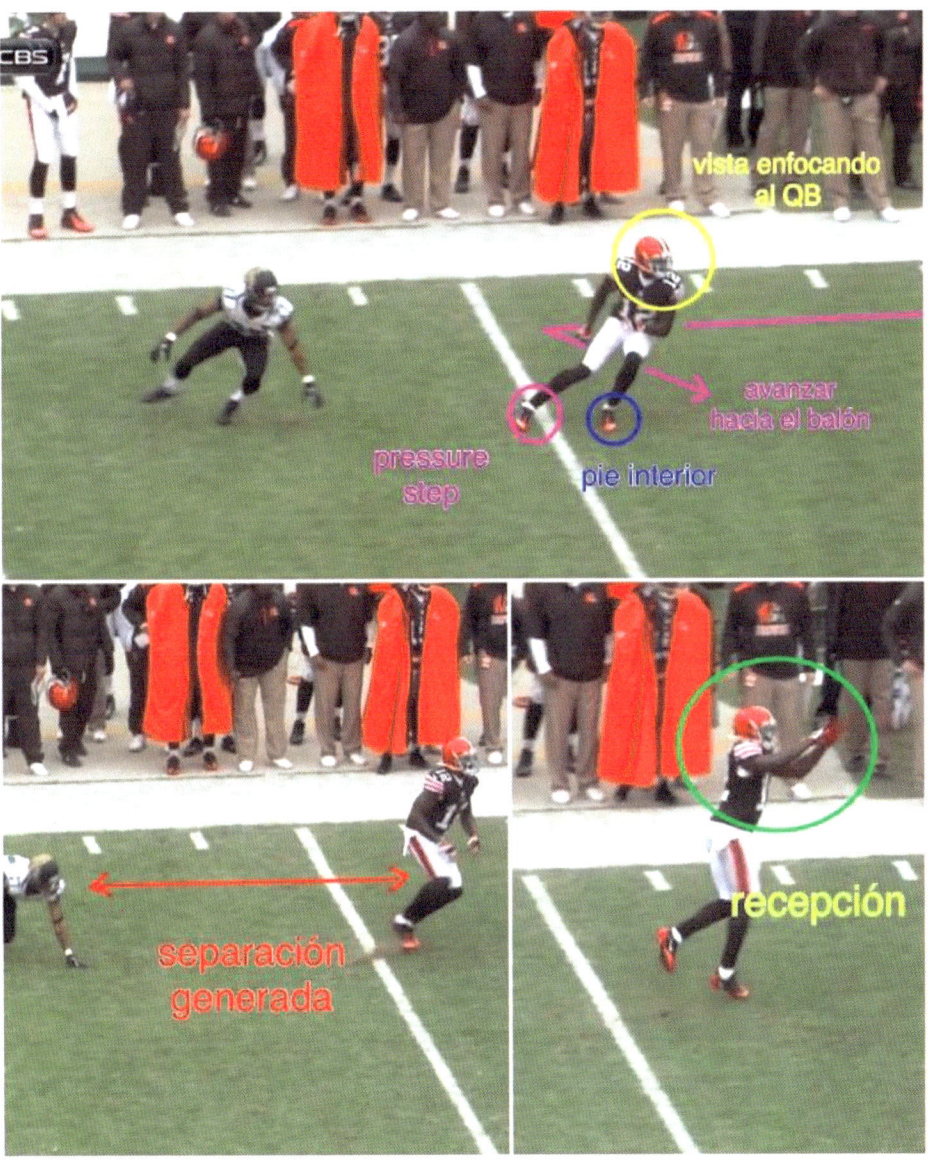

El último tipo de corte es muy similar a éste, salvo que en vez de un giro de 45 grados (ya sea al interior o al exterior), el giro es de 90 grados, yendo en perpendicular a la ruta vertical que lleva el receptor.

El inicio del corte es igual que el *comeback cut*, ya que el WR irá acelerando hasta que se aproxime al punto de corte y comience a frenar utilizando el *four-step breakdown*.

Vemos como el atacante juega un *inside release*, acelera y cuando llega al punto de corte, inicia la técnica con el pie interior, ya que va a salir hacia su derecha. En este caso, donde el giro es de 90 grados, el tercer paso (que es el que marca la dirección que va a coger) se llama *breakdown step*. Al contrario que en el anterior corte, este paso requiere una salida explosiva en perpendicular. El cuarto paso vuelve a ser *pressure step* y, al igual que en los anteriores *breaks*, su salida es fundamental para generar la separación deseada.

Con el *breakdown step*, el receptor gira la cabeza para localizar al pasador y al balón. La explosividad del corte le permite separarse del *cornerback* y atrapar el lanzamiento sin apenas dificultad.

A parte de estos *breaks*, en el manual de los receptores élite, existen muchos más movimientos para ganar separación, ya sea modificando la dirección de la ruta, o siguiendo la misma. Yo os voy a hablar de dos de ellos. El *stick move* es uno de los más conocidos. Este movimiento se basa en un repentino cambio de dirección en una ruta de pase vertical, para, seguidamente, cambiar de nuevo la dirección y engañar al defensor.

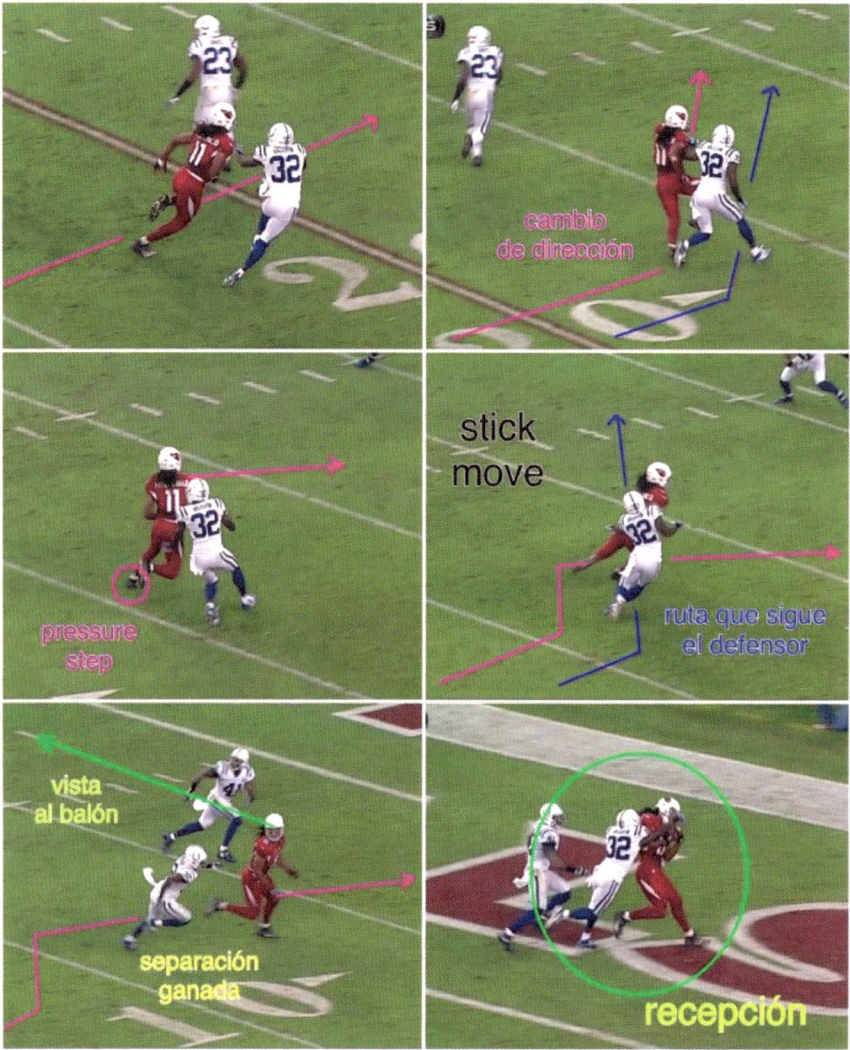

Vemos como el receptor corre por dentro del defensor, en un punto de la ruta cambia la dirección, pero el siguiente paso es un *pressure step* que le permite cambiar nuevamente de dirección. El defensor no puede reaccionar a estos dos cambios tan bruscos y pierde distancia respecto al atacante. El WR, con la separación generada, busca el balón y ajusta su ruta para alcanzarlo. Ajustar la ruta es otra de las habilidades de los receptores. El WR tiene que ver si el balón está cayendo más atrás o más profundo de donde debería ir, y así saber si tiene que acelerar o frenar un poco en su ruta para cogerlo.

Otro de los movimientos que más me gustan es el *tip-toe move*. Este movimiento es muy complicado de realizar, pero es altamente efectivo frente a defensores muy agresivos.

El *tip-toe move* se basa en hacer creer al defensor que el receptor va a frenar su ruta vertical, posando sus pies a la misma altura y deteniéndose un segundo. Ante esta parada, el CB puede reaccionar imaginando que el WR va a cambiar su dirección y este es el momento que busca el atacante para arrancar otra vez y ganar la separación que desea. Es un movimiento que suele despertar un "¡¡ooooh!!" en los aficionados.

Existen más movimientos para deshacerse de defensores y dar un objetivo de pase a los *quarterbacks*, en todos ellos destacan la explosividad y la aceleración en los *wide receivers*, así como su lectura del defensor. Pero si hay algo en lo que un receptor no puede fallar es atrapando el balón. ¿De qué sirve correr bien una ruta, saber generar separación, o incluso ser una bala, si no es capaz de coger un pase?

RECEPCIÓN DEL BALÓN

Como expliqué en el capítulo de los *running backs*, las dos maneras de colocar las manos para recibir el balón son universales. Es decir, si el balón va por encima de la cintura, el WR colocará sus manos con las palmas hacia fuera y juntará los dedos índice y pulgar. Sin embargo, si el balón llega por debajo de la cintura, el WR colocará sus manos con las palmas hacia arriba e intentando aproximar sus meñiques el uno al otro.

Hay varias normas las cuales ha de seguir cualquier receptor para no errar en la ejecución:

-El WR no debe dejar que el balón golpee primero en el cuerpo para hacer la recepción, debe atraparlo con las manos, y más exactamente con los dedos. La forma del ovoide hace que, si golpea en una superficie llana, sea muy complicado controlar su trayectoria. Hay muchísimos receptores en la liga que esto no lo dominan, y es una de las claves en los numerosos *drops* (balón que no es capaz de atrapar un atacante y cae al suelo) que aparecen en cada partido.
-No perder de vista el balón por querer correr antes de tener la posesión del ovoide. El WR debe de tener la vista fija en el balón hasta que esté en sus manos, nunca mirar al espacio donde va a correr o al defensor que viene, siempre debe mirar al balón. Sin él, no hay carrera que hacer, ni defensor al que evitar.
-Cuando es un lanzamiento profundo, y el WR se está alejando del QB, el receptor deberá colocar sus manos con las palmas hacia arriba para atrapar el pase. Esto es así porque facilita su carrera. El WR va acelerando con la intención de ganar más

separación respecto al defensa, así que, colocando así sus manos, le permitirá estirarse para alcanzar el balón y no reducir la velocidad.

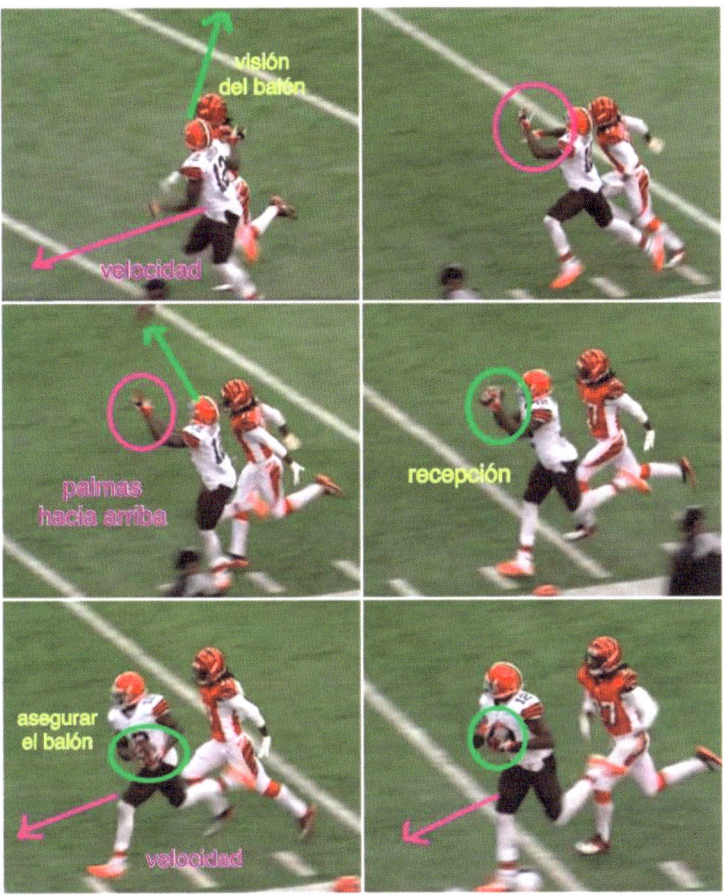

Importante para un WR también será "atacar" el balón en su punto más alto. Cuando el lanzamiento es muy bombeado, y el receptor tiene a su defensor pegado, e incluso a dos defensores con él, tiene que buscar el balón y no dejar que caiga. Tiene que ir a por él en su punto más alto. Un ejemplo de esto es la imagen de abajo.

Según el tipo de pase, los receptores tienen que ajustar sus manos, o su cuerpo, para poder atrapar el balón. Habrá pases por encima del hombro, pases atrasados o que requieran un esfuerzo extra por parte del receptor. Eso sí, los *wide receivers* deben intentar coger el balón con dos manos, ya que siempre será más seguro hacerlo así que no con una sola mano (*one handed catch*). Si consiguen hacer una recepción con una sola mano, estén seguros que la acción entrará en el TOP 5 de las mejores jugadas de la semana.

LOS WRs BLOQUEANDO

En un deporte de equipo como es el *football*, todos los jugadores tienen que dominar varias facetas. Bloquear es algo que todo atacante debe hacer en algún determinado momento del partido o en una serie de esquemas tácticos. Los *wide receivers* no son una excepción y, aunque no es algo en lo que puedan destacar, hay veces que de su bloqueo depende gran parte del éxito en esa jugada. Por ejemplo, un WR puede usar el *cut block* para facilitar la recepción y la ganancia de yardas de un compañero.

Aquí, vamos a explicar dos clases de bloqueos que son jugados por los receptores: el *stalk block* y el *crack block*.

En el *stalk block*, el *wide receiver* tiene que ser consciente de hacia dónde va el balón y cuál es su objetivo de bloqueo. Este objetivo, la mayoría de las veces, será el defensor que está con él (generalmente un *cornerback*). Sin embargo, habrá otras ocasiones en las que tendrá que ir a buscar una zona y encargarse de bloquear al *safety* que se ocupa de parar la carrera por ese lado del campo.

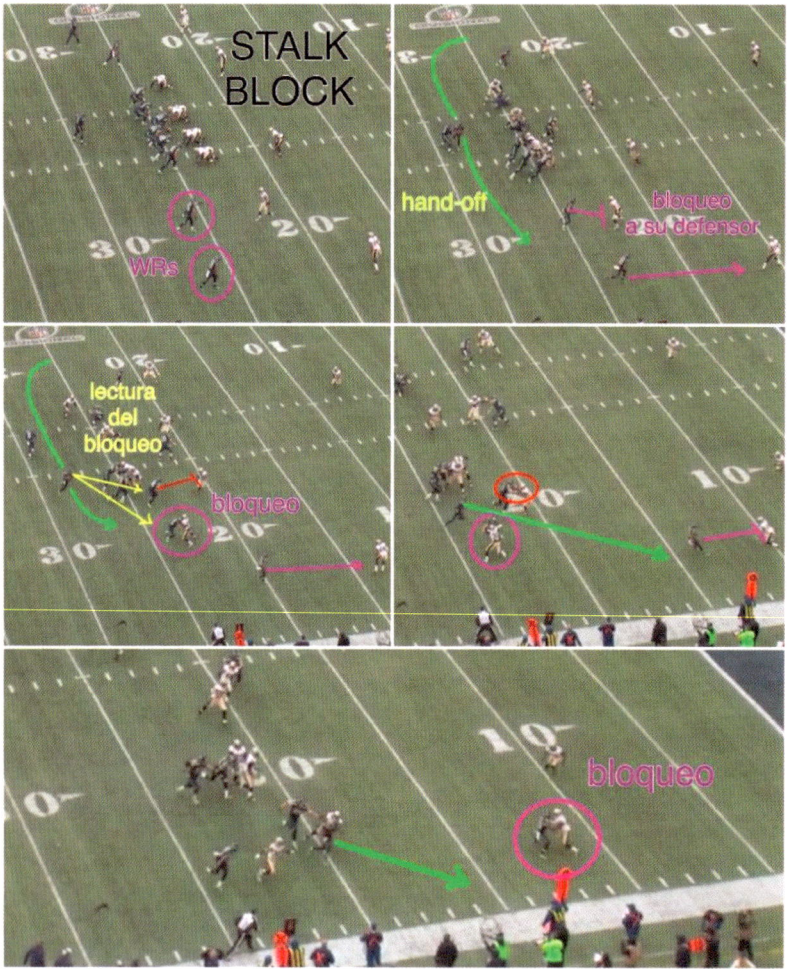

Vemos a los WRs formando en el *close side*. El WR que está más cerca de la línea ofensiva (*slot*), es el encargado de bloquear primero. Su objetivo es el CB que lo defiende. En este tipo de bloqueo se utilizan los mismos fundamentos que vimos cuando un línea ofensivo bloquea, es decir, manos a los números del defensor y mantener un buen *leverage*. El jugador con balón lee este bloqueo y encuentra el camino por donde avanzar. Mientras tanto, el WR que se encontraba más abierto, ha acelerado hasta llegar a su CB y ejecutar el mismo tipo de bloqueo. Cuando un receptor bloquea, debe evitar que el defensor se cruce en el camino del jugador con balón. Esto significa que si el defensor ve que el acarreador cambia de dirección y se mueve hacia allí, el WR debe ser capaz de moverse para seguir enfrente de él sin agarrar, ya que eso sería infracción.

El segundo tipo de bloqueo que quiero explicar es el *crack block*. Este bloqueo se realiza por un WR al último hombre situado en la línea defensiva. Puede ser a un línea defensivo, a un *linebacker* o a un *safety*. El WR debe bloquear, a diferencia del *stalk block*, en el lateral del defensa (su hombro y su cintura pero lateralmente). Es un bloqueo que suele coger por sorpresa y que basa mucho de su éxito en esta circunstancia, ya que el defensor no ve venir el bloqueo.

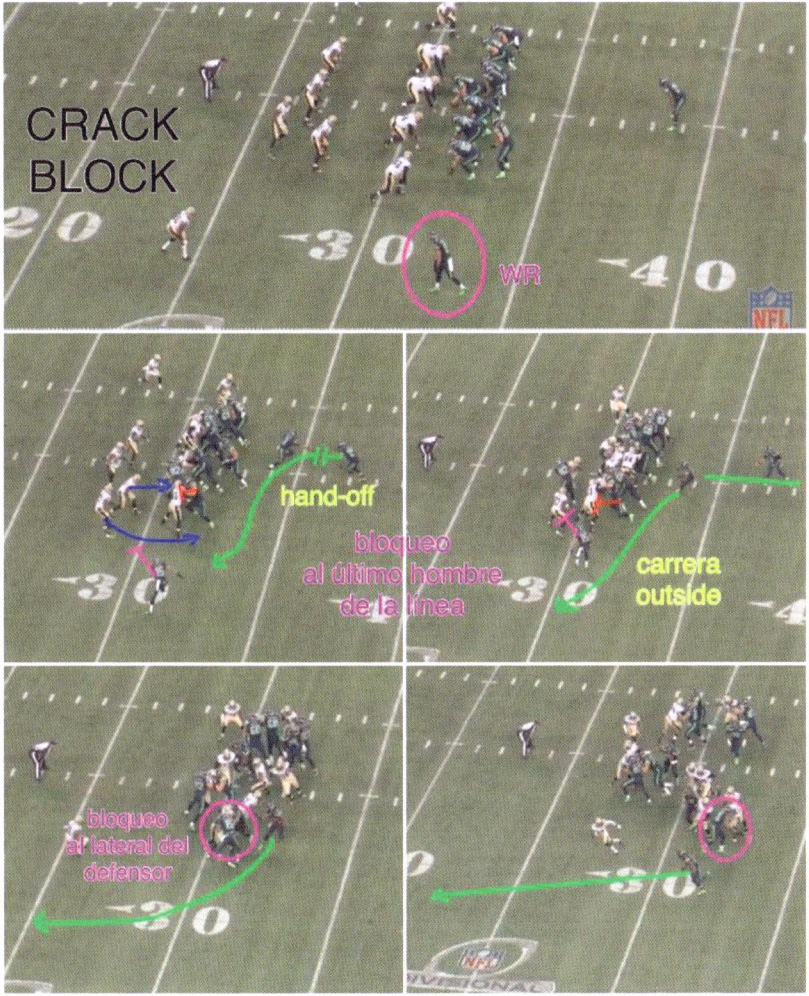

Vemos como el WR se olvida de su defensor y arranca para bloquear al hombre que buscará parar la carrera por fuera. Una vez que llega a su altura, bloquea el lateral del defensor y abre el camino para que el RB pueda ganar muchas más yardas.

Wide receivers que sean capaces de dominar todos estos fundamentos, hay pocos. Pero cuando ves a uno de esos pocos moverse por el terreno de juego, te das cuenta de lo maravilloso que puede llegar a ser este deporte. Velocidad, elasticidad, potencia o agilidad son algunas de las cualidades que poseen, y ver todas ellas moviéndose a la vez, es un arte.

Una vez que ya hemos visto cómo debe moverse un WR y cuáles son sus fundamentos, pasamos a explicar el concepto por donde giran las muchísimas rutas que puede correr un receptor. Este concepto es el *Route Tree* (árbol de rutas).

ÁRBOL DE RUTAS (ROUTE TREE)

Este "árbol" es un sistema de rutas básicas, tanto interiores como exteriores, y que son muy fácil de reconocer en un terreno de juego.

Como os dije con las rutas de los *running backs*, estas rutas pueden ser nombradas con diferentes denominaciones, y para no confundir a los jugadores (los cuales deben conocer un gran catálogo de términos), se adjudicó un número a cada ruta del *route tree*. Este número irá incrementando según lo profunda y lejana que sea la ruta. Vamos a verlas en secuencias de imágenes para que se entiendan mejor:

HITCH (ruta 0)

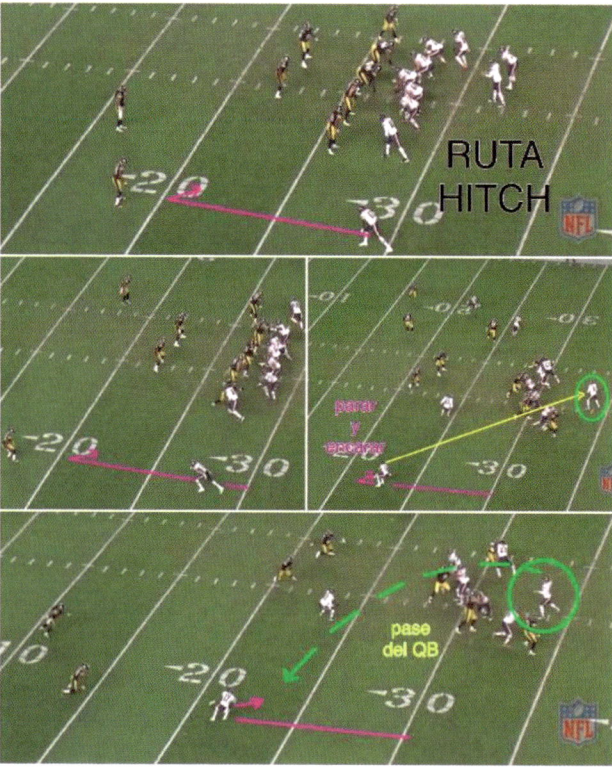

Ésta es una ruta corta. El *wide receiver* corre cinco o siete yardas, frena y gira hacia el *quarterback* en un ángulo de 45 grados. El receptor tiene que dar uno o dos pasos en dirección al pasador después de haber realizado el *break* (*comeback cut*). Esta ruta se utiliza mucho cuando el defensor del WR se sitúa dándole un poco de espacio, lo cual es aprovechado por el receptor para poder recibir sin mucha dificultad.

QUICK OUT (ruta 1)

También llamada *flat* y denominada así porque el WR se dirige a esa zona del campo. Es una ruta corta en la que el receptor hace un corte rápido hacia la línea de banda. Nada más cortar a la banda, el WR debe girar la cabeza para ver el balón, ya que el QB habrá mandado el pase en esa dirección. Es necesario un gran "timing" entre receptor y pasador.

SLANT (ruta 2)

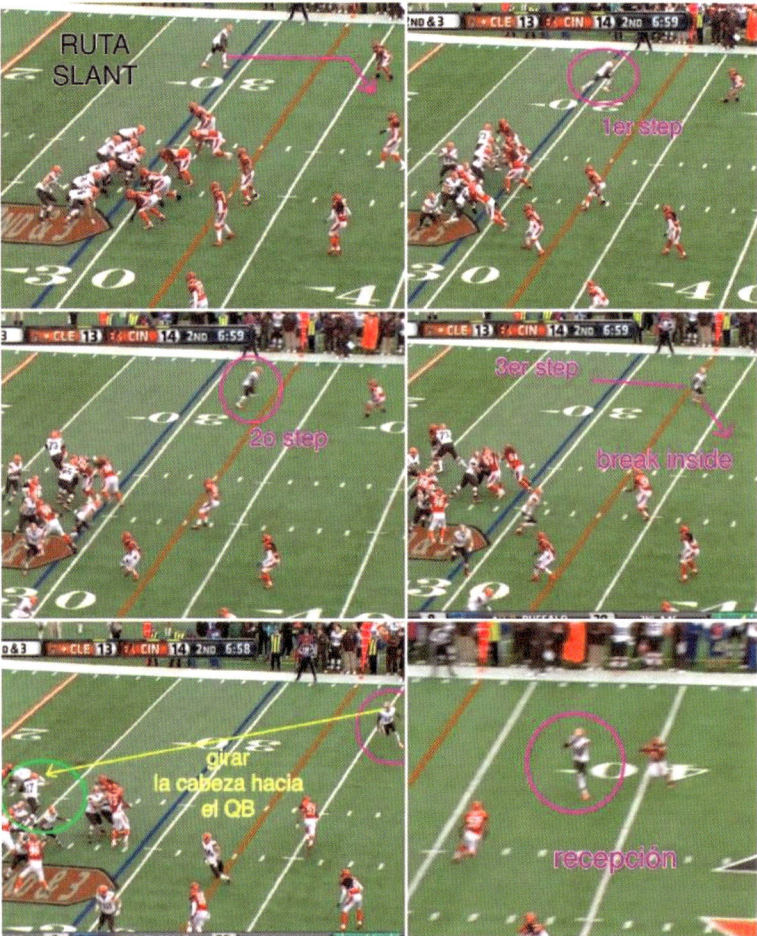

En esta situación, el WR debe buscar un corte diagonal hacia el interior, pero con suficiente profundidad para buscar el medio del campo (unos 45 grados). Esta ruta es usada cuando el receptor debe aprovecharse del interior del defensor, y lo puede hacer mediante un *inside release* y posterior corte, o desde la *línea de scrimmage* si el defensor está presionando. Esta ruta es un tanto peligrosa para el receptor, ya que va directo al centro de la defensa, donde puede encontrarse a *linebackers* y *safeties* buscando golpearle, algo que no debe ser muy agradable.

COMEBACK (ruta 3)

Ruta media en la que el WR debe frenar y hacer un giro de 45 grados hacia atrás, pero en vez de encarar al QB por dentro, como era la *hitch*, el receptor lo hace para fuera. En esta situación, el lanzamiento del QB debe ser muy preciso, ya que el defensor viene en carrera, pudiendo haber leído la jugada, y provocar una intercepción. El WR debe ganar suficiente separación para que esto no ocurra.

HOOK (ruta 4)

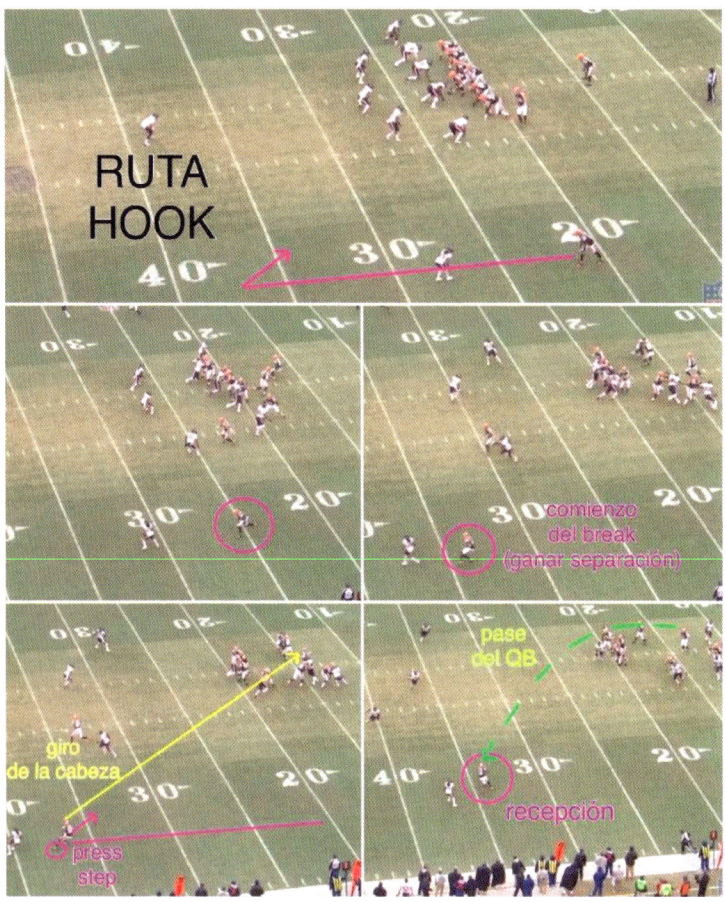

La ruta *hook* es una versión más profunda de la ruta *hitch*. Se corre igual que ésta pero con una profundidad de diez o doce yardas. Hay una variante que se llama *curl*. Básicamente es lo mismo, pero en vez de hacer un corte de 45 grados hacia atrás para encarar al QB, se realiza una pequeña curva para buscar una zona libre y débil de la defensa. La ruta *curl* se usa para atacar defensas zonales.

OUT (ruta 5)

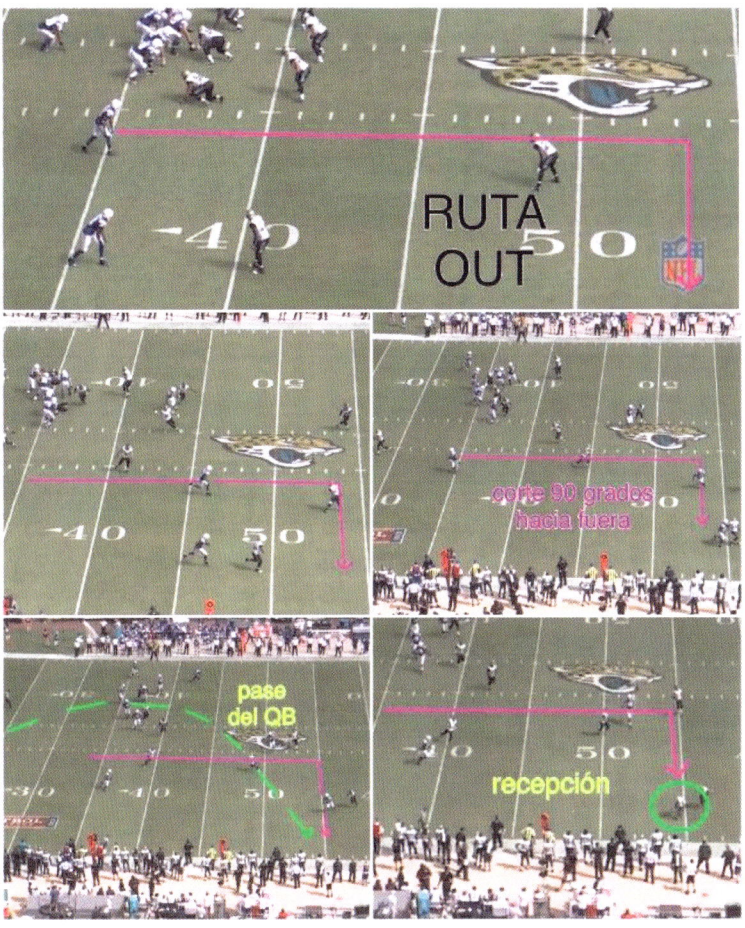

Esta ruta consiste en correr diez o doce yardas en vertical y buscar la línea de banda con un corte de 90 grados en esa dirección. Esta es una de las rutas más difíciles para un *quarterback*, ya que el lanzamiento a esa zona es muy complicado y donde más intercepciones suelen producirse. Una ruta muy útil, pero con un nivel de riesgo bastante alto.

IN (ruta 6)

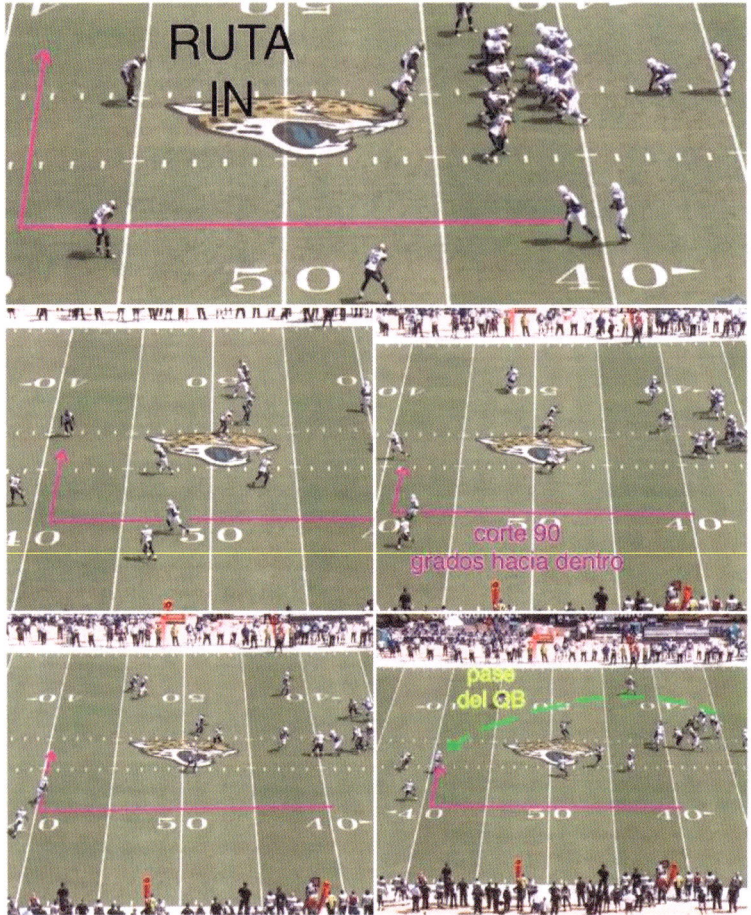

También conocida como *square-in* o *dig*. Es exactamente el mismo movimiento que una *out*, pero el corte, en vez de ser exterior, es interior (hacia el medio del campo). Un corte de 90 grados y cambio de ritmo es lo necesario para correr esta ruta. Si la defensa está en hombre, el WR seguirá su ruta cruzando el campo, mientras que, si el rival defiende en zona, buscará el espacio débil y esperará al lanzamiento.

CORNER (ruta 7)

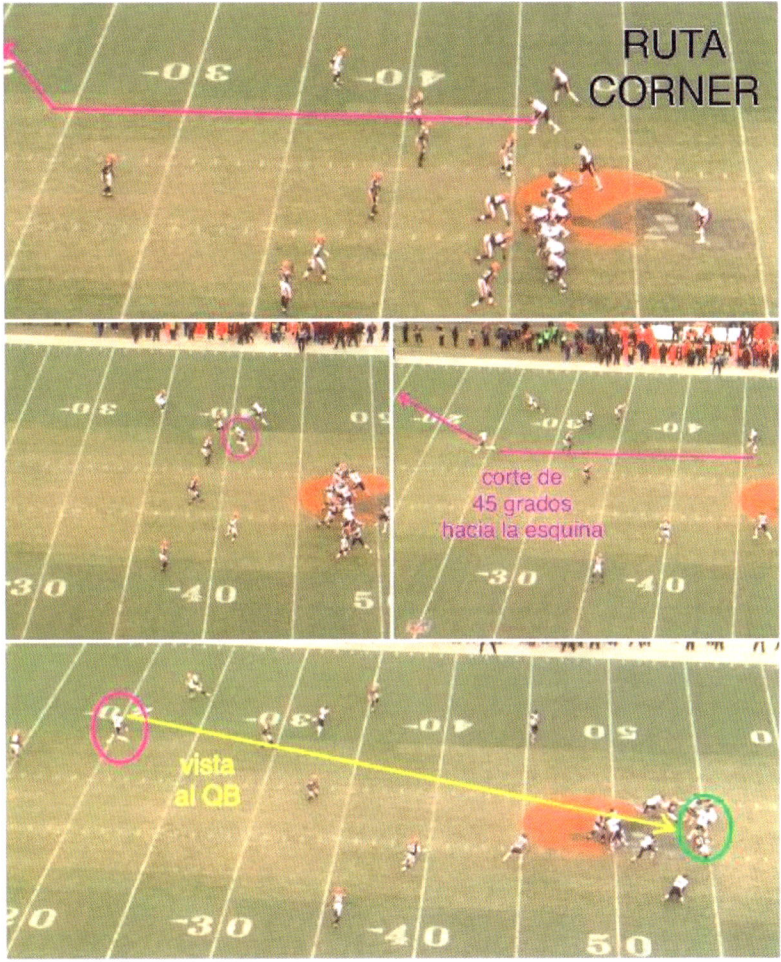

También denominada como *flag*, esta ruta consiste en correr en vertical hasta el punto de corte. Una vez allí, el WR hará un *break* en diagonal hacia a la esquina del campo. El lanzamiento tiene que ir al hombro de fuera del receptor, ya que el defensor deberá estar situado por dentro, alejando así el balón del jugador rival. En esta situación, pero en la imagen de debajo, vemos que no es así, y que es el WR quien tiene que ajustar su ruta para poder atrapar el pase.

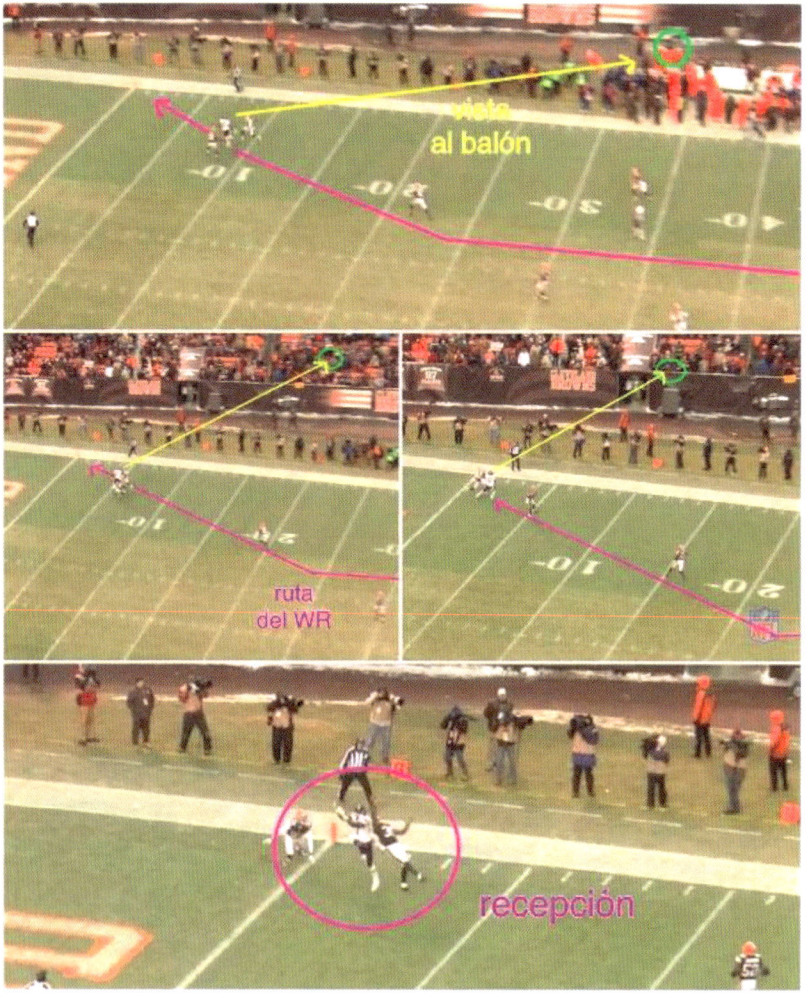

POST (ruta 8)

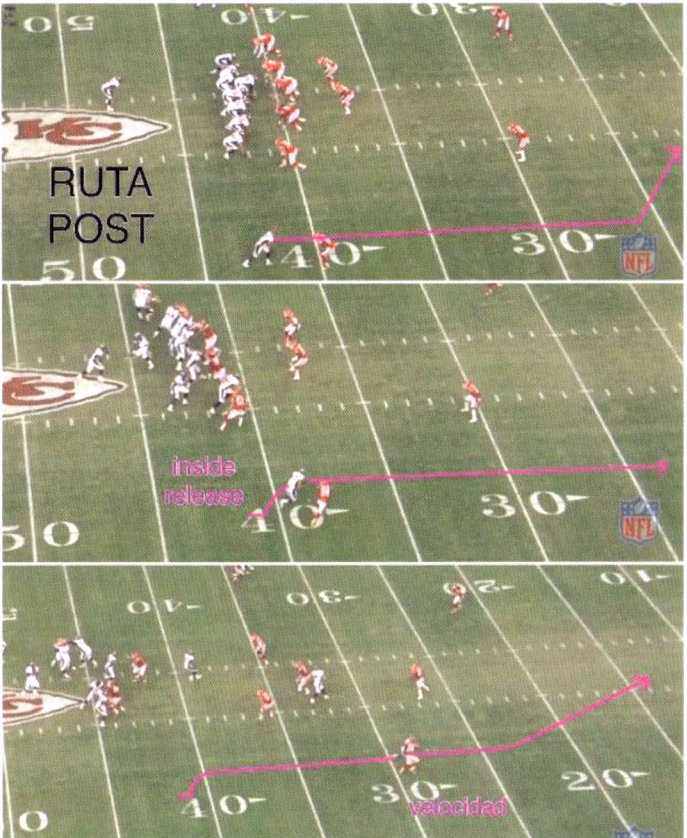

Esta ruta consiste en correr verticalmente hasta el punto de corte y cuando el WR lo ha alcanzado (alrededor de las diez o doce yardas), deberá hacer el *break* y dirigirse a los postes (de aquí viene el nombre) o al medio de la zona profunda. Esta es una muy buena ruta frente a defensas con dos hombres profundos (*Cover-2*, por ejemplo). El WR sabe que el lanzamiento irá profundo y al centro, así que debe atacar el balón en la mayoría de las ocasiones si está entre los *safeties*.

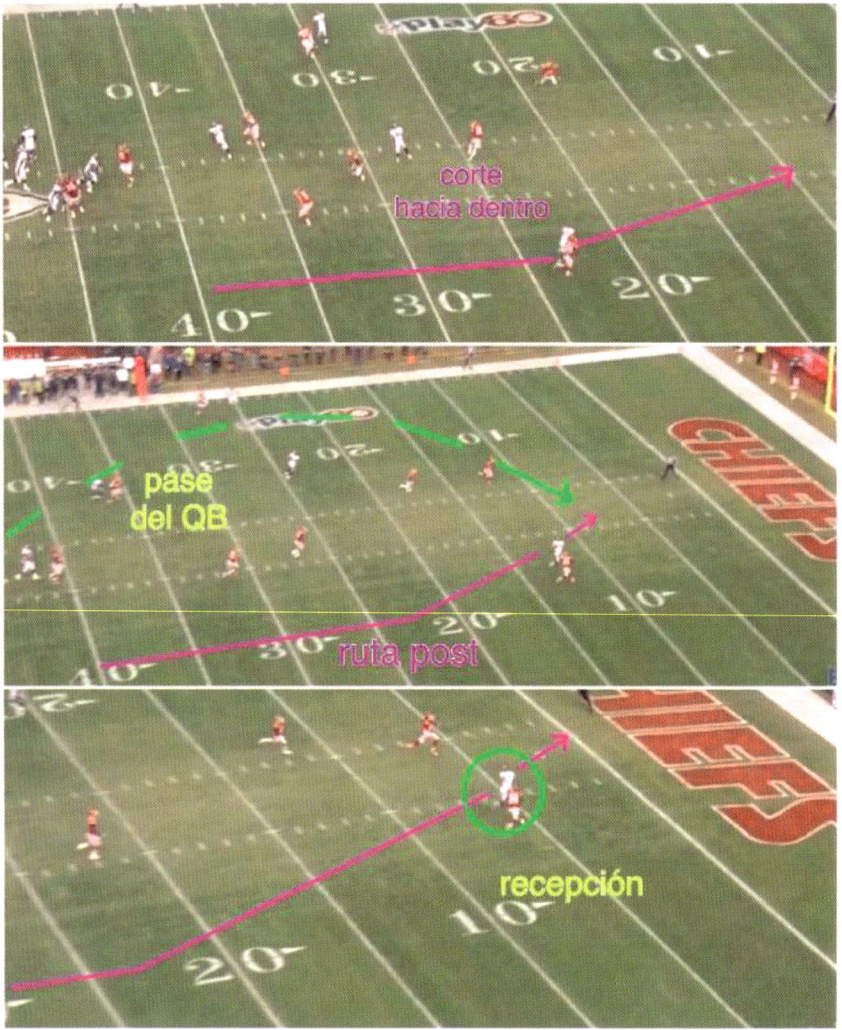

FLY (ruta 9)

Consiste en una ruta vertical y profunda. El receptor debe buscar el mayor número de yardas posibles corriendo por fuera (pegado a la línea de banda) si está abierto, o atacar uno de los dos hombros del defensor (como en la imagen) si sale desde la posición de *slot* (entre un receptor abierto y la OL). Esta ruta es una amenaza profunda para la defensa y se utiliza en muchas ocasiones para arrastrar jugadores defensivos con el propósito de dejar la zona media libre de tráfico, facilitando así la carrera del RB o alguna ruta media que cruce por esa zona. Es la ruta que más nombres recibe. Puede llamarse *fly*, *go*, *up* o *fade*. Para la ruta *fade*, eso sí, es necesario que se inicie con un *outside release*.

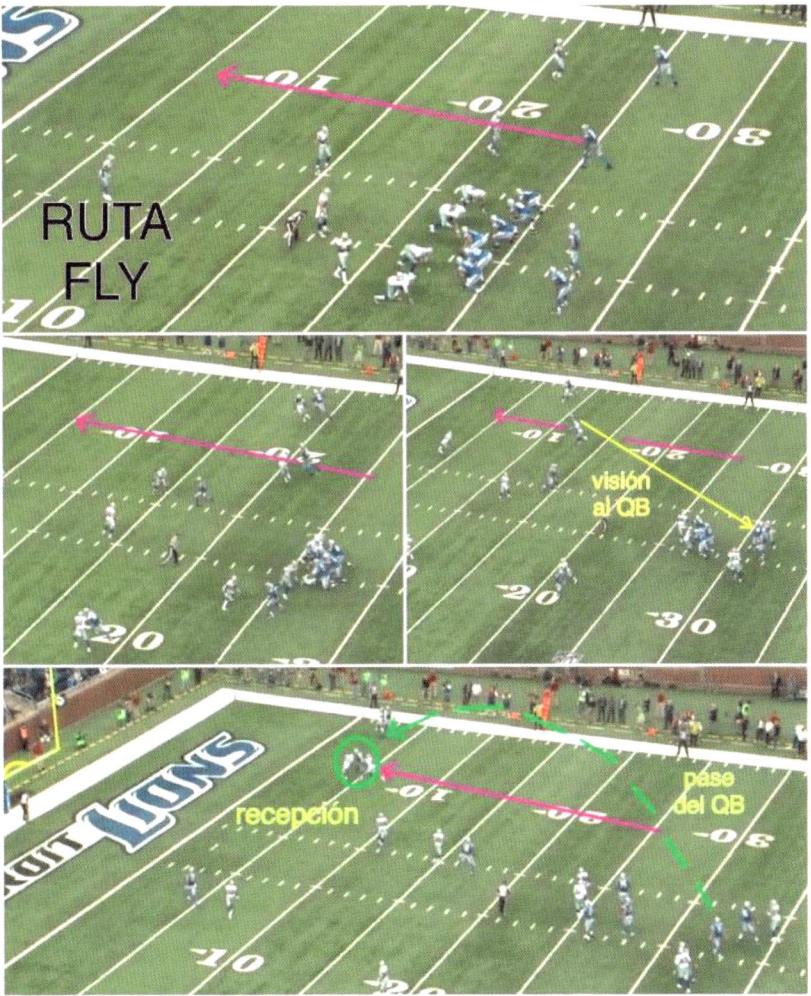

Los coordinadores ofensivos utilizan dos o tres de estas rutas para formar "conceptos" y así crear agujeros en la defensa para poder aprovecharlos. Las rutas, sobre el papel, son todas buenas, pero se necesita de buenos corredores que sepan reconocer a la defensa y con la capacidad de romper en la dirección adecuada y en el momento preciso.

TIGHT ENDS

Polivalencia. Esto es lo que mejor define la posición de *tight end* (TE). Tiempo atrás, los *tight end* eran considerados como un línea ofensivo más, el cual podía recibir, de vez en cuando, algún pase. Hoy en día, esto se ha vuelto casi del revés, porque es raro ver a un TE que no sea capaz de atrapar lanzamientos. Si no tienes esta habilidad, tus días en la **NFL** actual van a ser ínfimos.

Esta posición ha evolucionado muchísimo. Algo que empezaron gente como **Ditka**, **Winslow** o **Sharpe**, ha desembocado en *tight ends* del estilo de **Tony Gonzalez**, **Antonio Gates**, o los más recientes **Rob Gronkowski**, **Greg Olsen**, **Martellus Bennett**, **Travis Kelce** o **Jordan Reed**.

Los *tight end* son más grandes y fuertes que los *wide receivers*, lo que los hace muy peligrosos saliendo en ruta de pase. Si es defendido por un *linebacker*, el TE será más rápido. Si es defendido por un *defensive back* (*cornerback* o *safety*), será más poderoso físicamente, así que la defensa tiene una difícil papeleta para poder frenar a estos atacantes. Por otro lado, son menos fuertes que los líneas ofensivos, pero su estatura y envergadura, les permite ayudar en los bloqueos en la línea. Estos jugadores son multitareas dentro de un sistema ofensivo.

FUNDAMENTOS

La posición de *tight end* es, posiblemente, la más híbrida dentro de un emparrillado. El TE tiene que conocer los fundamentos de los líneas ofensivos para ayudar a bloquear tanto en el pase como en la carrera y tiene que ser poseedor de las habilidades de los *wide receivers* para atrapar pases, correr rutas y ganar separación respecto a los defensores.

Vemos como su colocación de manos es idéntica a la de los receptores más puros del equipo. Pulgares juntos si el balón va por encima de la cintura, atrapar el ovoide con las manos sin dejar que pegue antes en el cuerpo, atacar al balón arriba, etc...

Y en menor medida, también tiene que ser capaz de correr con el balón, una vez que ha recibido el ovoide, como si de un *running back* se tratase. Acarreando el balón, debe tener fundamentos similares a los corredores. Aquí, por ejemplo, vemos los cinco puntos de contacto con el balón, o una de las habilidades que poseen los corredores, como es el *stiff-arm*.

Además, también tendrá que hacer las veces de *fullback* en determinadas situaciones, apoyando con bloqueos las carreras de los *running backs*. Es decir, un *tight end* debe dominar todos los aspectos que atañen a la ofensiva de su equipo, salvo los del *quarterback*.

El *stance* variará según su posición en el campo. Si está alineado en la línea ofensiva, adoptará *three-point stance* o *two-point stance*. Esto le hará más sencillo el movimiento a realizar, que será bloquear para la carrera, proteger el pase o salir en ruta.

Sin embargo, y como dije en el capítulo de los *wide receivers*, si se alinea en el *slot*, o lo hace abierto, su *stance* siempre será en dos puntos, más fácil para salir a correr su ruta designada. Si el *tight end* se sitúa en el *backfield*, haciendo las veces de *fullback*, su *stance* será exactamente el mismo que asumían ellos.

LOS TIGHT ENDS BLOQUEANDO

Cuando un *tight end* se sitúa pegado a la línea ofensiva, se convierte en un sexto hombre para esa unidad. Su físico le permite bloquear casi como si de un *tackle* se tratara. Al igual que ellos, debe dominar todo tipo de bloqueos para la carrera. Como vemos en la imagen de debajo, el *tight end* jugará un "dos por uno" (*trey*) junto con el *tackle* para bloquear al línea defensivo. El *tight end* realizará un *reach block*, el cual consiste en bloquear el lateral del defensor, empujando en perpendicular a la LOS (como vimos en el capítulo de la OL), para abrir el *gap D* y darle un camino libre al *running back*. Vemos como el *wide receiver* ejecuta el *crack block* sobre el *linebacker*.

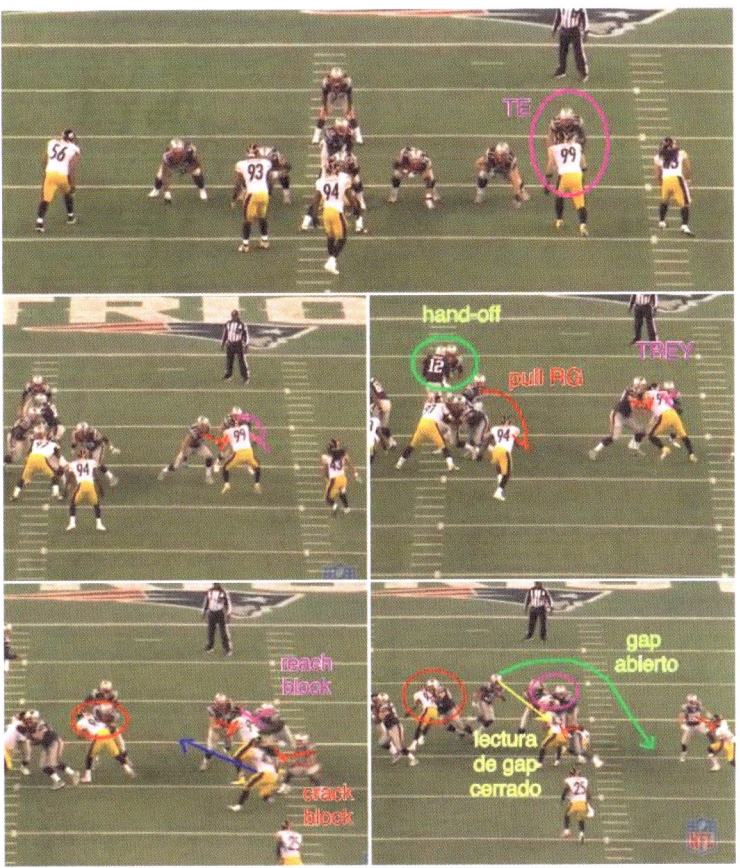

Otro de los bloqueos más habituales que vemos en un *tight end* es el *cut block*. Este bloqueo lo utilizará tanto en jugadas de carrera tras *hand-off* (entrega de balón mano a mano del *quarterback* al *running back*), como en jugadas de *toss pass* al corredor, e incluso en situaciones de *screens* con los *wide receivers* (pase lateral a un receptor que se ayuda de bloqueos de otros receptores para acarrear el balón).

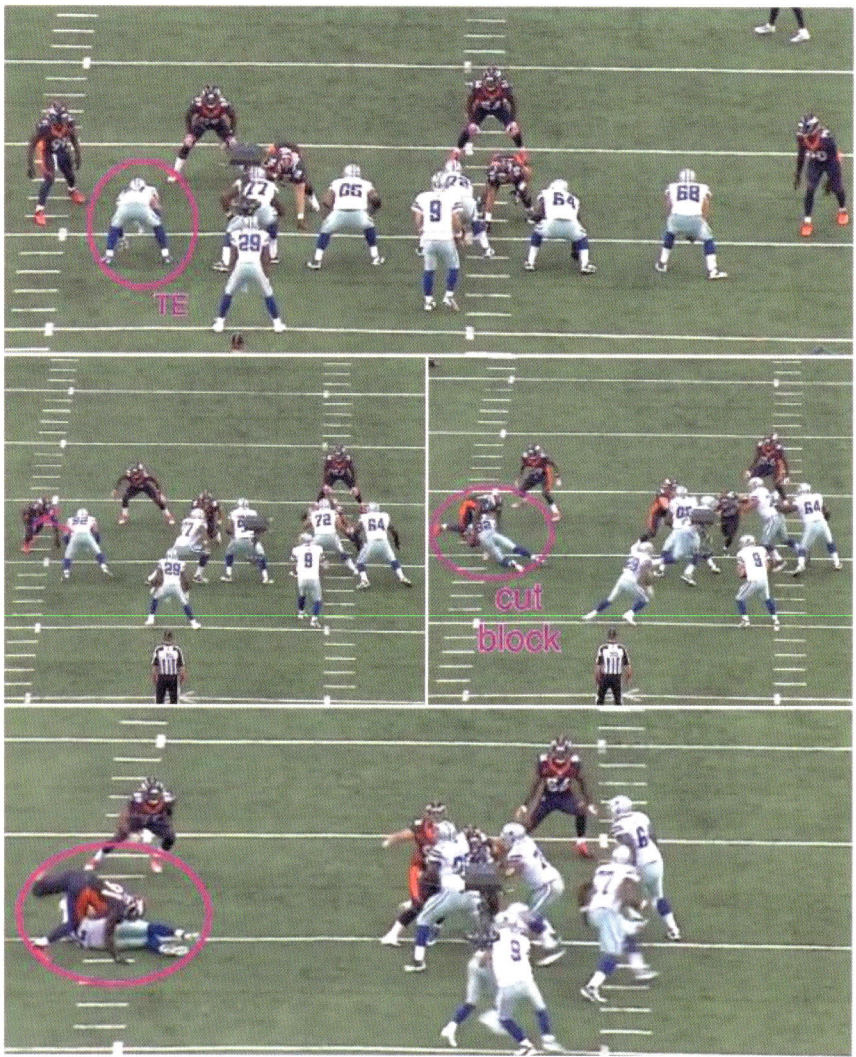

Vemos como el *tight end* juega el bloqueo en el *backside* (lado contrario del sentido de la carrera del *running back*). El *tackle* izquierdo libera del bloqueo al DE y es el propio *tight end* quien se encarga de él, realizando un magnífico bloqueo e imposibilitando que el defensor entre en el *pocket*.

El físico de estos jugadores les permite aguantar a hombres más pesados y fuertes que ellos, como pueden ser los líneas defensivos. Sin embargo, donde se encuentran mucho más a gusto es en los bloqueos en el segundo nivel. Allí se encuentran con *linebackers*, o *defensive backs*, a los que pueden bloquear con mucha más eficacia. En este segundo nivel es donde se producen los *down blocks*. Para explicar este tipo de bloqueos, vamos a verlo en la imagen de debajo. Aquí, tenemos al *tight end* saliendo a por el *linebacker* asignado en esta situación de carrera. Sus compañeros de la línea ofensiva bloquean en individual, abriendo el *gap A*, y es el *tight end* quien sube a bloquear a ese LB, responsable de ese *gap*, para que el corredor siga avanzando yardas.

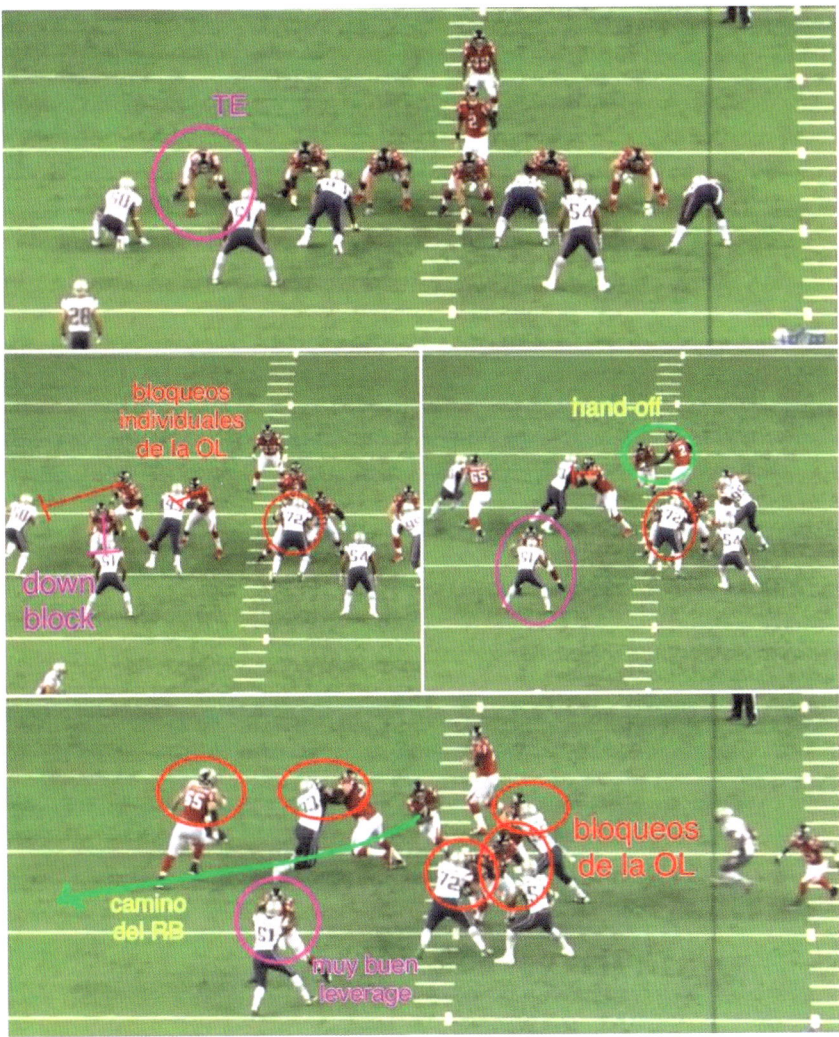

Los fundamentos para estos tipos de bloqueos en el juego terrestre son exactamente los mismos que tienen los hombres de la línea ofensiva. El *leverage*, la colocación de las manos dependiendo de si es un *drive block* o un *reach block*, o los primeros pasos una vez se inicia el *snap* (*drive step*, *drop step*, *slide step*), son habilidades que debe dominar cada *tight end*.

Lo mismo ocurre con la protección de pase. La mayoría de las veces tendrán que enfrentarse a líneas defensivos que, además de ser fuertes, son rápidos, así que deben ser capaces de mostrar habilidad y conocimiento de los movimientos para evitar que golpeen a su *quarterback*.

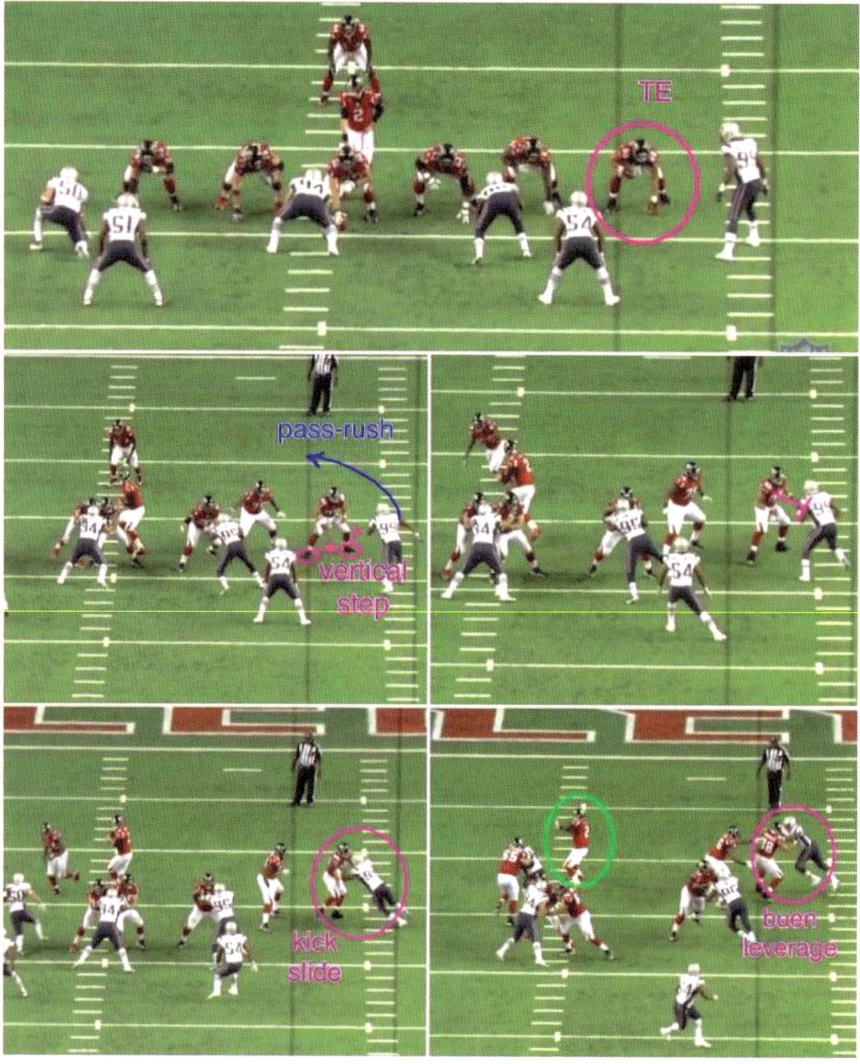

Vemos como el DE va a intentar penetrar en el *pocket* por el *gap D*. El *tight end* inicia su movimiento con un *vertical step* (paso del pie más exterior hacia atrás). Seguidamente, y manteniendo un buen *leverage*, juega el *kick slide* (movimiento de los pies lateralmente) para situarse entre el defensor y su *quarterback*, impidiendo que el defensor llegue al pasador y dando a éste un segundo más para leer y lanzar al receptor abierto.

Por último, pero no por ello menos importante, el *tight end* también jugará *pulls*. Ya sea desde la *línea de scrimmage*, o situado en el *backfield*, el *tight end* utilizará este recurso en jugadas de carrera, o en las de pase, y el *pull* acabará en *trap block*, o *kick-out* (como si de un OL se tratase), o subiendo al segundo nivel a bloquear, realizando un *lead block* como si se tratase de un *fullback*.

En la siguiente secuencia de imágenes, vemos al *tight end* jugando el *pull* y bloqueando al defensor liberado del otro lado. Mientras la línea ofensiva bloquea en zona, y el *quarterback* juega *play action* (fintar el mano a mano con el *running back* para quedarse el balón él para lanzar), el TE se desplaza paralelamente a la LOS y realiza un *trap block*, evitando la presión al pasador por parte del línea defensivo.

Hasta el momento, hemos visto al *tight end* bloqueando, pero a partir de ahora lo veremos atrapando balones y corriendo sus rutas más características. Intentar explicar qué es lo más importante, si bloquear o recibir, no es fácil. Todo tiene su ventaja y su inconveniente. Personalmente, prefiero que dominen su faceta bloqueadora. Si además de eso, es un buen receptor, estamos delante de un factor diferencial en el *football*. Defender ese tipo de jugador, se convierte en algo muy complicado y en el mejor amigo para el *quarterback*.

SALIENDO EN RUTA

La evolución de la **NFL** hacia un *football* más orientado al pase, ha hecho que aparezcan jugadores mucho más versátiles. La mejora del entrenamiento tanto físico como táctico o técnico, ha provocado la irrupción de atacantes híbridos en distintas posiciones del entramado ofensivo. Podemos ver a *running backs* saliendo en rutas para recibir pases, *quarterbacks* que cada vez son más corredores que pasadores, *wide receivers* que reciben el balón en el *backfield* y lo acarrean sorteando a cuantos defensores se cruzan en su camino y, por supuesto, *tight* ends capaces de correr 40 yardas para atrapar un balón. Estos últimos son de los que estamos hablando en esta oasión, así que os voy a mostrar cómo se utilizan en el juego de pase.

A un *tight end* se le pide que sepa bloquear. Muchas veces, y ante las defensas tan poderosas que existen en la actualidad, es necesario un bloqueador extra en la línea ofensiva para darle un segundo más al *quarterback* o para tener la opción de abrir otro *gap* en el juego terrestre. Pero, si además de bloquear, un *tight end* sabe correr rutas, la defensa tiene un serio problema.

Un TE tiene que ayudar a su QB dominando todas las rutas que ocupan la *zona underneath*. Esta zona es la que se encuentra detrás de la línea defensiva y que comprende las primeras cinco o siete yardas del ataque. En esas cinco o siete yardas, el *tight end* tiene una serie de rutas vitales para dar al *quarterback* un pase rápido y relativamente sencillo. Vamos primero con estas rutas *underneath*.

RUTAS UNDERNEATH

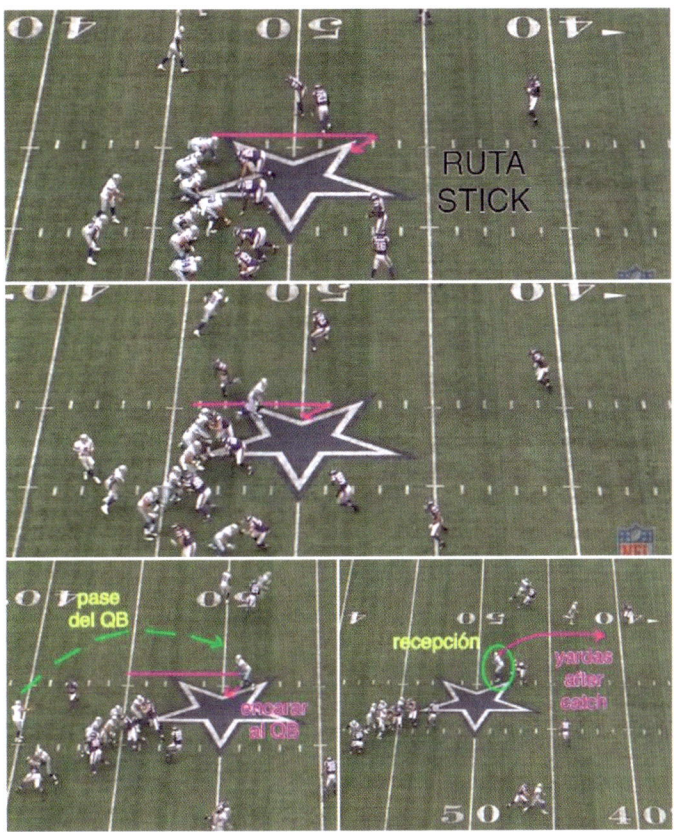

La primera ruta de la que hablaré será la *stick*. Esta es una de las rutas más básicas y consiste en un *release* vertical, avanzando unas cinco yardas, para girarse, encarar al *quarterback* y recibir el balón.

Es una ruta muy fácil de usar frente a defensas zonales, ya que el *linebacker* caerá a su zona defensiva dando el espacio necesario para que el *tight end* juegue la *stick*. No se generará una gran ganancia de yardas, pero casi siempre será completado el pase.

Frente a defensas individuales, el *tight end* debe ser capaz de poner su cuerpo entre el *linebacker* y el *quarterback* para poder recibir y, una vez atrapado el balón, intentar ganar más yardas acarreándolo (*yardas after catch*).

La siguiente ruta es la *flat*. De esta ruta hemos hablado en los capítulos de *running backs* y de *wide receivers*. Es exactamente la misma idea.

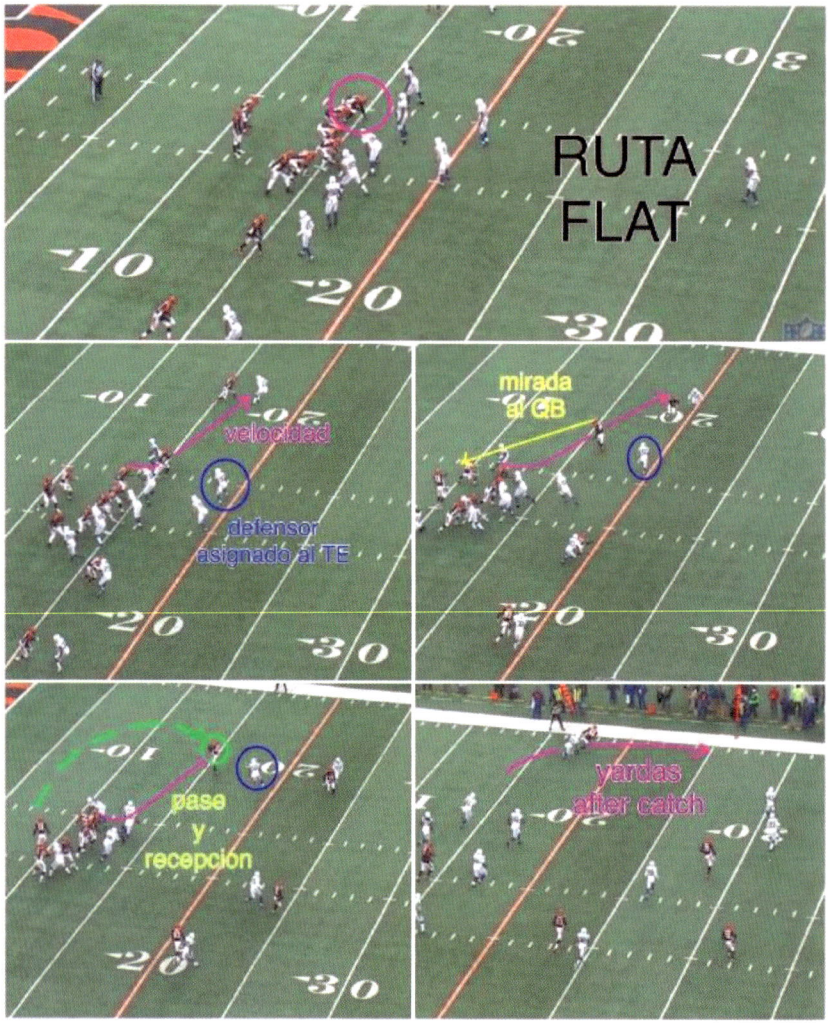

El *tight end* sale en dirección a la línea de banda buscando el espacio que puede generar un WR con una ruta vertical, o simplemente ganando espacio haciendo recorrer una distancia muy larga a su defensor asignado. En la situación de arriba vemos como el defensor asignado es un *linebacker*. Como ya dijimos, el uso de los TEs en el juego aéreo es aprovechado por la ofensiva debido a los desajustes que provocan en la defensa. El TE es más rápido (como norma general, aunque hay excepciones) que los LBs, y jugando esta ruta es posible que, una vez recibido el balón, pueda generar muchas más *yardas after catch*.

Otra de las rutas que podemos ver con más asiduidad en un ataque de cualquier equipo que busca a su *tight end* en el juego aéreo, es la *shallow cross*.
Esta ruta permite al TE aprovecharse también de las rutas de los WRs. Consiste en correr paralelamente a la LOS, cruzando por delante del QB, para recibir en el lado contrario de donde salió.

Vemos como el TE cruza por delante de los *linebackers* dentro de las cinco primeras yardas, y como va al espacio que han generado en el lado contrario los *wide receivers* con sus dos rutas verticales.

Es una ruta que puede combinarse con otra ruta *shallow cross* desde el otro lado, por parte de un receptor, para crear desajustes frente a defensas individuales. Al crear tanto tráfico mezclando este tipo de ruta, los defensores pueden perder separación y el *tight end* aprovecharlo para ganar más yardas. Al igual que frente a defensas individuales, frente a defensas zonales es un arma muy útil.

Por último, aunque hay muchas más, el TE tiene una ruta en la que combina el bloqueo con la recepción. Más que una ruta, es un movimiento de ayuda a su *quarterback*. El *delay* consiste en que, una vez iniciado el *snap*, el TE buscará bloquear a un defensor y, una vez que ha contactado con él (frenando el *pass rush* un segundo), sale en ruta para recibir, girando rápidamente su cabeza para encontrarse con el QB.

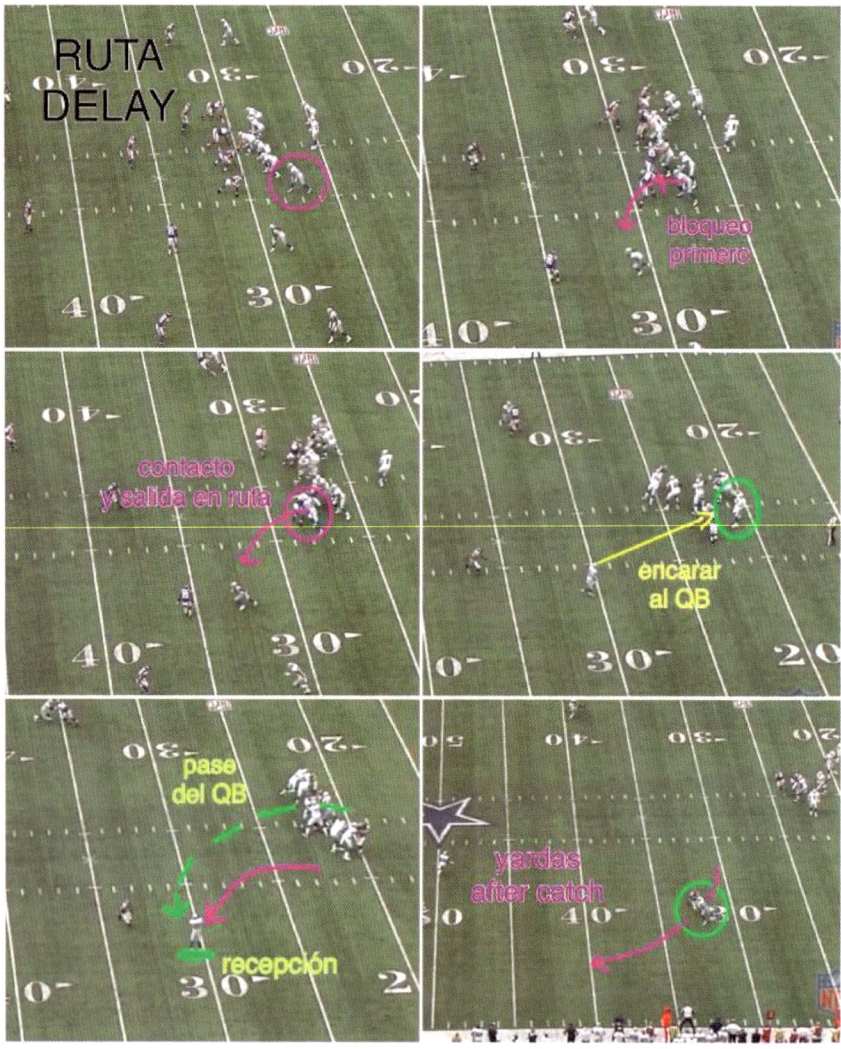

Esta ruta se usa como el *check* del *running back*. Es decir, es una vía de escape para el *quarterback* cuando no se le ha presentado la oportunidad de lanzar el balón a uno de sus WRs. Incluso, si la protección de pase falla, y se ve muy comprometido, el *delay* del TE es el pase más sencillo y rápido para evitar el *sack* (placar al QB con la posesión del balón) y la consiguiente pérdida de yardas que esto significa. Una vez más, el TE puede generar más yardas acarreando el balón, ya que se considera una jugada rota y puede existir algún desajuste defensivo.

Esta zona del campo es la que debe dominar un *tight end* sí o sí. Sin embargo, cada vez aparecen *tight ends* físicamente mejor preparados. Son grandes y poderosos, pero también son veloces. Esta velocidad y explosividad, que tan bien es utilizada en los cortes para generar separación de sus defensores, se puede ver en rutas más profundas. Todo esto nos lleva a hablar de las rutas que estos atacantes pueden correr más allá de la *zona underneath*.

RUTAS MEDIAS Y PROFUNDAS

"Joker". Así es como se les conoce a los TEs que actúan como auténticos *wide receivers*. Su velocidad, capacidad para ganar separación y sus buenas manos para atrapar balones, son las características y habilidades que dominan este tipo de jugador.

La ruta que más y mejor funciona con estos TEs es la *option*. La *option* consiste en correr verticalmente unas ocho o diez yardas y leer la situación defensiva. A la ruta original, le aparecen dos o tres variantes dependiendo de cómo se presente la defensa.

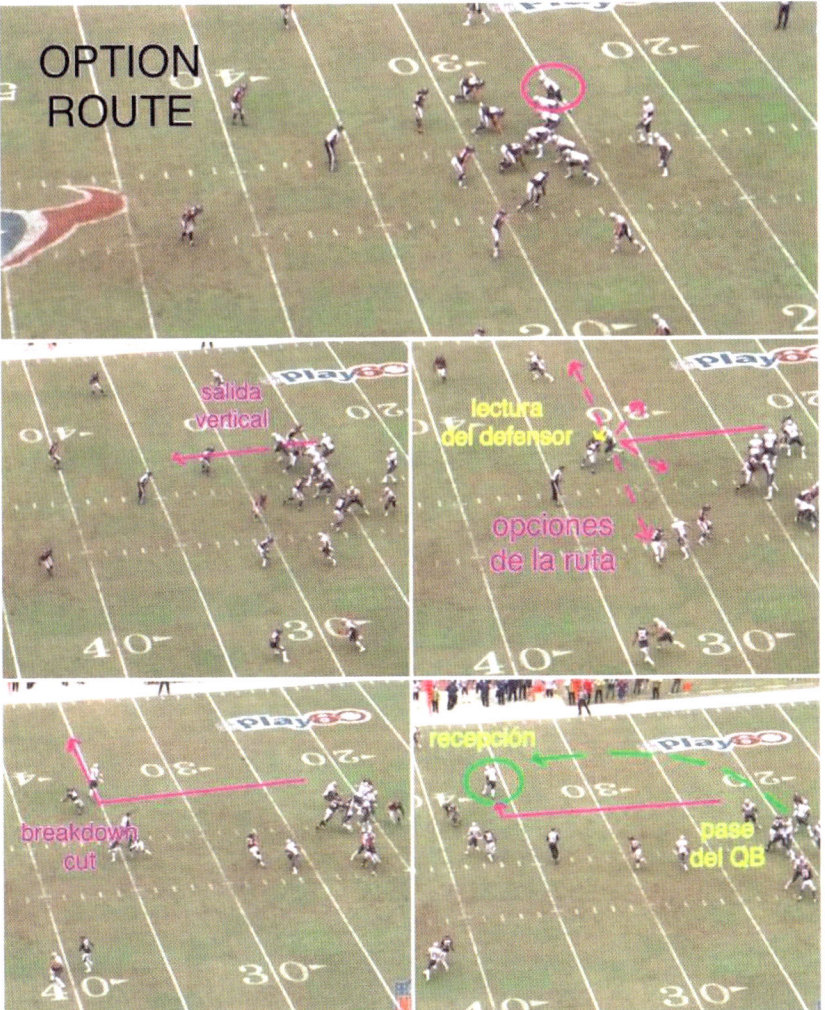

En esta secuencia de imágenes lo podemos ver. El *tight end* sale en velocidad en una ruta vertical, pasadas las primeras cinco yardas, levanta la cabeza para leer a su hombre asignado y al resto de jugadores. Aquí tiene tres opciones: o sigue vertical (*fly*), o corta hacia el interior/exterior (*In/Out*) o frena y encara al *quarterback* (*hitch*). Esta vez, el TE realiza un *breakdown cut* y juega una ruta *out* aprovechando la zona vacía que existe en la banda. Estas situaciones son complicadas para las defensas. El defensor tiene que intentar adivinar cuál es la ruta que va a seguir el jugador atacante y tener la capacidad de reacción necesaria.

Toda clase de rutas medias (*in*, *out*, *hitch*, etc) tienen un porcentaje de dificultad alto, pero no muy grande. Sin embargo, hoy en día vemos correr rutas a los *tight ends* que son realmente difíciles de ejecutar. Por ejemplo, una ruta *corner*.

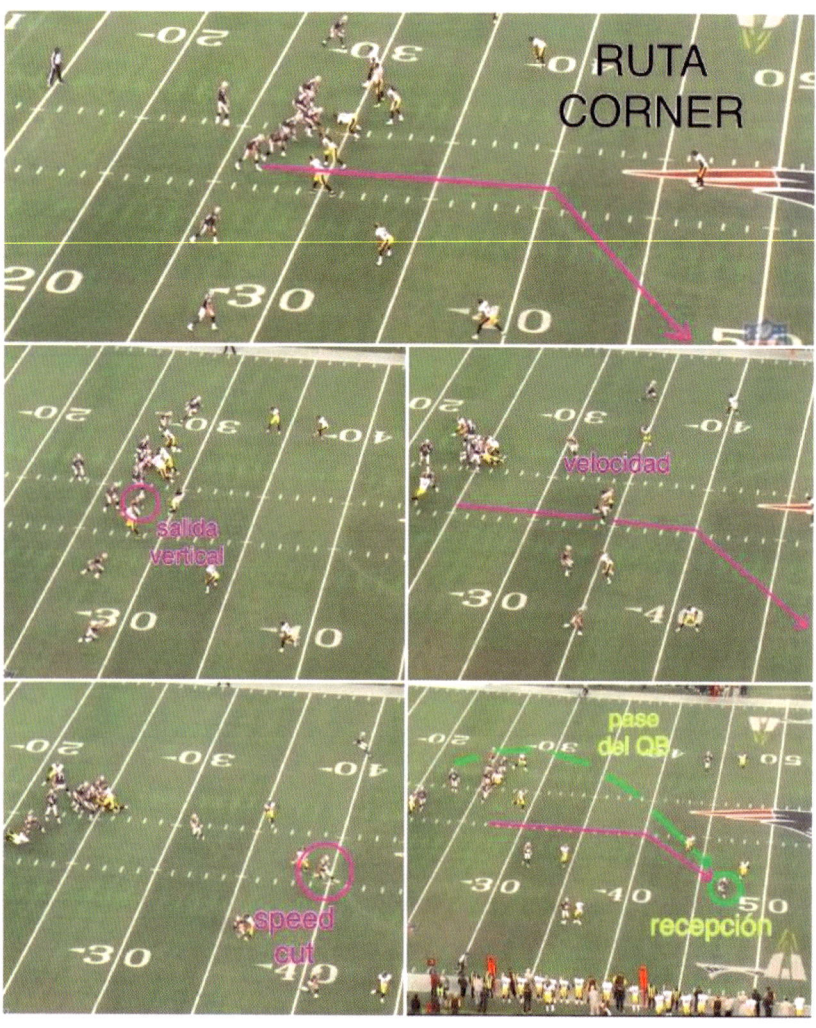

Es exactamente la misma ruta que juega un *wide receiver*. Salida en vertical durante diez o doce yardas y corte en dirección a la esquina del emparrillado. Principalmente, se aprovecha frente a defensas individuales en las que un *linebacker* está asignado con el *tight end*. Éste va a ser más rápido que su defensor y aprovechará esa velocidad para ganar separación en el corte. Dificultad ya no solo por el trayecto tan grande que realiza, si no por lo complicado de recibir un balón tan profundo. Solo los TEs élite son capaces de jugar este tipo de ruta tan profunda y tan peligrosas para la defensa. Combinada con rutas en ese mismo lado de los WRs, resulta aún mucho más difícil de defender por el equipo rival.

Dentro de las rutas más largas, hay dos de las que voy a hablar. Primero lo haré de la ruta *cross*.

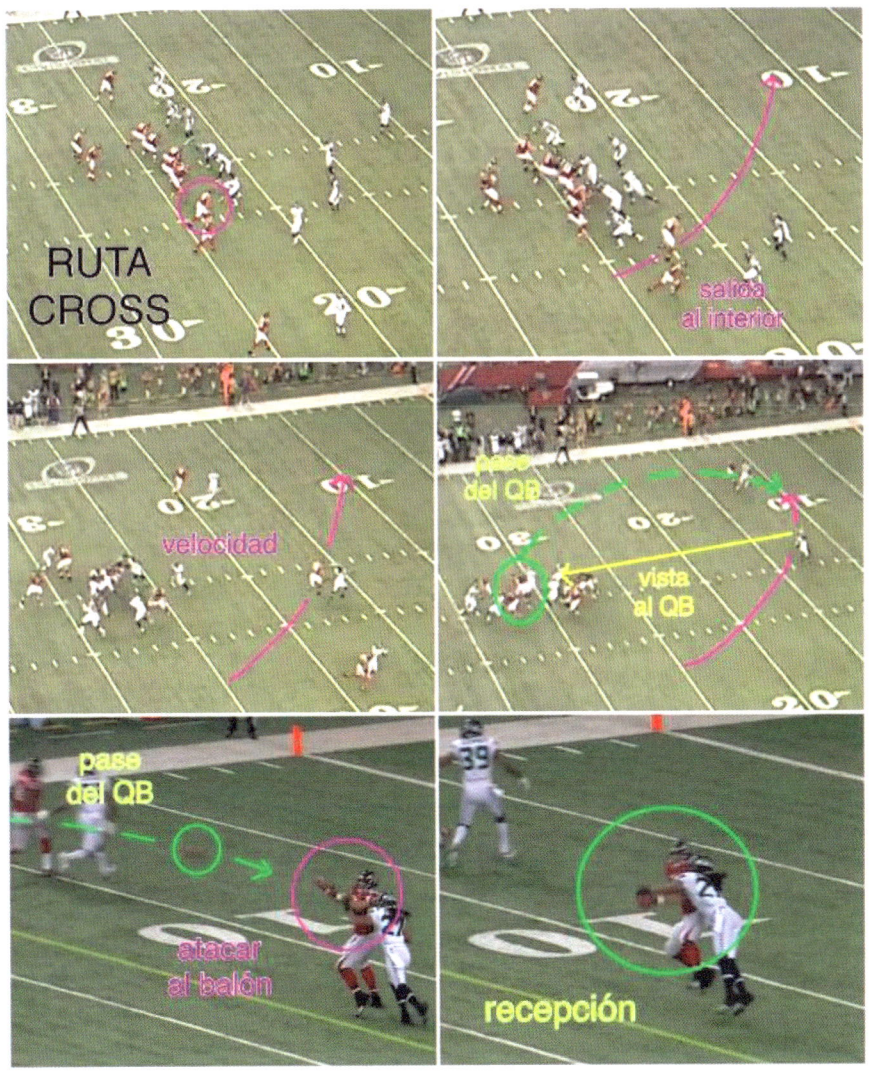

Esta ruta es prácticamente igual que la *shallow cross*, pero se diferencian en la profundidad de la misma. Mientras que en la *shallow*, el TE ocupaba la zona *underneath*, en la *cross* tiene que ganar velocidad y correr campo abajo. El ángulo de la ruta es más profundo, y ataca el centro de la defensa haciendo dudar al *safety*. Si la defensa es individual (como en esta secuencia de imágenes), el TE puede ganar separación respecto al DB (*cornerback* o *safety*) que lo defiende y atacar el balón para conseguir la recepción. Aquí vemos a **Tony Gonzalez**, uno de los más grandes *tight ends* de la historia de este deporte.

La otra ruta de la que quería hablar, es la ruta *seam*. Esta ruta se asemeja a la ruta *fly* pero atacando las zonas débiles de los *safeties*. Estas zonas débiles se denominan *seams* y por ello la ruta adopta el mismo nombre. En una defensa con dos *safeties* profundos (*Cover-2*, por ejemplo), la zona *seam* será la zona entre estos dos jugadores.

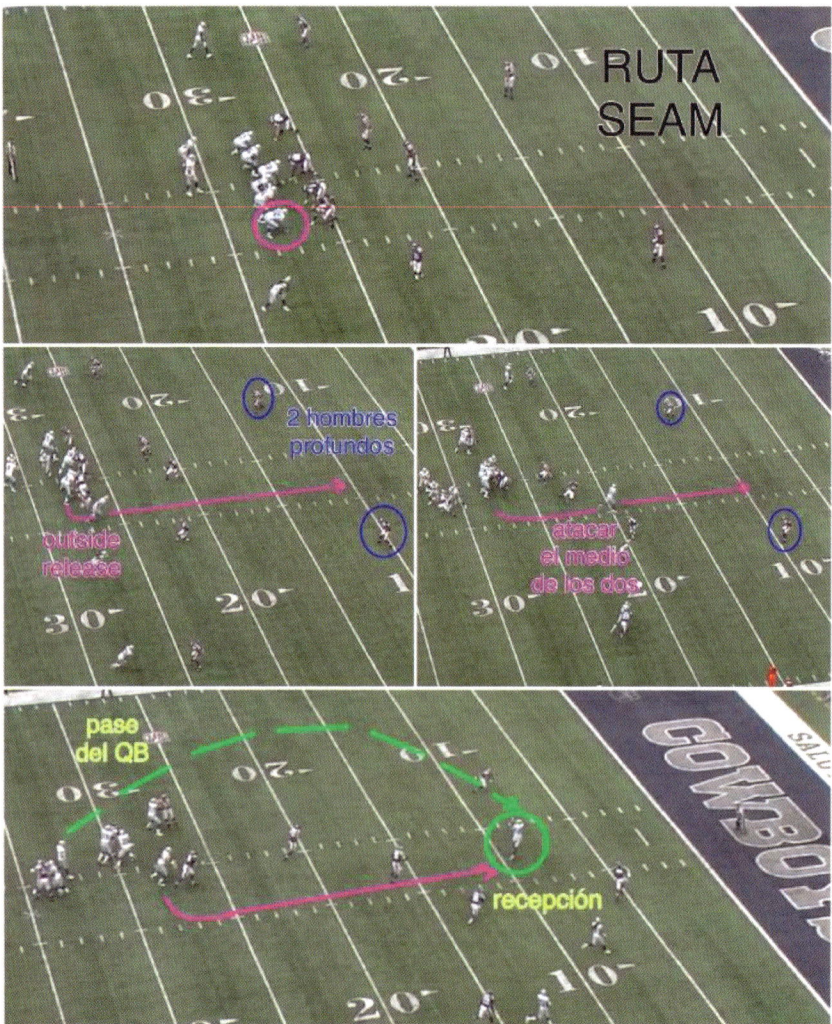

Esta ruta, al igual que la ruta *option*, conlleva una lectura por parte del TE en las primeras ocho o diez yardas. Si la defensa tiene dos hombres profundos, atacará el medio de los dos. Si, por el contrario, solo hay un *safety* profundo (*Cover-1* o *Cover-3*, por ejemplo), las zonas *seam* serán las laterales de ese *safety*. Es decir, si solo hubiese un *safety*, el *tight end* atacaría los números que indican las yardas (esos dos carriles imaginarios).

TIGHT ENDS ABIERTOS

Pero donde en realidad son peligrosos estos *joker*, es jugando fuera de la línea ofensiva (*off-line*), ya sea en el *slot* o jugando totalmente abierto, como si de un *wide receiver* puro se tratara.

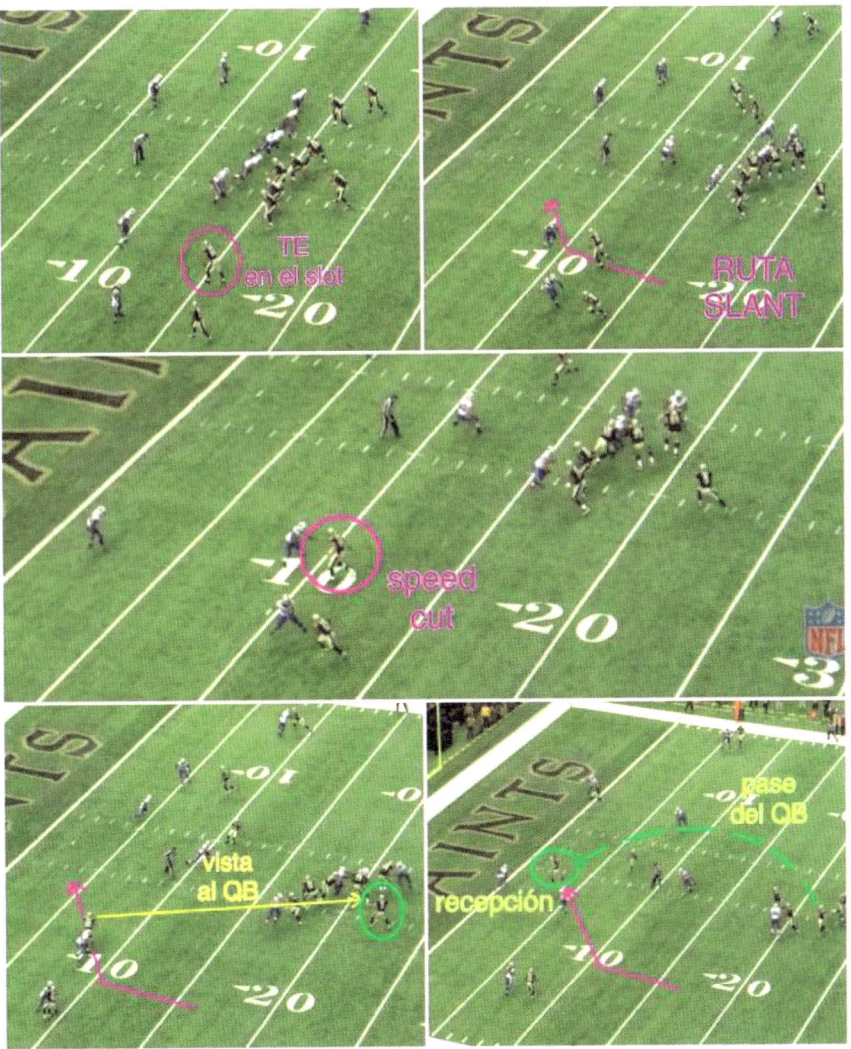

Jugando en el *slot*, y frente a un *linebacker*, el *tight end* provoca un gran desajuste (*mismatch*). Su físico le permite ser mucho más rápido y, como vemos en esta ruta *slant*, su *speed cut* es igual de bueno como puede ser el de cualquier *wide receiver*. Esto hace que gane mucha separación respecto al LB asignado en la defensa y, por lo tanto, le dé un objetivo muy sencillo a su *quarterback*.

Pero si son superiores a los *linebackers* en velocidad jugando en el *slot*, también lo son frente a *cornerbacks* jugando abiertos, aunque en estas situaciones, lo son por su gran corpulencia y envergadura.

En esta ocasión, el TE juega abierto frente a un CB, el cual será, generalmente, más veloz. El problema reside en la diferencia de estatura. Vemos como el TE realiza un *outside release* para correr una ruta *fade*. A pesar de que lleva una gran velocidad, el CB mantiene una buena separación que le permite poder reaccionar a cualquier corte o cambio de dirección. El QB lee la acción de su TE y se decide a lanzar a ese lado. El TE gira su cabeza para ver el balón y así ajustar su ruta al lanzamiento. Incluso con el CB en una buena posición defensiva, la potencia del *tight end*, junto con sus buenas manos y su habilidad para atacar el ovoide, hacen inevitable el *touchdown*. Este tipo de jugadores se convierten en una amenaza máxima en situaciones cercanas a la zona de anotación, haciendo de ellos el objetivo número uno de los pasadores.

Cualquier deporte evoluciona a medida que los deportistas mejoran su físico. Cuanto más se mejoran las cualidades físicas, más habilidades técnicas son capaces de hacer. Esto ocurre en todo deporte, ya sea individual o de equipo. El talento se explota mucho más si el físico está a un nivel óptimo.

¿Y por qué cuento esto? Anteriormente, hice hincapié en la evolución de los *tight end*. Esta evolución ha abierto un mundo nuevo a los coordinadores ofensivos. Si un TE es capaz de hacer daño a la defensa, ¿qué podrían hacer dos? ¿Y tres?

En el siguiente apartado, y para cerrar el capítulo de los *tight ends*, os voy a hablar de algo más táctico, os voy a contar como muchos equipos utilizan las formaciones con dos y tres *tight ends* en su juego aéreo.

FORMACIONES DE DOS Y TRES TIGHT ENDS

El problema que tienen las defensas cuando se enfrentan a un atacante como el que estamos tratando ahora mismo, es el jugador que pueda estar asignado a él. Como ya dije, un *linebacker* tendrá problemas con la velocidad y un *safety*, o *cornerback*, lo tendrá con el tamaño. Alinear a dos *tight ends*, permite provocar varios desajustes defensivos y, además, contrarresta situaciones peligrosas para el ataque. Una de las más habituales es colocar a los dos tight ends en la línea ofensiva (*in-line*).

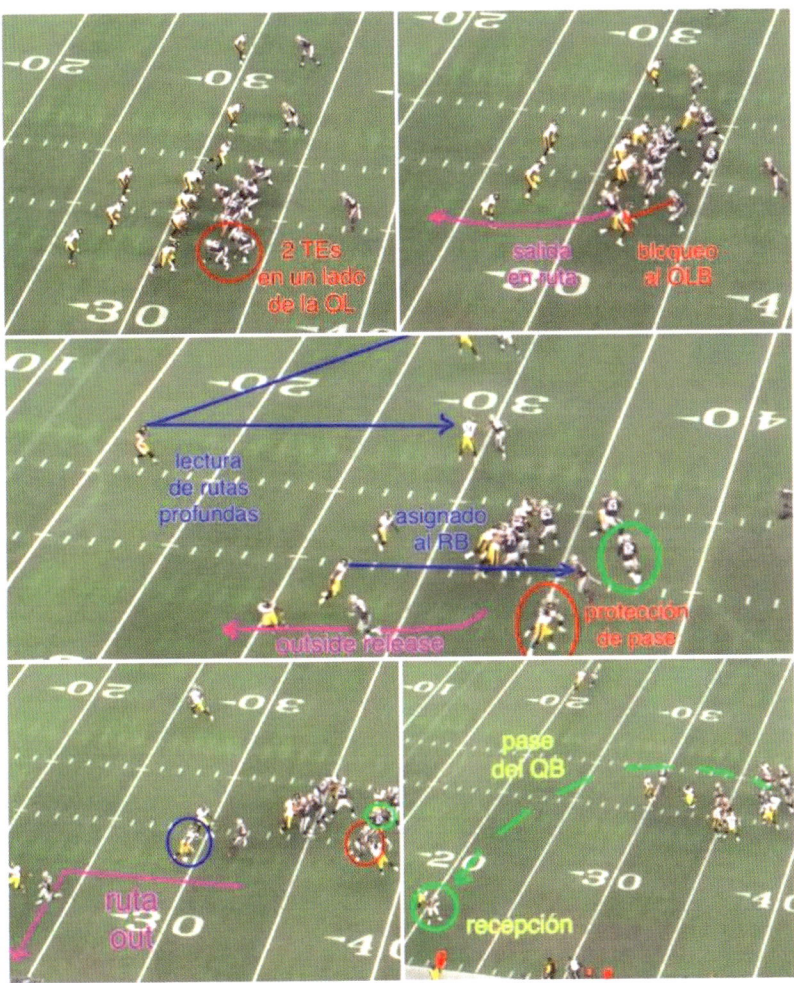

En esta ocasión, los dos TEs están juntos. Las formaciones de dos o tres *tight ends* son una buena estrategia para batir defensas 3-4 en las que se sitúan cinco hombres defensivos en la *línea de scrimmage*. Vemos, en la primera imagen, cómo los **Steelers** amenazan con cinco hombres en el *pass-rush*, con dos *linebackers* y un *safety* por detrás de ellos. Una vez que se inicia el *snap*, uno de los TEs se queda ayudando en protección de pase y el otro sale en ruta.

El *tight end* que sale en ruta queda asignado con el *safety*, es decir, tiene ventaja física respecto a él. El ataque ya ha provocado un desajuste, mientras que con el otro TE bloqueando, se ayuda a dar tiempo al pasador para leer la ventaja. Un LB está asignado con el RB, así que el TE que salió a recibir se encuentra en uno contra uno con el *safety*. Un corte hacia fuera, en esa ruta *out*, es suficiente para ganar separación y dar un buen objetivo a su *quarterback*.

Al igual que estas formaciones son buenas para sumar un hombre más a la protección de pase y permitir desajustes defensivos, hay un movimiento del ataque que es muy útil y que beneficia a la ofensiva. Se trata del *play action*.

El *play action* consiste en que el *quarterback* finta la entrega de balón en el *hand-off* al *running back*, para quedarse con el ovoide y lanzar a un receptor. Para jugar el *play action* se necesita una amenaza desde el *running back* en el juego de carrera y un par de segundos extras de protección para el pasador. Si la línea ofensiva tiene alineado a dos TEs, se presentan dos situaciones: un *gap* más por donde puede correr el RB y más jugadores para proteger el pase.

En esta secuencia, vemos a los TEs situados uno a cada lado de la línea ofensiva. Es decir, a los *gaps A, B y C*, se les une el *gap D* (por fuera del *tight end*). A parte, y como vemos en la segunda imagen, uno de los TEs ayuda a la OL a bloquear. El otro, sale en ruta (*shallow cross*) y se aprovecha del vacío que provoca el WR con su ruta profunda.
El peligro del *play action* reside en el movimiento que provoca en los *linebackers*. Vemos como estos defensores corren en la dirección que lleva el *running back*, ya que es una amenaza, y cuando pretenden rectificar, el TE se encuentra libre de marca para recibir y ganar muchas yardas más.

Ya habréis visto lo importante que es combinar rutas, ya sean rutas jugadas por los *wide receivers* o mezcladas con *tight ends*. El ataque debe mover a la defensa para encontrar zonas débiles o vacías.

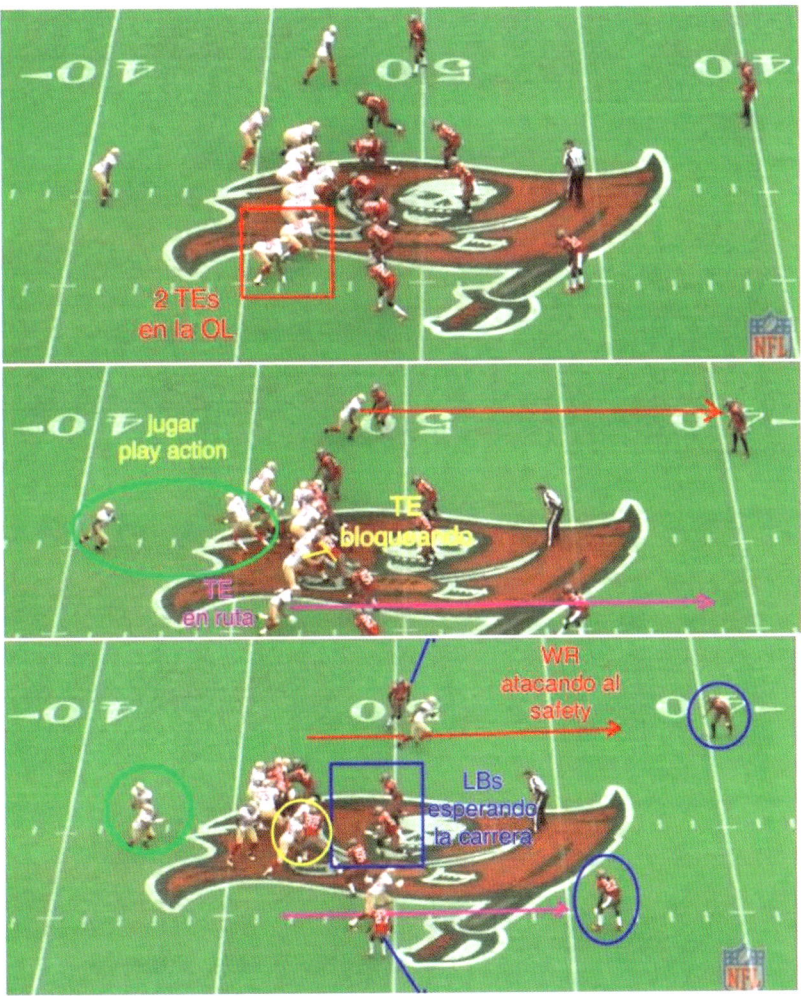

Aquí, otra situación en la que los *tight ends* están juntos en la línea ofensiva. Se inicia el *snap*, un TE se queda ayudando en la protección de pase y el otro correrá una ruta. Esta vez la defensa es 4-3 (cuatro hombres en la línea defensiva y tres *linebackers* por detrás). Además, su secundaria juega en zona, es decir, los dos *safeties* caerán a las rutas profundas y los *cornerbacks* lo harán a los laterales. Tanto el *wide receiver* como el *tight end* van verticales, mientras el *quarterback* juega el *play action* y obliga a los *linebackers* a estar pendientes de una posible jugada de carrera por parte del *running back*.

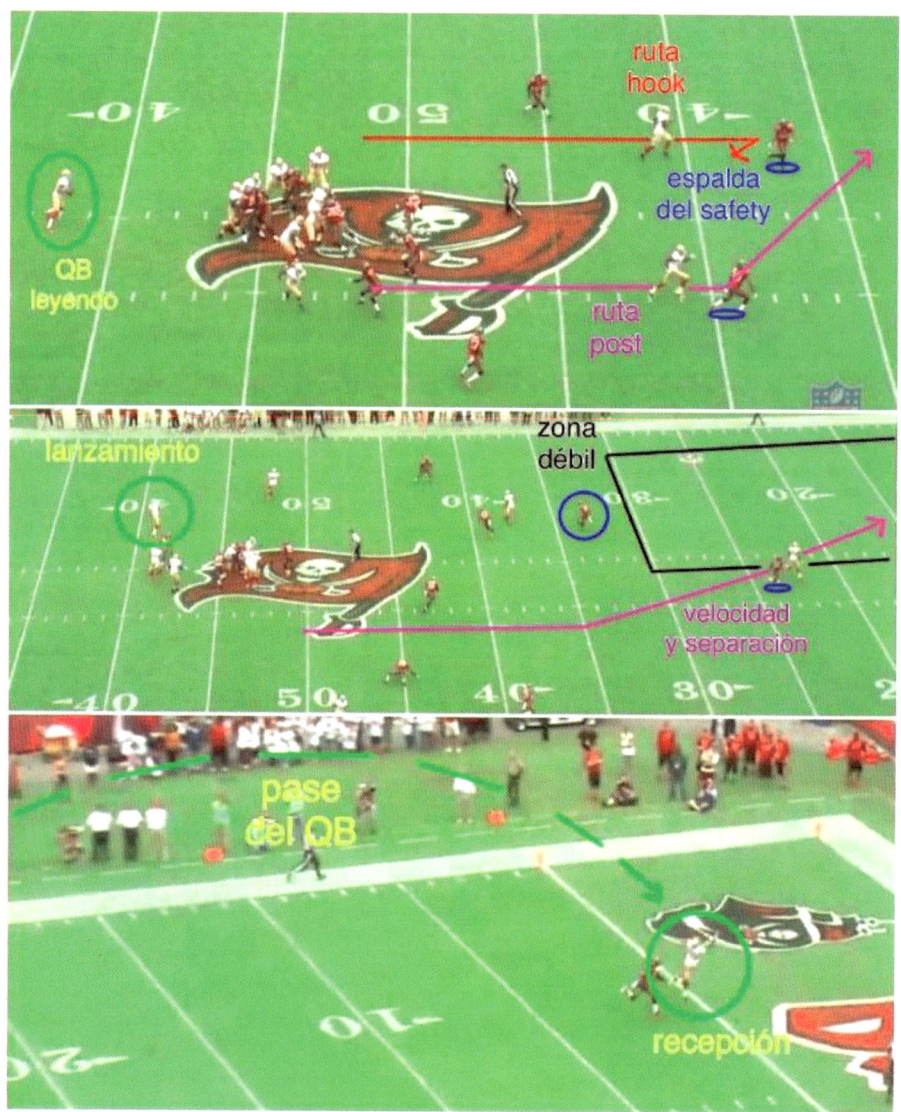

El *quarterback* se queda con el balón e inicia su lectura de rutas. El *wide receiver* juega una *hook* atacando al *safety*, el cual, ante el corte hacia dentro, reacciona dejando un agujero a su espalda. El *tight end* ataca al otro *safety* y, mediante su ruta *post*, aprovecha el espacio creado. El *tight end* receptor aprovecha la posición, y distancia, de este *safety*

para ganar la separación a través del *speed cut* hacia el medio. Buen lanzamiento del pasador y gran recepción del *tight end* para conseguir el *touchdown*.

Las variantes que ofrecen estos *tight ends*, son infinitas. Es habitual, también, ver a uno de los dos jugando en el *slot* o jugando abierto.

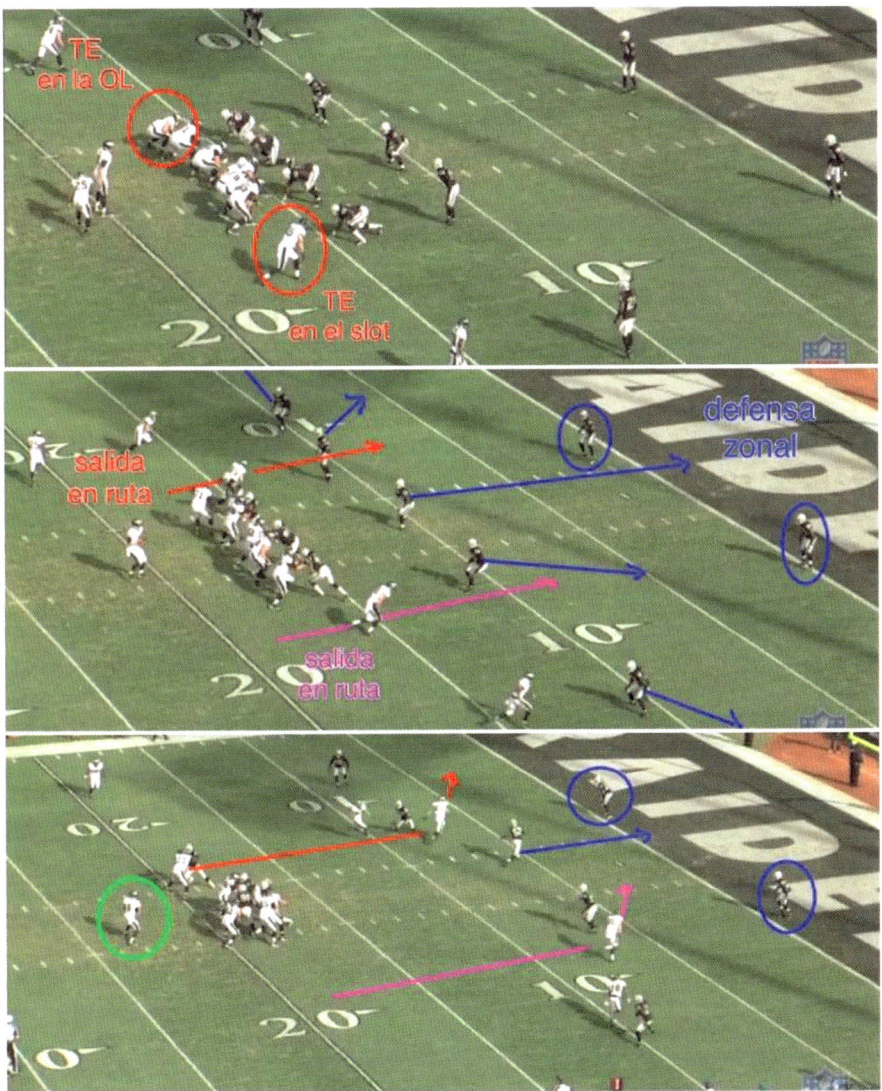

Aquí podemos ver una situación en la que un *tight end* está alineado en el *slot* (*off-line*), mientras que el otro estará pegado a la línea ofensiva (*in-line*), pero ambos saldrán en ruta. El *tight end* del *close side* (lado bueno del QB, el derecho si éste es diestro) correrá una ruta *post-corner*, es decir, sale en vertical, hace un corte como si fuese a jugar una *post* y un nuevo corte para ir a la esquina del campo (*corner*). Sin embargo, el *tight end*

que se alinea en la OL jugará una ruta *sting* (corre vertical, corte para correr como si fuera una ruta *corner* y volver a cortar para atacar el medio profundo).

En este caso, la defensa es zonal. Dos hombres profundos, tres *linebackers* que caen a sus zonas y dos *cornerbacks* que van a los laterales (zonas *flat*). Los *wide receivers* mantienen ocupados a los *cornerbacks*, y son los *safeties* los que van a tener que defender a los *tight ends*.

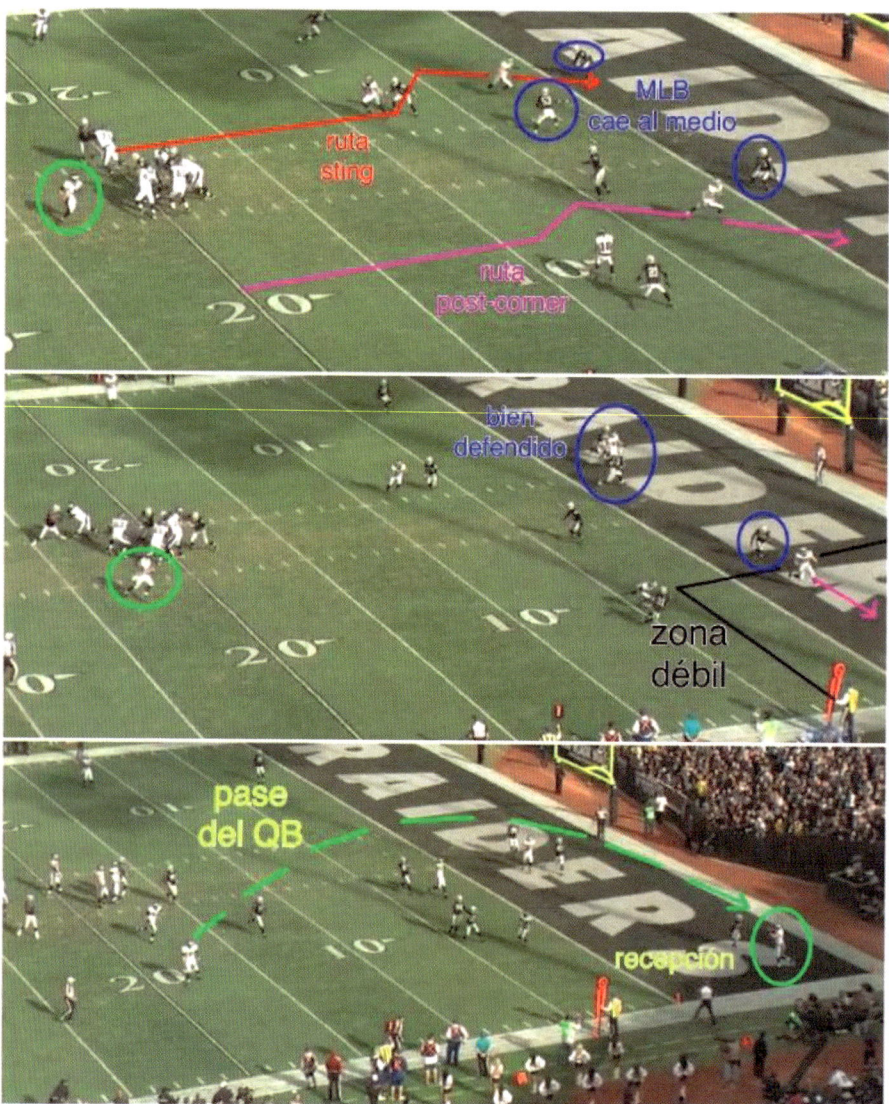

En este tipo de defensa (*Tampa-2*, ya hablaremos más detenidamente sobre sus características en futuros capítulos), el *linebacker* más central de los tres (*middle linebacker*, MLB) cae al medio de los dos hombres profundos. Las esquinas profundas son zonas débiles en este tipo de defensa, ya que los *cornerbacks* no caerán ahí, si no que se ocuparán de las zonas medias en el lateral (zonas *flats*). Cuando el *tight end* finta la ruta *post*, el *safety* de ese lado se mueve ligeramente hacia dentro, dejando mucho espacio en esa esquina. Tras el corte hacia fuera, el *tight end* tiene suficiente separación respecto al *safety* para que su *quarterback* pueda lanzarle el balón. Las habilidades para recibir el pase, por parte del receptor, hacen el resto.

He expuesto casos en los que el ataque ha utilizado el pase. La ofensiva debe poner en problemas a la defensa y usar dos *tight ends* es una alternativa muy potente. La defensa va a tener que ajustar ante estas alineaciones y el ataque podrá reaccionar en consecuencia. Es decir, en defensas 4-3 o 3-4 base, la ventaja estará en buscar a los *tight ends* frente a *linebackers*. Si la defensa juega en *nickel* (con un hombre de la secundaria más en lugar de un *linebacker*), el ataque puede utilizar a sus *tight ends* bloqueando para la carrera.

Como podéis ver, en las partidas de ajedrez que se juegan a lo largo de un partido, este tipo de atacante tienen mayor importancia cada vez.

Y para rizar el rizo, podemos incluso ver situaciones en la que los equipos alineen a tres *tight ends*. Estas formaciones son muy difícil de discernir por parte de la defensa.

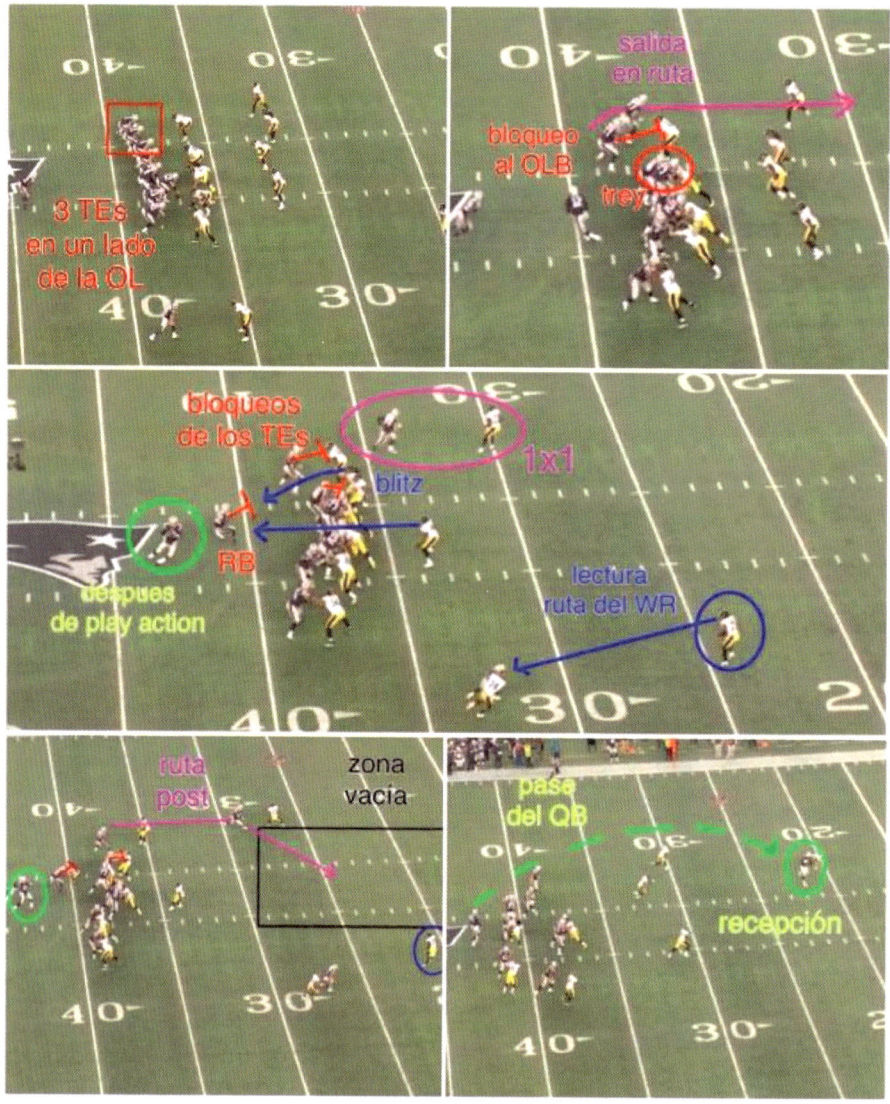

En esta secuencia de imágenes, vemos a tres *tight ends* situados juntos en un lado de la línea ofensiva. El ataque tiene hasta dos *gaps* extras en un mismo lado para que el *running back* pueda correr por ahí. Sin embargo, la jugada no es una carrera, es un lanzamiento. Un *tight end* bloquea al *outside linebacker* (*linebacker* más exterior de la línea defensiva en una defensa 3-4), otro *tight end* juega un doble bloqueo (*trey*) con el *left tackle* para parar al línea defensivo y el tercer *tight end* sale en ruta. Tras el *play action*, nos encontramos con un *tight end* asignado al *outside linebacker*, otro *tight end* que, después de jugar el *trey* con el *left tackle*, ha parado el *blitz* de un *linebacker* y al último de los *tight ends* jugando en uno contra uno frente a un *cornerback* con mucho campo por correr. Situación ideal. El *safety* está ocupado con la ruta profunda del *wide receiver*, el *inside linebacker* que no ha jugado el *blitz* está asignado en individual con el *running back* (el cual, en vez de salir en ruta, se ha quedado para bloquear al otro *safety* que también jugó el *blitz*) y un *cornerback* para parar al *tight end* con la zona media prácticamente vacía. La ruta *post* de este *tight end*, y la magnífica protección de pase de la línea ofensiva, junto con los otros dos *tight ends*, hacen que el *quarterback* pueda poner un balón relativamente sencillo en manos de su receptor.

QUARTERBACKS

Llegamos al final de las posiciones ofensivas y no podíamos hacerlo de otra manera que no fuese hablando del jugador más característico y que más portadas de prensa se lleva: el "*quarterback*".

Todo lo que ocurre en el emparrillado, cuando el ataque está sobre él, tiene que ser controlado por este jugador. Debe conocer las virtudes y defectos de su equipo y del rival. Debe ser capaz de mover a sus compañeros dentro del esquema ofensivo para sacar el máximo rendimiento en cada jugada, así que podemos decir que su importancia es vital. El *quarterback* no es todo el equipo, pero, sin duda, con un mal *quarterback* dirigiendo el ataque, las probabilidades de ganar partidos se reducen mucho.

Un QB está en continuo aprendizaje. Cada año, la liga avanza en esquemas defensivos y debe ser él el que logre discernir lo que hacer en cada momento. Incluso puede tener la potestad de cambiar una jugada que haya mandado su entrenador, o coordinador ofensivo, si observa algo en los movimientos defensivos previos al *snap*.

En definitiva, estamos ante una posición imprescindible en un equipo de *football* americano y vamos a ver las cualidades que deben tener y cómo tienen que ejecutar sus movimientos para lograr avanzar, al menos, diez yardas en cada *down* hasta llegar a la zona de anotación.

STANCE

Como siempre, vamos a iniciar el capítulo de fundamentos por el *stance*. El *quarterback* puede iniciar el ataque en la *línea de scrimmage* (pegado al *center*, *under the center*) o unas yardas por detrás (*shotgun* o *pistol*). El *stance under the center* se caracteriza por estar pegado a la espalda del *center*, con las rodillas semi-flexionadas, las manos debajo del culo de su compañero, con los dedos gordos juntos (e incluso cruzados) y las palmas hacia abajo esperando la entrega del balón.

En *shotgun*, o *pistol*, el *quarterback* se posicionará unas cinco yardas por detrás del *center*, con las rodillas ligeramente flexionadas (casi erguido), con las manos delante esperando el *snap* y flexionando los codos un poquito. Los pies los veréis tanto escalonados, como en paralelo, dependiendo del QB. La teoría dice que es mejor tener el pie dominante (derecho si es diestro, izquierdo si es zurdo) adelantado. Esto es así porque facilita el inicio del *dropback*, al igual que si el *snap* está mal lanzado (más corto, más alto, más lateral, etc), la reacción del *quarterback* puede ser más natural y rápida.

La diferencia entre estas dos formaciones es que, en *pistol*, el *running back* se coloca unas tres o cuatro yardas por detrás del *quarterback* y, sin embargo, en *shotgun*, el corredor se situará al lado del pasador o un paso por detrás, no más.

El *stance* es una de las cosas más importantes dentro de los fundamentos, ya que el *quarterback* debe ser capaz de salir en varias direcciones (dependiendo de que jugada sea) y su posición le tiene que dar esa posibilidad. La defensa puede intentar esconder su jugada, pero una vez que el pasador está preparado para recibir el *snap*, la defensa hará los movimientos definitivos y quedará al descubierto. Aunque es mejor empezar la lectura de la defensa cuanto antes (desde que se rompe el *huddle*), aquí es donde el QB empieza a ver lo que ocurre en el otro lado del campo (lectura *pre-snap*).

Los dos *stance* tienen sus cosas buenas y malas. En *shotgun*, por ejemplo, las lecturas serán más sencillas ya que el QB tiene mejor visión del campo. El "timing" con el receptor puede ser más sencillo también, sin embargo, en *shotgun*, el ataque limita sus posibilidades, ya que hay jugadas de carrera que no se podrán usar sin el factor sorpresa que le da tener al *quarterback* pegado a la *línea de scrimmage*.

DROPBACK

Una vez que el *quarterback* recibe el balón, comienza a ganar espacio hacia atrás para leer lo que está sucediendo y para encontrar a un receptor abierto al cual lanzarle el ovoide.

Es básico el "timing" entre estos. Si el pasador termina su *dropback* más tarde de lo que el receptor ha tardado en hacer su *break* y ganar separación, se habrá perdido la oportunidad de pasar ahí, con lo que debe buscarse otro objetivo. Si esto ocurre, el *quarterback* debe resetear los pies y continuar leyendo el campo, teniendo la capacidad de moverse en el *pocket* si la defensa presiona mucho. Esto lleva mucho trabajo y entrenamiento, pero es fundamental la sincronización.

El *dropback* puede ser de un paso (*1-step*), de tres pasos (*3-step*), cinco pasos (*5-step*) o siete pasos (*7-step*). Situaciones para el QB en *1/3-step* serán rutas rápidas como *flat*, *quick-out*, *slant*, *hitch*, etc. Rutas en *5-step* pueden ser *in/out*, *curl* o *comeback*, que son rutas medias de unas diez o doce yardas. Y para el *7-step*, el *quarterback* buscará rutas más profundas como *fade*, *post*, *corner*, etc.

Algo en común en cualquier *dropback* es el primer paso. Este paso debe ser profundo. Si el *quarterback* juega un *5/7-step*, los tres primeros pasos serán largos, haciendo los siguientes más cortos. Vamos a ver una secuencia de *5-step* saliendo *under the center*.

Cuando el *quarterback* recibe el *snap*, vemos como sus tres primeros pasos son largos. Los pies no deben subir mucho, el pasador debe intentar que estén lo más cerca del suelo posible. Durante el tercer paso, el jugador tiene que comenzar sus lecturas. Siempre mantendrá sus ojos campo abajo buscando un objetivo para lanzar el balón. La espalda recta, con los hombros en perpendicular a la *línea de scrimmage* para poder ver todo el campo (si le diese la espalda totalmente a un lado, no vería lo que ocurre, limitando su radio de acción) y los pies deben ir en paralelo a esta línea. Una vez que el quinto paso llega al suelo, el peso del cuerpo debe estar divido en los dos pies (ser neutro). Si por una mala ejecución, el peso está la mayoría en el pie más atrasado, el lanzador se inclinará ligeramente con el hombro más cercano a la LOS (*front-shoulder drop*) para poder repartir el peso y estabilizar la posición del cuerpo. El pie de atrás (*plant step*) y el pie de delante (*target step*) cobran una gran importancia en este momento.

El *plant step* debe estar siempre posicionado en perpendicular al objetivo hasta que se inicia el movimiento para lanzar (*release*), donde solamente será un mero apoyo. Y el *target step* debe tener la punta apuntando al receptor que recibirá el envío.

Habrá veces que el *quarterback* tenga que utilizar el *hitch step*. Este paso se realiza al final del *dropback* y sirve para resetear los pies y dejar el cuerpo en una óptima posición para lanzar. En la imagen vemos como el pasador lo usa. Una vez que finaliza el quinto paso, la distancia entre los dos pies es muy grande, y debe mover el *plant step* hacia delante para mejorar la calidad del pase.

A parte de los pies, sus hombros también son importantes en el *dropback*. Antes hablé de que deben estar un poquito abiertos, pero al igual que con los pies, es muy importante que el hombro delantero se incline para lograr estabilizar el tren superior.

En la última imagen vemos como el *quarterback* tiene el cuerpo preparado para iniciar el lanzamiento.

SUJECION DE BALÓN DURANTE EL DROPBACK

Habréis visto, en la imagen anterior, como había dibujados círculos señalando la posición del balón. Esto también es importante para lograr que el pase sea preciso.

En esta otra imagen vemos como se debe llevar el balón durante el *dropback*. El ovoide debe estar situado a la altura del pecho o del esternón, sujetado por ambas manos y con la punta apuntando al suelo. Los codos pegados a los costados para evitar que el balón se despegue mucho del cuerpo. La vista siempre tiene que ir dirigida a lo que esté sucediendo campo abajo, no se debe mirar el balón nunca. Y los pies, como dijimos antes, deben intentar ir en paralelo.

Ya tenemos el objetivo claro y el cuerpo en una posición adecuada para lanzar, sólo nos queda el *release* (movimiento para soltar el balón).

RELEASE

Lo primero que quiero decir es que esto de lo que hablaré a continuación es la teoría, así que podréis ver lanzamientos que no tendrán nada que ver con esta explicación y que llegan a su destino perfectamente. Los *quarterbacks* élite son capaces de soltar el balón casi de cualquier manera y que el lanzamiento sea perfecto, pero si su técnica y mecánica de pase no es buena, siempre habrá más posibilidades de cometer un error.

El balón debe ir hacia atrás, subiendo el codo del brazo que sujeta el ovoide. El agarre (*grip*) del balón no debe ser muy fuerte y sin que la palma de la mano esté en contacto con el ovoide. Una vez aquí, las caderas y los hombros deben rotar hacia delante, pero manteniéndose alineados, sin inclinación, hasta quedar enfocados con el receptor que recibirá el pase (en situaciones de lanzamiento profundo, los hombros si cogerán una pequeña inclinación para bombear el balón). Todo el cuerpo debe moverse al unísono. El balón irá por encima de la cabeza hasta que salga de la mano del *quarterback*. El codo contrario irá descendiendo según se vaya completando el movimiento. El balón sale de la mano, pero el movimiento continúa (*follow through*). Los ojos siempre deben estar mirando al receptor, el hombro de atrás termina enfocando el objetivo y la mano que lanzó tendrá su palma mirando al suelo.

El pie adelantado (*target step*) apuntará al receptor, y el pie atrasado no debe levantarse del suelo, ya que esto puede hacer que el pasador no precise mucho el lanzamiento. La mano que soltó el balón terminará a la altura de la cadera contraria.

Siguiendo la imagen anterior del *dropback* de **Roethlisberger**, vamos a ver terminar su lanzamiento.

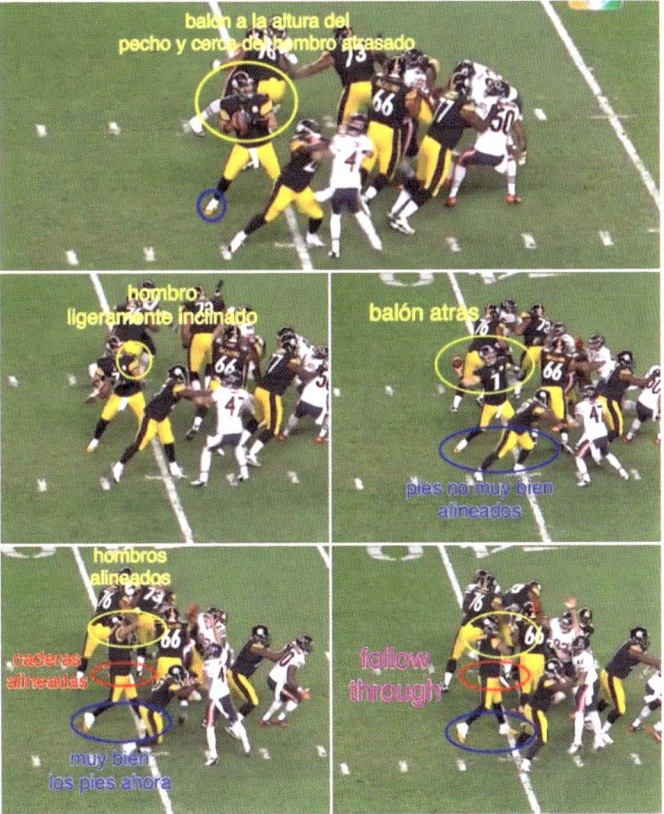

Su *release* es, en general, bastante bueno. Al ser un pase largo, tiene que inclinar los hombros para buscar esa profundidad. Sus pies acaban bien, pero los hombros no terminan de la mejor manera posible y caen ligeramente a un lado. Cuando ocurre esto, el *quarterback* intenta corregir esa posición dándole más fuerza al brazo y es aquí donde pueden aparecer imprecisiones. Aun así, este pase acabó siendo un *touchdown*.

En la imagen de abajo vamos a ver un *dropback* desde *shotgun*, y lo vamos a hacer con uno de los más grandes quarterbacks de todos los tiempos: **Tom Brady**.

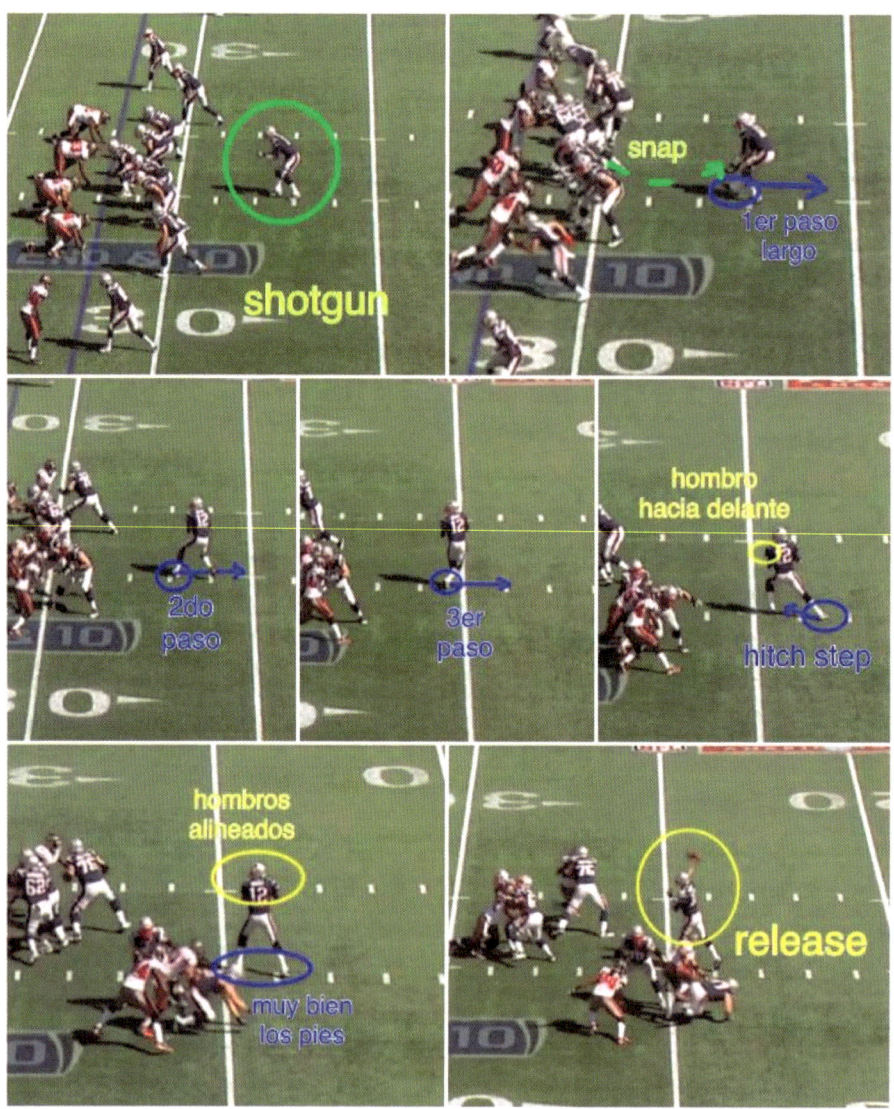

El *quarterback*, situado a unas cinco yardas de la *línea* de *scrimmage*, recibe el *snap* e inicia el primer paso largo. Los pasos directos hacia atrás se llaman *drive step* y a los que cruzan por delante (como el segundo en este caso, o el cuarto en el caso anterior que vimos) se les llama *crossover step*. Una vez finalizado el *3-step*, **Brady** resetea su *plant foot* con un *hitch step*. Su cuerpo antes de lanzar está perfectamente alineado, así que su *release* tiene muchas posibilidades de ser preciso para hacerle llegar el balón al receptor en perfectas condiciones.

Estas son las bases para que el lanzamiento sea idóneo, pero para completar un pase hace falta mucho más. Un *quarterback* tiene que tratar de elegir el tipo de pase y, sobre todo, hacer una lectura correcta de lo que sucede delante de sus ojos. Para acabar, hablaré de sus lecturas y progresiones.

Estos dos términos los habréis leído y oído mucho. Un *quarterback* necesita de varias "armas" para ser un buen jugador y poder llevar la ofensiva de su equipo con cierta efectividad. Para pasar, es necesario tener un brazo poderoso, precisión, buena técnica de pase y saber leer el juego. Aquí es donde entran los dos términos: lectura y progresiones.

LECTURAS Y PROGRESIONES

Una lectura es el conocimiento de lo que la defensa está planteando, y una progresión conlleva una serie de lecturas en diferentes zonas del campo usando una determinada secuencia. Esta secuencia puede ser de varias formas (de lado débil a lado fuerte, de lado fuerte a lado débil, de zona profunda a *zona underneath*, etc).

Lo primero en lo que el pasador se fija, cuando se coloca para recibir el *snap*, es en la situación de los *cornerbacks*, de los *safeties* y lo que el *front-7* le está enseñando.

Lo segundo que un *quarterback* debe sabe son las diferentes claves (*keys*) que una defensa propone. Es decir, el *quarterback* va a deducir, dentro de su jugada de ataque, los posibles movimientos defensivos para frenar ese ataque. A partir de esto, debe leer donde puede estar la ventaja.

Todo esto sucede antes del *snap*, donde el lanzador tiene que tener una idea de dónde va a estar esa ventaja. Una vez que el balón está en sus manos, es cuando realmente la defensa hace su movimiento y donde el *quarterback* debe seguir leyendo, pero ahora con la intención de poner el balón en donde previamente había pensado. Si tu línea ofensiva es buena, podrás tomarte tu tiempo. Si no lo es, más vale que lo tengas claro. Vamos a verlo.

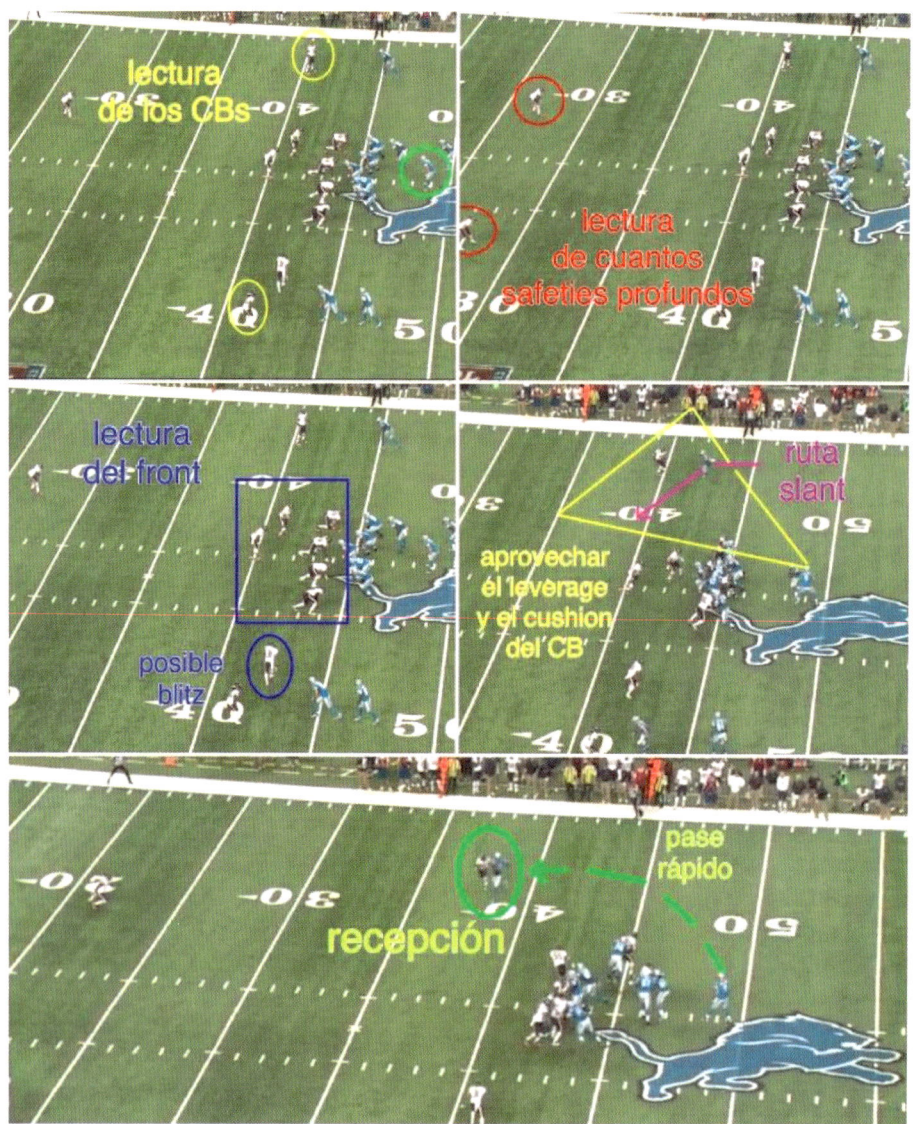

En esta secuencia, la primera lectura es la situación de los *cornerbacks* antes del *snap* (*pre snap read, PSR*). Debe leer si estos defensores están presionando, o no, o si están dando un lado al *wide receiver* para correr la ruta (*leverage* del *cornerback*). Vemos como estos dos defensores están alineados a una cierta distancia de los receptores (*off-man*), es decir, si el WR juega una ruta corta, puede recibir el balón sin la presión del CB.

La segunda lectura del *quarterback* son los *safeties*. Dependiendo del número de *safeties* profundos, la defensa le da una pista al pasador de su sistema en cobertura. Algunas veces, la defensa presentará una cobertura, aunque, en realidad, una vez iniciado el *snap*, se moverá para cambiarla y hacer que el *quarterback* cometa errores.

Y, por último, el *quarterback* leerá el *front-7*. Aquí debe prevenir todo tipo de *blitz*, si los *linebackers* caerán en cobertura y dónde lo harán, cómo y por donde le vendrán presionando los líneas defensivos, etc.

Con todo esto, el *quarterback* ya tiene una idea de donde puede hacer daño. Con este contexto, y volviendo a la jugada anterior, lo más sencillo puede ser buscar una *slant* para que el *wide receiver* reciba y sea capaz de ganar alguna yarda extra después de la recepción. Esto es debido a la situación del *cornerback* que lo defiende. Este CB le da espacio al receptor y se sitúa con un *leverage* donde evita que el atacante vaya por fuera. Con los *linebackers* pendientes de la carrera, el espacio para la *slant* está creado. Vemos como la recepción es fácil para el *wide receiver* y con posibilidades de llevar el balón un poco más lejos.

En la secuencia de imágenes que tenemos debajo, el *cornerback* está presionando y sólo hay un *safety* profundo. Es decir, el *safety* se ocupa de toda la zona profunda pudiendo ir a ayudar a uno de sus compañeros, los cuales defienden en "uno contra uno" (defensa individual), en el caso de que el receptor consiga estar abierto. Para evitar esta posible ayuda, el *quarterback* manda dos rutas profundas para fijar al *free safety* y así dejar a un *wide receiver* en uno contra uno frente a un *cornerback*.

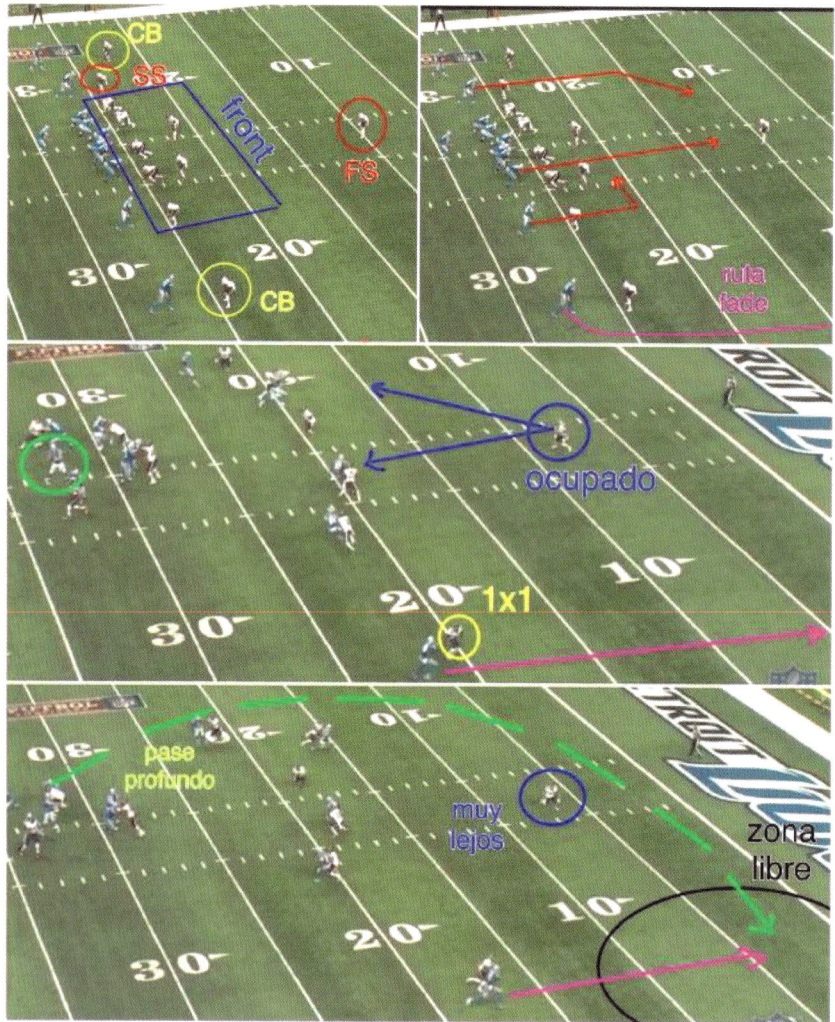

Esto es, a grandes rasgos, lo que un *quarterback* debe leer antes de que el balón se ponga en juego. Hay muchas más *keys* y situaciones que le dan un plano mental para resolver el laberinto, pero estás claves que os he explicado, tienen que ser las más claras que debe poseer.

Una vez que el balón llega a sus manos, el *quarterback* leerá los movimientos defensivos y, para ello, tiene dos opciones. Una es leer al hombre defensivo que quiere atacar y, la otra opción, es leer la zona donde, en principio, va a ir el lanzamiento. Personalmente, prefiero que sea al jugador, ya que sí lees sólo la zona, puede aparecer el defensa asignado a esa zona sin que el *quarterback* lo vea venir, arriesgando la "intercepción".

Cuando un *quarterback* cree saber qué defensa está haciendo el equipo rival, sabrá dónde estará la zona débil y qué defensores pueden acudir allí. Un ejemplo de esto, lo vemos en la secuencia de abajo.

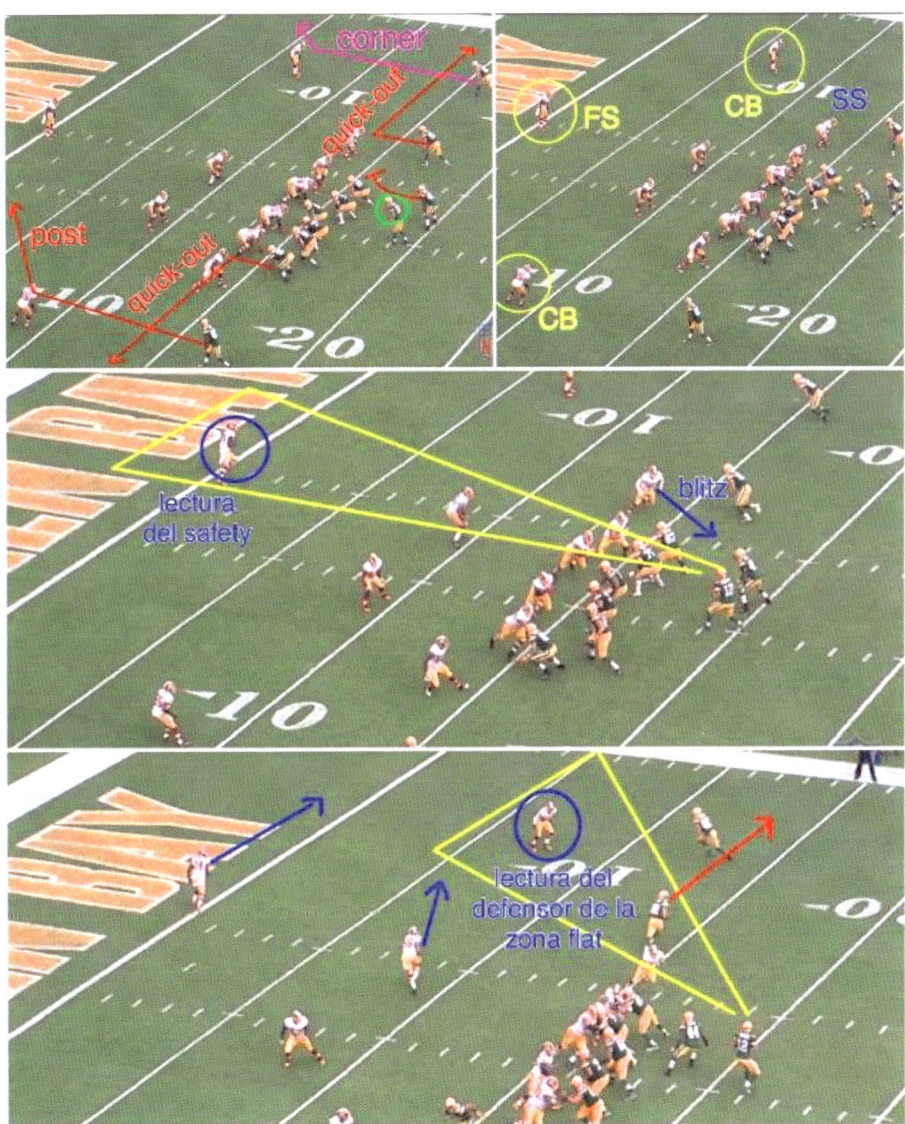

Lo primero es ver la posición de los *defensive backs* (*cornerbacks* y *safeties*). Una vez que recibe el balón, su primera lectura debe ser el movimiento del *safety* profundo. Su segunda lectura irá al jugador que va a defender la zona donde el pasador quiere atacar. En esta situación, el *quarterback* ha mandado una combinación de rutas donde el *cornerback* tiene que decidir si caer profundo o si cerrar la zona lateral (*flat*). Su lectura es a ese jugador, y al ver que el defensor intenta cerrar la *flat*, sabe que es el receptor profundo quien va a tener más opciones de recibir.

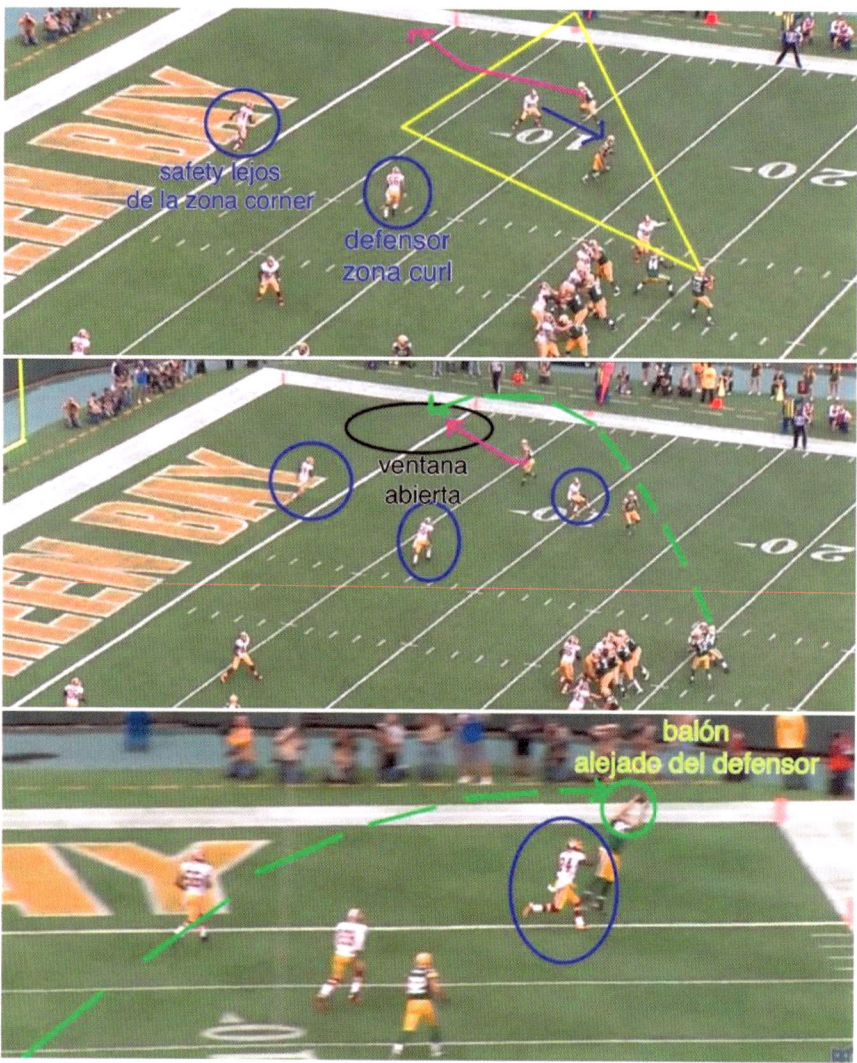

Cuando la ventana se abre, lo importante es poner el balón en el lugar adecuado para darle facilidades al receptor. En este caso, el *quarterback* lo hace perfecto y el lanzamiento es al hombro de fuera, lo más alejado posible del hombre que llega para defender esa zona.

Bien, una vez que sabemos cómo el *quarterback* realiza lecturas, vamos a ver cómo lleva todo esto a las progresiones. Como dije antes, hay muchas maneras de que un *quarterback* juegue progresiones y, dependiendo del estilo de ataque de su entrenador o del coordinador ofensivo, la secuencia de lecturas será de un modo u otro.
En la imagen de abajo, veremos un ejemplo de cómo, dónde y qué tiene que leer un *quarterback* en una progresión que va del *close-side* al *open-side*.

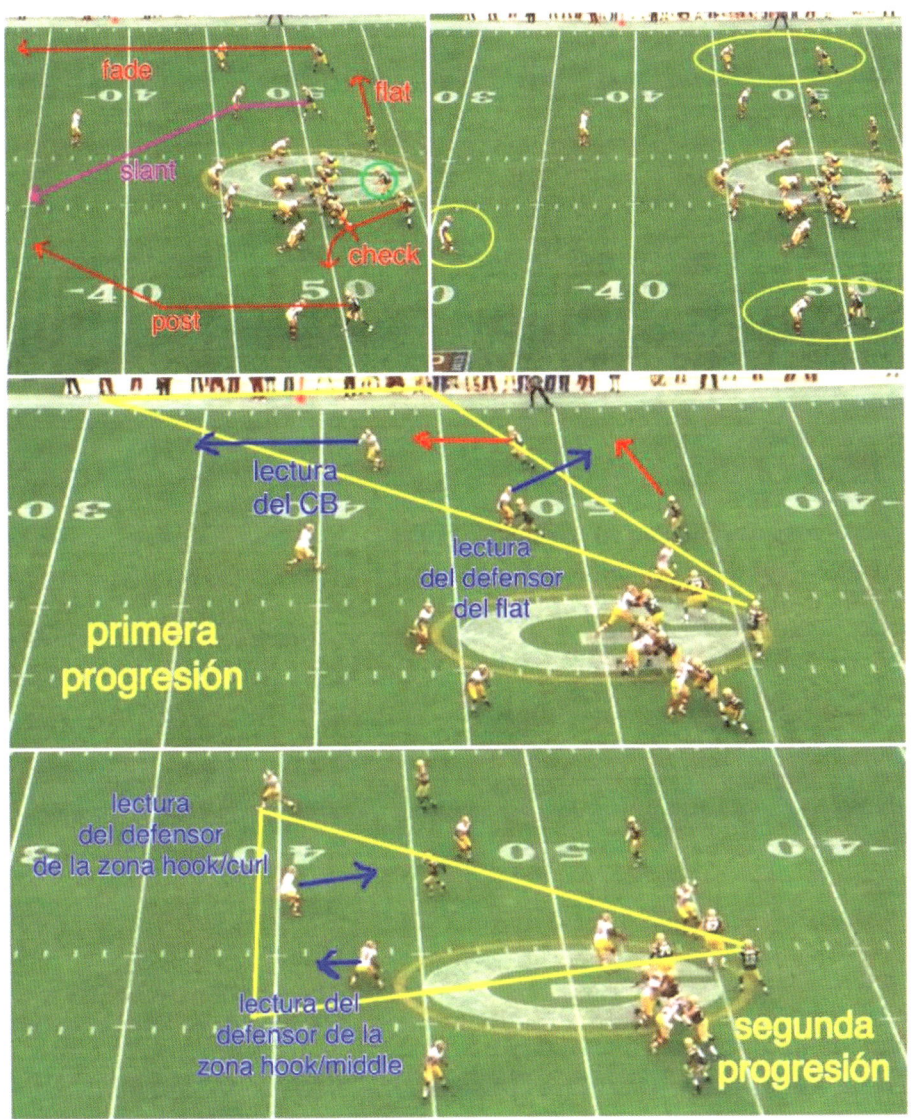

Vemos, en la primera imagen, la serie de rutas que correrán los receptores y, en la segunda imagen, la situación de los *cornerbacks* y del *safety* profundo. Cuando el *quarterback* recibe el balón, inicia la primera progresión desde el *close-side* (lado derecho de un *QB* diestro). Antes de esto, y por norma general, el *quarterback* (durante el *dropback*) leerá la zona profunda y los movimientos de los *safeties*. Esto lo hará para asegurarse de que su lectura *pre-snap* ha sido correcta y que el equipo rival no cambió la cobertura mostrada antes del *snap*.

Volviendo a la imagen, tenemos al pasador leyendo la situación del *cornerback* y del jugador que se ocupa de la zona *flat*. El *quarterback* no ve una opción clara de pase allí y, a partir de aquí, comienza la segunda progresión. Para ello, debe ir moviendo sus pies y su cuerpo, a la vez que sus ojos, para poder lanzar en cuanto se abra una opción de pase. Sus fundamentos deben ser muy buenos y no perder equilibrio para que su pase sea preciso. En esta segunda progresión, el *quarterback* leerá las zonas medias y a sus defensores (zonas *hook*). Tampoco cree tener un objetivo claro, pero todo movimiento defensivo le sirve para ir buscando una solución respecto a las rutas que están corriendo los receptores.

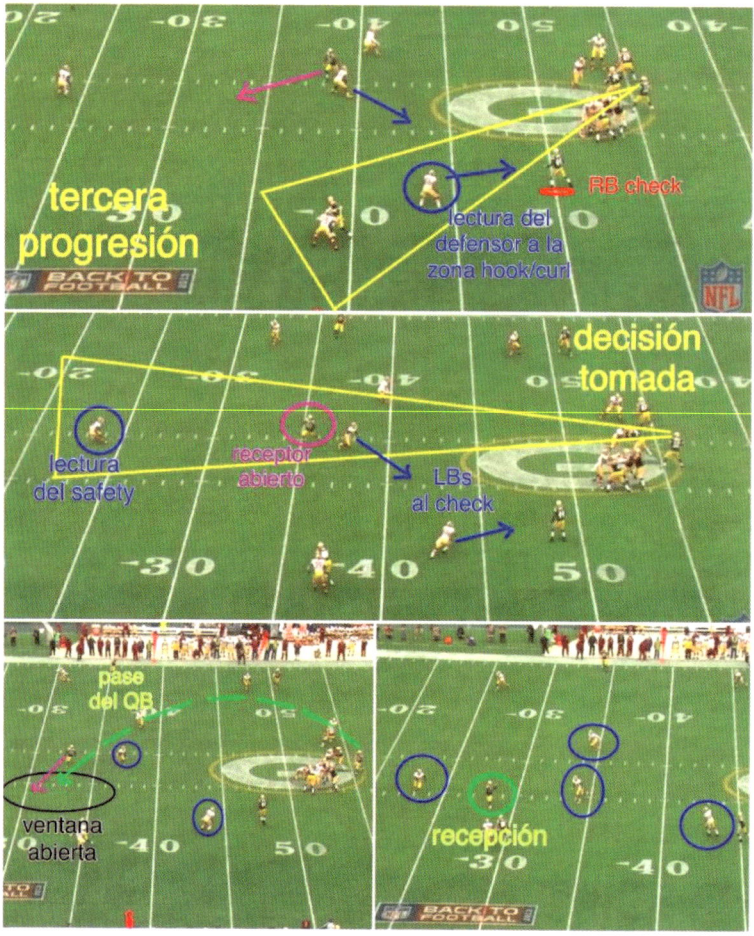

El pasador continúa moviendo sus pies para su tercera progresión, el *open-side* (lado izquierdo de un QB diestro). Al igual que el *quarterback* lee los movimientos de la defensa, la defensa está leyendo el cuerpo y los ojos del lanzador, por lo que también se está moviendo con él. Esto lo usa el *quarterback* para mover a un defensor de una zona y permitir que se abra un agujero. La tercera progresión provoca que los defensores encargados de las zonas medias las abandonen y dejen una ventana abierta para que el pasador encuentre a su objetivo. La precisión y fundamentos del quarterback en el lanzamiento debe ser muy buena, puesto que cuanto más tiempo esté en el *pocket* leyendo, más presión va a sentir por parte de la línea defensiva.

Estas progresiones son una de las cosas más difíciles que debe hacer un *quarterback*. En las progresiones, el pasador realiza una continua lectura de jugadores y zonas, debe ser capaz de aguantar y moverse en el *pocket* adecuadamente y tiene que tener facilidad para liberar el balón ante la llegada de presión. Por ello, sólo los mejores son capaces de sacar todo el jugo a su ofensiva, y vemos, a lo largo del año, cómo hay *quarterbacks rookies* que sufren en estas situaciones en su primer año. De hecho, necesitan varios años para llegar a dominar este aspecto. Hay que trabajar mucho para ser capaz de llegar hasta la última opción. Sin embargo, hay ataques donde no es necesario progresar, ya que se busca una situación rápida y concreta, incluso para dar más facilidades a tu *quarterback*.

Fundamentos, técnica, calidad de brazo y mucha cabeza. Todo esto diferencia a un *quarterback* bueno de un *quarterback* especial. Y de esos, hay muy pocos.

AUDIBLES Y MOTIONS

Estoy casi seguro de que habéis escuchado estas dos palabras en alguna retransmisión o lo habéis leído en algún artículo hablando de *football*. Estas dos palabras se suceden antes de que el balón se ponga en marcha.

El audible es un cambio, por parte del *quarterback*, de la jugada que se había comunicado en el *huddle*. El quarterback, en su lectura *pre-snap* de la defensa, ve que algo cambia y encuentra una nueva oportunidad para hacer daño a su rival. Ante esta nueva lectura, el *quarterback* avisa a uno, o varios jugadores, para que modifiquen su posición en el campo.

El *motion* es el movimiento de alguno de los receptores, antes del *snap*, y que puede provocar un ajuste en la defensa. Ante este movimiento, la reacción que tome la defensa le sirve al *quarterback* para, entre otras cosas, saber si el contrario jugará en zona o en individual. Vamos a verlo en imágenes.

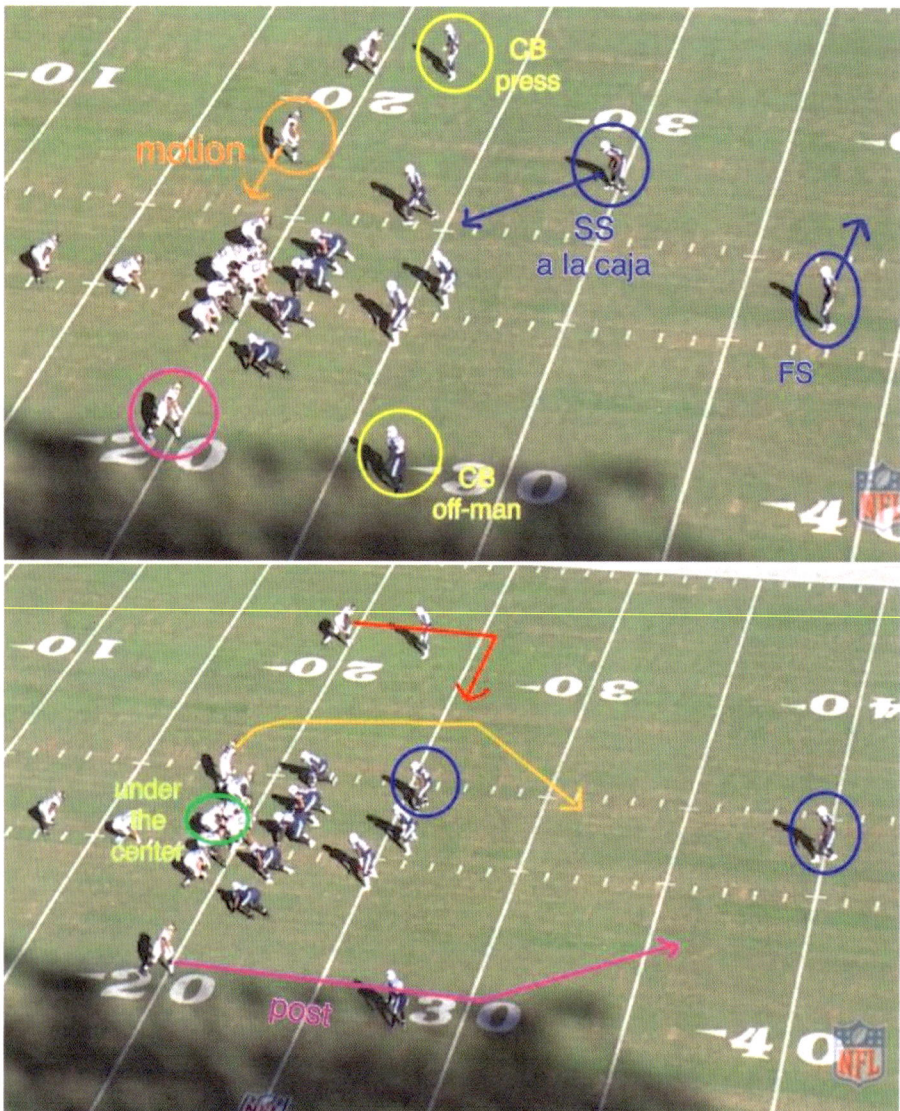

En esta situación, el *quarterback* manda moverse al *slot* hasta colocarse junto a la línea ofensiva. El movimiento del wide receiver provoca una reacción en la defensa. El *strong safety* cae a la caja y el *free safety* se va moviendo hacia su derecha, por si tiene que ayudar al *cornerback* que está presionando. Este *motion* también deja un poco más claro que la defensa estará en hombre a hombre. El *quarterback* tiene que actuar ante lo que acaba de ocurrir.

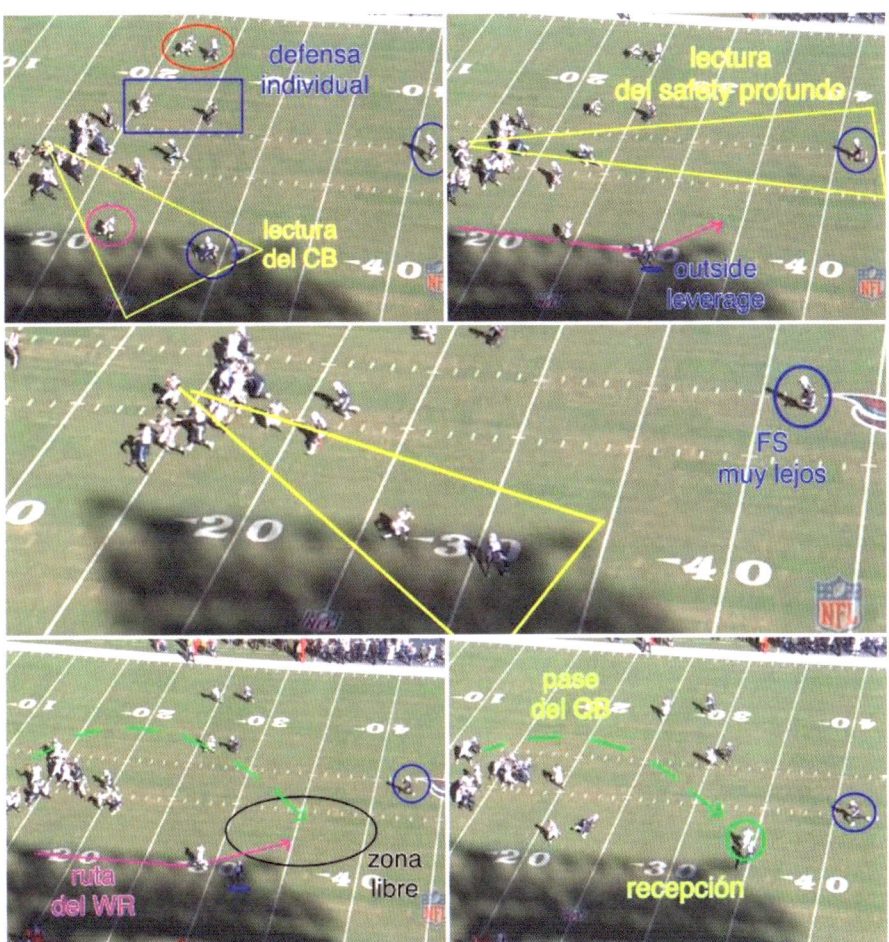

Una vez iniciado el *snap*, el pasador lee (durante el *dropback*) al *safety* profundo, el cual sigue moviéndose hacia el lado derecho.

La alineación del *cornerback* del *close-side*, con espacio respecto al receptor y con *outside leverage* (cerrando el exterior y dando el medio), facilita que el atacante gane la zona central con una ruta *post*. Esto es lo que lee el *quarterback* en su segunda progresión y ahí es donde va el balón.

El *quarterback* ha facilitado todo eso moviendo a un jugador antes de recibir el balón. Esto, visto así, parece sencillo, pero las defensas suelen estar preparadas para este tipo de acciones. Si no lo estuviesen, todo sería "coser y cantar".

Hay cientos de cosas más que son utilizadas por los *quarterbacks*, pero he intentado generalizar y que os hicierais una idea de cómo un este tipo de jugador funciona dentro del emparrillado. Él es fundamental, y su trabajo fuera del campo (viendo vídeos, estudiando su propio *playbook*, analizando defensas, etc) es casi tan importante como el que hace dentro. Si algo falla en un *quarterback*, algo va a fallar en el ataque de todo el equipo. Todo es importante en el *football*, pero el *quarterback*, por suerte o por desgracia, será el que se lleve los elogios y las críticas.

LA LÍNEA DEFENSIVA

Las trincheras. Ahí es donde se ganan y pierden partidos. No hay otro lugar en el emparrillado donde se preste una batalla como la que se libra en la *línea de scrimmage*. Línea defensiva frente a línea ofensiva. Solo uno puede quedar en pie.

¿Alguien ha dicho gordos? Con mucho peso, sí. Pero son unos atletas como la copa de un pino. Explosividad, agilidad, inteligencia y potencia, son algunos de los requisitos que se le pide a esta unidad. Son la vanguardia de la defensa, los primeros en hacer su trabajo, y como dije antes, parte vital del resultado final.

Siempre se dice que es más fácil construir, que destruir, pero en este deporte, se está continuamente construyendo desde la defensa. Cada vez, vemos líneas defensivas más creativas, y esto hace que sea mucho más difícil, para los *quarterbacks*, discernir qué se le viene encima.

Los líneas defensivos se dividen en dos grupos, pero, en muchos casos, un línea defensivo puede actuar en cualquiera de las posiciones que conforman esta línea. Por un lado, tenemos a los DTs (*defensive tackles*), y por el otro, a los DEs (*defensive ends*).

Los *defensive tackles* poseen una gran fortaleza física y se sitúan frente al *center* o frente a los *guards*. Su principal misión es cerrar los *gaps* interiores contra la carrera. También forma parte de su trabajo perseguir al QB o colapsar el *pocket* en jugadas de pase. Algo muy importante dentro de esta posición es la facilidad de leer los bloqueos que se le vienen por parte de los OLs (*offensive linemen*). Ser capaz de cambiar el ángulo de bloqueo, o de evitarlo, será fruto de su lectura y capacidad de reacción.

Dentro de los DTs, hay una posición denominada *nose tackle* (NT). Este jugador es el encargado de alinearse justo enfrente del *center*, en una defensa 3-4, y de absorber dobles bloqueos liberando *gaps* a otros DLs. En general, en defensas 4-3, no hay NT (salvo en algunas excepciones donde este jugador se sitúa enfrente de uno de los hombros del *center*), si no que se alinean dos DTs.

Los *defensive* **ends**, además de ser físicamente poderosos, poseen una gran velocidad. Esto se debe a que su misión (entre otras) es intentar entrar al *pocket* por fuera de la línea ofensiva. Suelen enfrentarse a los OTs (*offensive tackles*) en la línea de scrimmage cuando el equipo defiende en 4-3.

En defensas 3-4, el NT se alinea frente al *center*, y son los DEs quienes tienen que lidiar con los *guards*, dejando la parte exterior a los OLBs (*outside linebackers*, los cuales veremos en el capítulo correspondiente a los *linebackers*).

Actualmente, y dado la gran cantidad de "paquetes" defensivos que utilizan los coordinadores ofensivos, es muy factible ver a DTs o DEs, cayendo en cobertura, ya sea al medio, o a los lados (*flats*), dejando el *rush* (entrar al *pocket* en jugadas de pase) para un *linebacker* o un *defensive back*.

TECHNIQUES Y GAPS

Si habéis leído la parte ofensiva, esto os sonará de algo. Las *techniques* y *gaps* es algo fundamental para entender porqué cada DL hace lo hace. Dependiendo de su alineación, su misión será una u otra. Para entenderlo mejor, os dejo un gráfico donde se especifica cada *technique* y cada *gap*.

Defensive Technique Alignments

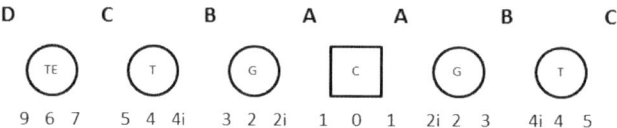

Tomando como referencia al *center* (C) de la OL, los *gaps* serán los mismos yendo a la izquierda, que yendo a la derecha. Así, el *gap A* está situado entre el *center* y el *guard*. El *gap B* entre el *guard* y el *tackle*. El *gap C* entre el *tackle* y un posible *tight end*, y sucesivos *gaps* (como el *D*) estarán por fuera del TE. Si en la OL, si situasen dos o más TEs, se seguirían sumando *gaps*.

Las *techniques* son la posición que ocupa el DL respecto al hombre de la OL al que se enfrenta. Es decir, si el NT está situado justo enfrente del center (cabeza con cabeza), su *technique* será 0. Sin embargo, si el NT se sitúa en uno de los hombros del center, su *technique* será 1. Si el DL se alinea entre en el *center* y el *guard*, pero en el hombro interior de este último, su *technique* será 2i. Así se irán sucediendo alineaciones hasta el último hombre de la OL. Hay casos, en los que un DL se sitúa un par de yardas más abierto y, en ese caso, su technique será 9 (*wide*).

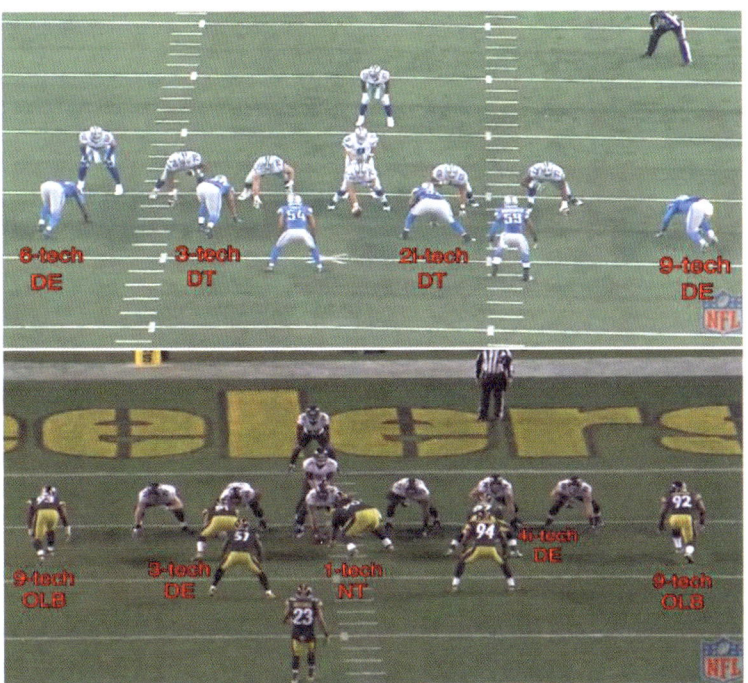

En la imagen de arriba, vemos algún ejemplo de las *techniques* utilizadas por cada miembro de la línea defensiva. En la primera imagen, podemos ver una defensa 4-3, con dos DTs y dos DEs abiertos. Mientras que en la segunda imagen, tenemos una defensa 3-4, con un NT, dos DEs y dos OLBs (*outside linebackers*). Las diferencias son claras entre ambas, tanto por el número de jugadores en la *línea de scrimmage* (son cuatro en una 4-3 y cinco en una 3-4), como por las *techniques* adoptadas por ambos DEs. Estas *techniques* otorgan responsabilidades a cada DL, ya sea contra la carrera o contra el pase.

Antes os nombré las defensas 4-3 y 3-4, pero tened una cosa en cuenta a la hora de reconocerlas: la posición de los hombres de línea no siempre define qué defensa es. Su *gapping* (responsabilidad de gaps), sí lo hace.

La diferencia entre el *1-gapping* (solo un *gap*) o *2-gapping* (defender 2 *gaps*), es sencilla. Para un DL es más fácil el *1-gapping*, ya que solo es responsable de atacar su *gap* asignado (ya sea para contener a la carrera, o para entrar a presionar al QB). Todo lo que ocurra en esa "ventana" es responsabilidad suya. Si tu *gap* es el *B*, por ahí tienes que entrar. Sin embargo, se necesita de un jugador con mucha mejor lectura de juego para jugar el *2-gapping*. La responsabilidad, aquí, es mayor. El DL debe ser capaz de reconocer el bloqueo que va a sufrir y por cuál de los dos *gaps* que tiene asignados va a correr el *running back*. Por norma general, en defensas 4-3, se utiliza más el *1-gapping*. Y sucede lo contrario en defensas 3-4. Aunque, ahora mismo, la mezcla de *gapping* en cualquier defensa, hace que esta norma no se cumpla en muchas situaciones.

FUNDAMENTOS

Para empezar a hablar de los fundamentos, lo primero que nombraré será su *stance*. El *stance* es la posición que adopta el DL antes de que se inicie el *snap*. Nos encontraremos con dos posiciones casi siempre: *2-point stance* y *3-point stance*. Es posible que también veáis, sobre todo a algún DT, en *4-point stance*, pero las dos primeras serán las más asiduas.

En *2-point stance*, el DL se sitúa casi erguido, con un pie más adelantado que el otro, rodillas un poco flexionadas y hombros hacia delante, con ambas manos abajo.

En el *3-point stance*, el DL estará con una mano en tierra y la otra sobre el muslo, en una posición que se asemeja a la de los velocistas en atletismo antes del pistoletazo de salida. Esto es favorable para una reacción más explosiva, algo vital para que su trabajo sea efectivo.

La explosividad y reacción al *snap* (*get-off*), son una de las cosas más importantes para estos jugadores. Cada décima de segundo que le ganen al línea ofensivo, será crucial para alcanzar su meta.

En cualquiera de los dos casos, la cabeza siempre tiene que estar arriba. Un DL siempre tiene que estar leyendo lo que sucede en el *pocket* y como está alineado el OL correspondiente a su gap. El línea defensivo tiene que intuir (por lo anteriormente citado) si la jugada va a ser de carrera o de pase, y actuar en consecuencia.

Una vez que se inicia el *snap*, el DL reacciona a lo que el ataque propone, y aquí entra el *power step*. Este *step* se realizará con el pie más atrasado y siempre se hará intentando ganar terreno respecto al OL. Explosividad y potencia.

Lo siguiente es el nivel que debe mantener un línea defensivo, el cual debe ser bajo. Cuanto más flexionado se mantenga, más posibilidades de batir a su atacante tendrá.

El uso de las manos es el tercer fundamento más importante. Manos rápidas para que no haya contacto con el OL. Un línea ofensivo necesita del contacto para mantener al DL fuera del alcance del balón, por lo que el línea defensivo deberá quitarse esas manos de encima. Hay diferentes movimientos para llevar esto a cabo, pero lo veremos más adelante.

La misión del defensor es batir a su atacante, pero no necesariamente "tumbarlo en el suelo". Debe ser capaz de evitar bloqueos, entrar en el *pocket* o cerrar *gaps* a la carrera. Da igual la manera, pero de su trabajo dependerá el éxito del resto de la defensa.

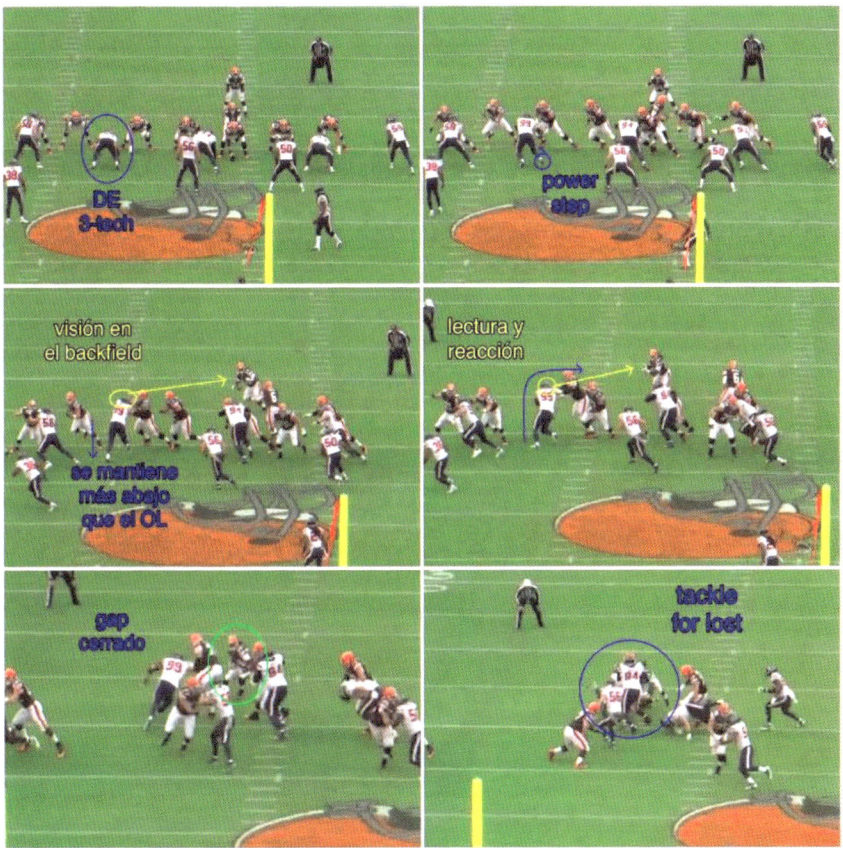

Ésta es una situación en la que podemos ver algunos de estos fundamentos. Tenemos a **JJ Watt** alineado en *3-tech*, ocupando el *gap C*, pero con la responsabilidad del *gap B* también. Es decir, está jugando *2-gapping*. Lo primero que vemos es su *stance* y una vez que se inicia el *snap*, su explosividad con el *power step* le hace ganar esas pulgadas necesarias para evitar un bloqueo limpio por parte del *tackle* derecho. **Watt** mantiene su centro de gravedad más bajo que su rival, usa las manos para que no haya "enganche" con el OL y levanta la cabeza para leer lo que sucede en el *pocket*.

Una vez leído el *hand-off* (entrega de balón por parte del QB al RB), su misión es saber por cual *gap* correrá el atacante, y cerrar dicho espacio. El OL no es capaz de conseguir un buen bloqueo sobre **Watt** dada la velocidad de éste, así que el RB tiene que cambiar de dirección para evitar perder yardas, pero ya es tarde, el defensor consigue un *tackle for lost* (placaje para pérdida de yardas)

PASS-RUSH MOVES

Los líneas defensivos tienen varias maneras o *moves* (movimientos) para zafarse del bloqueador. A estos movimientos, los llamaremos *pass-rush moves*.

Dentro de estos *moves*, podemos encontrar diferentes estilos. Unos se basan en la potencia, otros en la velocidad, y otros en la agilidad de manos. Todos son válidos, y dependiendo de las características del defensor, unos serán mejores que otros. Yo os hablaré de los más importantes: *bull rush*, *speed rush*, *rip move*, *swim move* y *spin move*.

Cada uno de estos movimientos, pueden ser ejecutados tanto por los DTs, como por los DEs, no hay un estilo predeterminado para cada uno, aunque también es cierto que unos se ajustan mejor que otros, dependiendo del tipo de defensor. Vamos a ello.

BULL RUSH

El movimiento más poderoso de la línea. Este *move* consiste en un *power step* explosivo, donde una vez ganado ese pequeño terreno, el DL debe buscar los números del OL (el pecho) con sus manos. Una vez que el defensor contacta con el cuerpo del rival, debe mantenerse con el nivel de gravedad bajo, empujar hacia atrás al OL manteniendo los brazos estirados y bloqueando sus codos. Pura potencia. Cuanto más dentro del *pocket* consiga llevar al bloqueador, menos espacio dejará al QB para que maniobre dentro del *pocket*. Mientras empuja, el DL debe ser capaz de ver lo que sucede en el *backfield* para, una vez llegado a la altura del balón, soltar al línea ofensivo e intentar parar al jugador que conserva el ovoide.

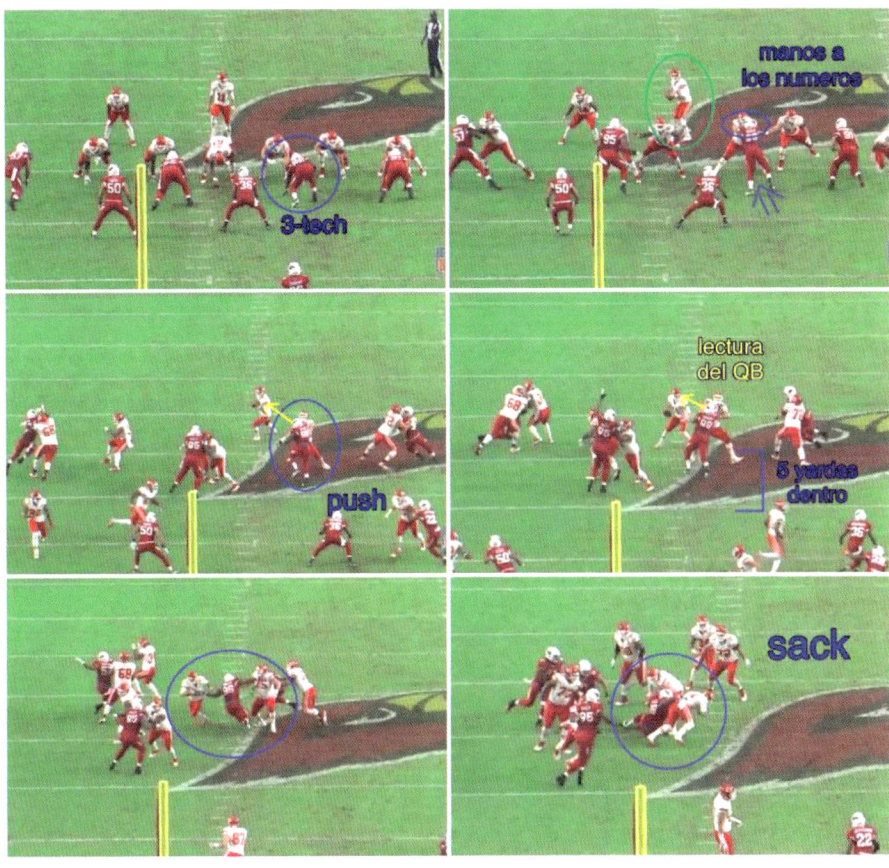

En esta imagen, vemos al DT de los Cardinals jugando el Bull Rush. Es capaz de empujar más de 5 yardas a su atacante, con la cabeza arriba leyendo al QB, y consigue despegarse del OL para cazar al portador del balón. Potencia y fundamentos son básicos para moverse así.

SPEED RUSH

Si el anterior movimiento se basaba en la potencia, éste se basa en la velocidad. El *speed rush*, es un movimiento que se realiza por fuera. Es decir, el DE ataca al *tackle* por fuera de la línea ofensiva, ganando el *edge* (doblando la esquina) para ir a por el *quarterback*. Una vez que se inicia el *snap*, el DL adopta una pequeña curva para, primero evitar el contacto con el OT, y para ganar un pequeño espacio que le será muy valioso para batir en velocidad a su oponente.

Es vital que el defensor se mantenga con el centro de gravedad muy bajo y que use sus manos golpeando las del OT para que no exista contacto entre uno y otro.

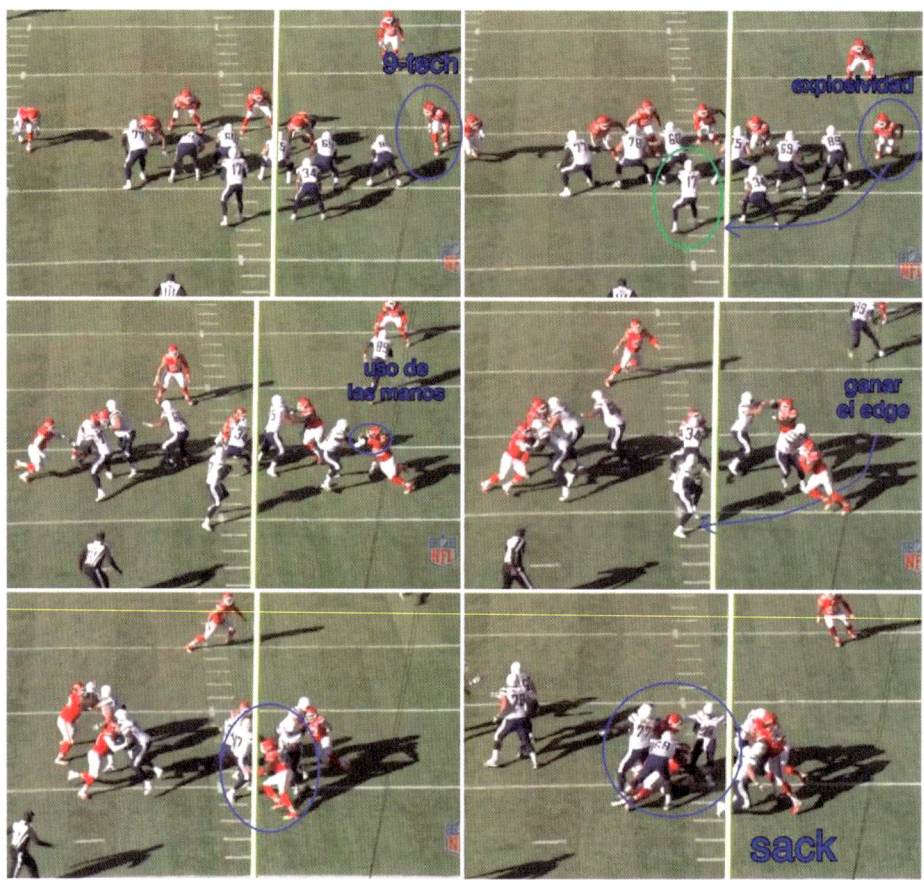

Aquí tenemos en acción al jugador con más *sacks* de la temporada 2014, **Justin Houston**. Vital sus primeros dos-tres pasos para conseguir ganar la esquina (*edge*) por velocidad. Cuando el OL intenta enganchar a **Houston** con las manos, éste usa las suyas para evitarlo, consiguiendo así que no exista el "enganche" entre el atacante y él.

Su explosividad primero, y su velocidad después, le permiten entrar en el *pocket* y conseguir el *sack*.

RIP MOVE

En este movimiento, el DL se dispone a atacar al OL cruzándose por delante de él. Generalmente, este *move*, se juega yendo a la cadera interior del OL, aunque a veces, puede también utilizarse junto al *speed rush*, evitando así el enganche entre línea ofensivo y defensivo.

Una vez que se inicia el *snap*, el DL ataca la cadera del OL, bajando el hombro interior para no dar mucho área de contacto al línea ofensivo. Con el brazo abajo, juega un movimiento que simula un golpe de boxeo. El bíceps del DL contacta con el tríceps del OL, y lo empuja hacia arriba hasta liberarse del bloqueador. Con el fin de tener éxito en esta jugada, el línea defensivo debe mantenerse muy abajo para poder colocar el brazo, que realiza la acción, en su debida posición. Batido el atacante, el línea defensivo necesita mover rápido sus pies para perseguir al pasador.

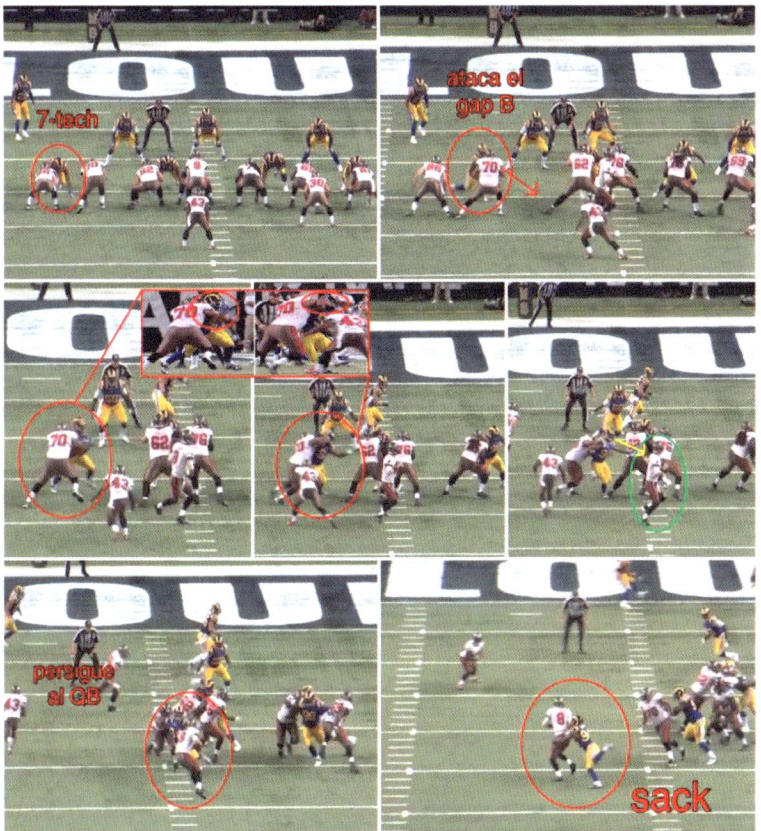

El *defensive end*, situado en *7-tech*, ataca el *gap B* jugando en diagonal hacia un *gap* que no ocupa (en *slant*, movimiento que explicaremos próximamente), usa perfectamente su brazo para desengancharse del bloqueador, leer al quarterback y perseguirlo hasta dar con él.

SWIM MOVE

El *swim move* es una jugada que tiene dos partes. La primera parte consiste en enseñar el camino por donde el OL espera que vayas, para, al momento, cambiar esa dirección y atacar al *quarterback*. Para modificar la trayectoria, el DL planta el pie exterior, golpea el hombro interior del OL con su mano interior y cruza el otro brazo por encima de su atacante, poniendo su cuerpo por delante y dejando al OL detrás. El camino estará abierto para llegar al pasador. Este movimiento se asemeja mucho al movimiento de croll en natación.

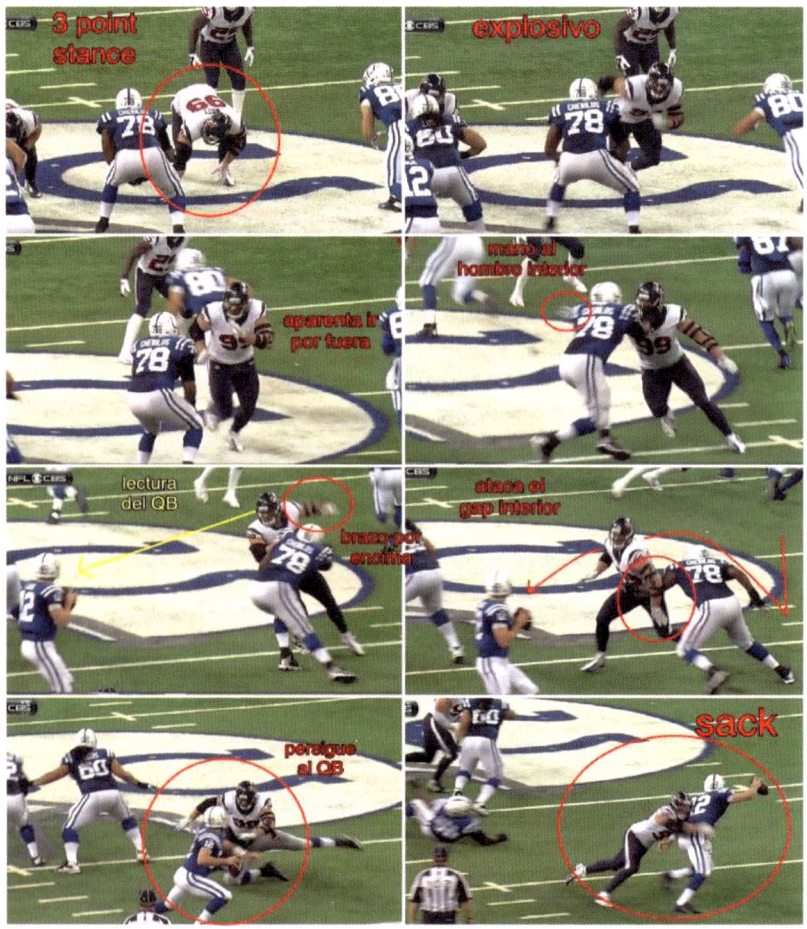

JJ Watt es capaz de jugar todos los *pass-rush moves* a la perfección, y el *swim move* no iba a ser menos. Vemos como ejecuta todo lo citado anteriormente, cambio de dirección, uso de la mano interior, brazo más exterior para conseguir separarse del *tackle* ofensivo, lectura del *quarterback* y velocidad para llegar hasta él. Un espectáculo.

SPIN MOVE

Para este movimiento se necesitan unos pies rápidos y ágiles. Se usa muchas veces cuando el DL, en su afán de entrar en el *pocket*, se pasa de la altura a la que está el pasador. Para remediarlo, clava el pie interior, baja sus caderas, gira sobre sí mismo e intenta pasar por debajo de los brazos del OL. Con el *spin move*, el defensor evita el contacto con el atacante, ya que nunca le va a dar una superficie clara para posar sus manos en él.

Una vez terminado el giro sobre sí mismo, el línea defensivo usará su brazo interior para golpear a su rival y ganar mayor separación, dejando el camino libre para perseguir al *quarterback*. Este *move* es uno de los más bonitos de ver.

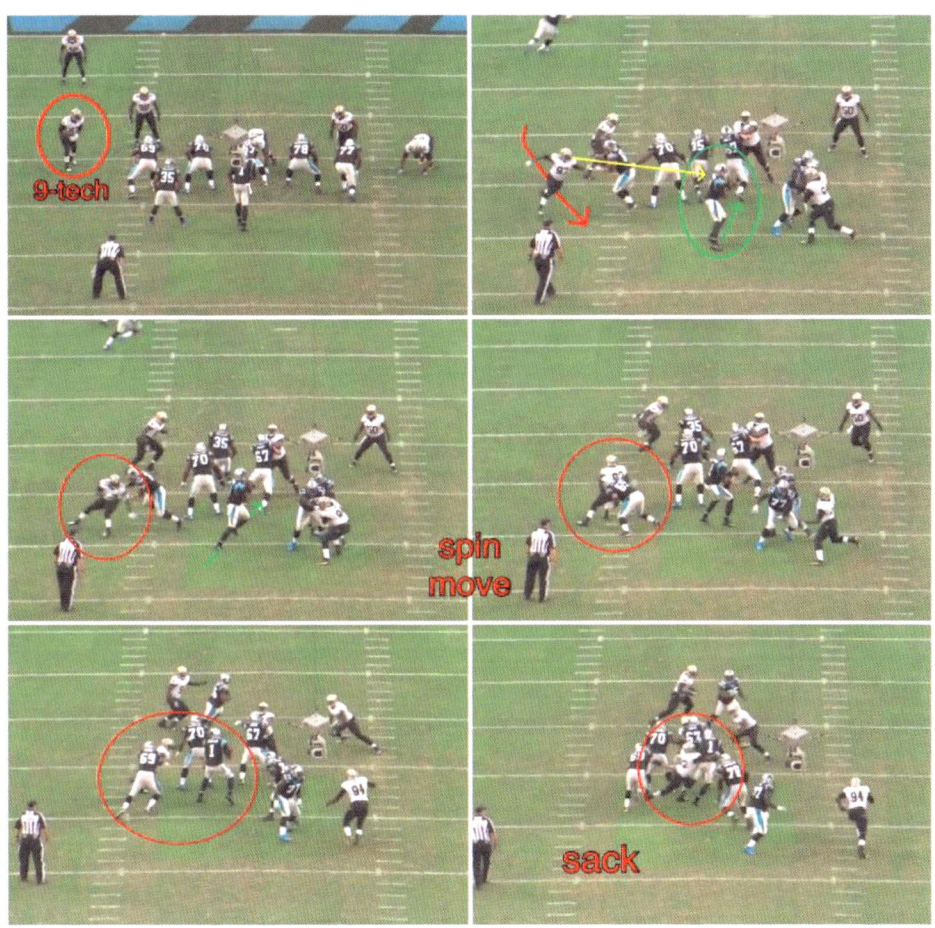

En esta ocasión, es el *outside linebacker* el que nos muestra el último movimiento. Lo primero que hace es atacar por fuera, pero cuando el pasador "sube" en el *pocket*, debe ejecutar el *spin move* para llegar hasta él. Este es un movimiento que se realiza de una manera rapidísima y que deja, al línea ofensivo, bastante en evidencia.

Estos son algunos de los *pass-rush moves* más utilizados por los líneas defensivos, aunque hay varios más. Las trincheras en el *football* son una guerra continúa y, aunque muchos piensen que se basa en quien es más fuerte, yo apuesto por otras cosas. Quien mejor ejecuta los fundamentos propios, es quien tiene todas las de ganar.

Para cerrar el capítulo de la línea defensiva, vamos a ver cómo se mueven todos los miembros que la componen al unísono. Hablaremos de cómo son capaces de engañar al rival moviéndose en conjunto. Os hablaré de los *stunts*.

STUNTS

Hasta ahora, hemos visto cómo los líneas defensivos atacan el *gap* y cómo atacan individualmente a los OLs rivales. Para terminar este capítulo dedicado a ellos, os hablaré de cómo lo hacen colectivamente.

Sin duda, una de la cosas más bonitas que podemos ver en *football* son los movimientos de una línea defensiva entera, cómo intentan engañar y confundir a su rival mediante los *stunts*.

Los *stunts* son jugadas defensivas de la DL en la que uno o varios DLs cambian sus *gaps* asignados. Es decir, un DT asignado en el *gap B*, atacará el *gap C*, mientras que el DE que tiene asignado ese *gap C*, atacará el *gap B* de su compañero. Esto es un ejemplo de los muchos que hay, y yo os hablaré de algunos de ellos.

Estos *stunts* son jugadas prediseñadas por los coordinadores defensivos para cada partido y se alternan con movimientos defensivos clásicos. No es algo que se juegue durante todo un partido, ya que muchas veces se hace para sorprender al equipo rival. Para ejecutarlos bien es necesario que los DLs se muevan muy rápido, porque una vez iniciado el *stunt*, la línea ofensiva lo reconocerá al instante e intentará mitigar daños.

Os dejo un ejemplo gráfico, aquí abajo, para que lo veáis mejor:

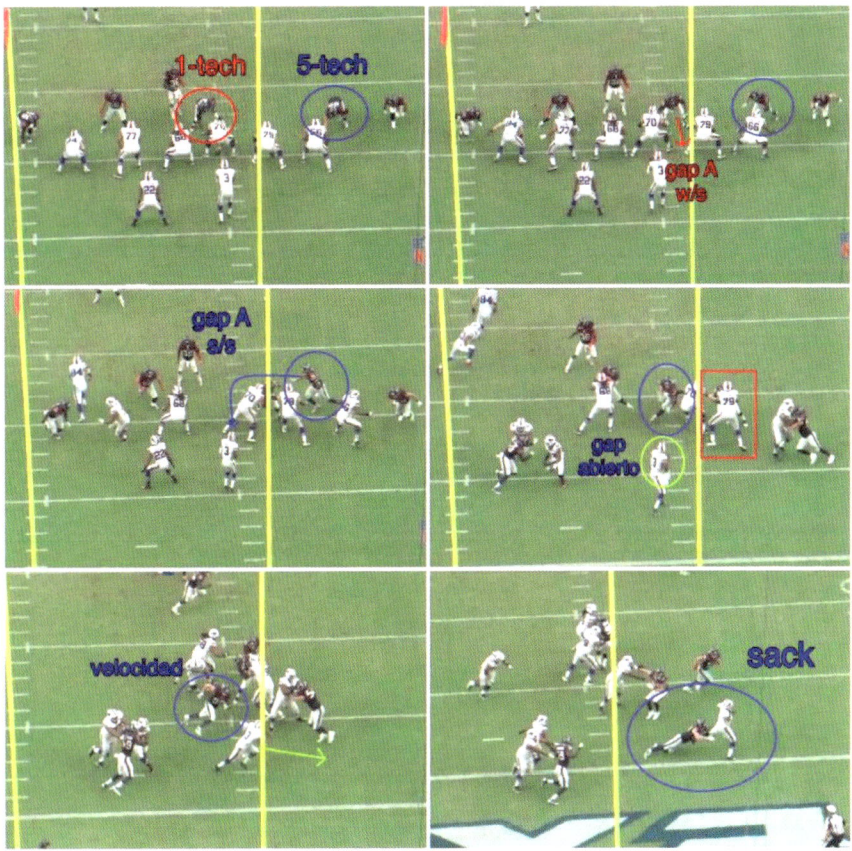

Aquí tenemos a la línea defensiva de los **Texans**. Podemos ver como **JJ Watt** está alineado en *5-tech* en el *weakside* (lado débil) y el NT lo tenemos en *1-tech* en el *strongside* (lado fuerte). Una vez que se inicia el *snap*, el NT ataca el *gap A* del *weakside*. El *center* es el encargado de bloquear al NT y el *guard* derecho tiene que contener a **Watt**. Esto que juega **Watt** es un *stunt*. Vemos como, aprovechándose del movimiento de su NT para arrastrar líneas ofensivos, él es capaz de encontrar el *gap A* abierto. Su lectura del *quarterback*, y su velocidad, le permiten llegar al poseedor del balón antes de que éste pueda lanzarlo. Desde su posición, amenazando el *gap B* y *C* del lado débil, **Watt** ha conseguido llegar al pasador entrando por el *gap A* del lado fuerte.

Otro ejemplo que podéis tener de un *stunt*, es el que vemos en la secuencia de abajo.

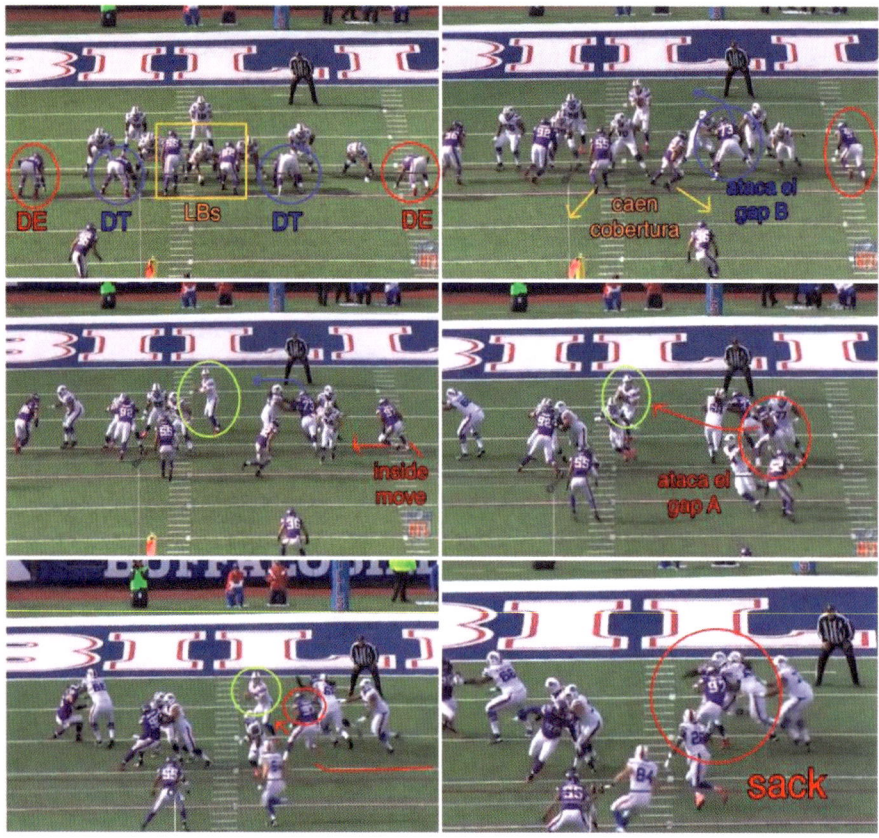

En una línea, con hasta seis hombres defensivos, se puede dar todo tipo de *pass-rush*. Esto crea mucha confusión en la línea ofensiva y en el *quarterback*, los cuales deben discernir quienes serán los encargados de entrar al *pocket*. Aquí, los *linebackers* caen en cobertura, mientras que son los cuatro DLs quienes entran a presionar al pasador. El DT del lado fuerte ataca su *gap B*, y es el DE de ese lado quien, tras fintar que va a ir por el *gap C*, cambia de dirección atacando el *gap A*. El *center* ha tenido dudas de quien iba a ser el que atacase sus *gaps* y ha dejado el camino abierto para el rápido movimiento del *defensive end*.

Dentro de estos *stunts*, tenemos varios movimientos específicos que permiten al línea defensivo atacar mejor los *gaps*. El primer ejemplo de ellos son los *slants*.

Los *slants* son el movimiento en diagonal de dos hombres de la línea defensiva para atacar *gaps* que, a vista de la línea ofensiva, no son suyos. Este tipo de *stunt* es muy efectivo para combatir los bloqueos zonales por parte de la OL.

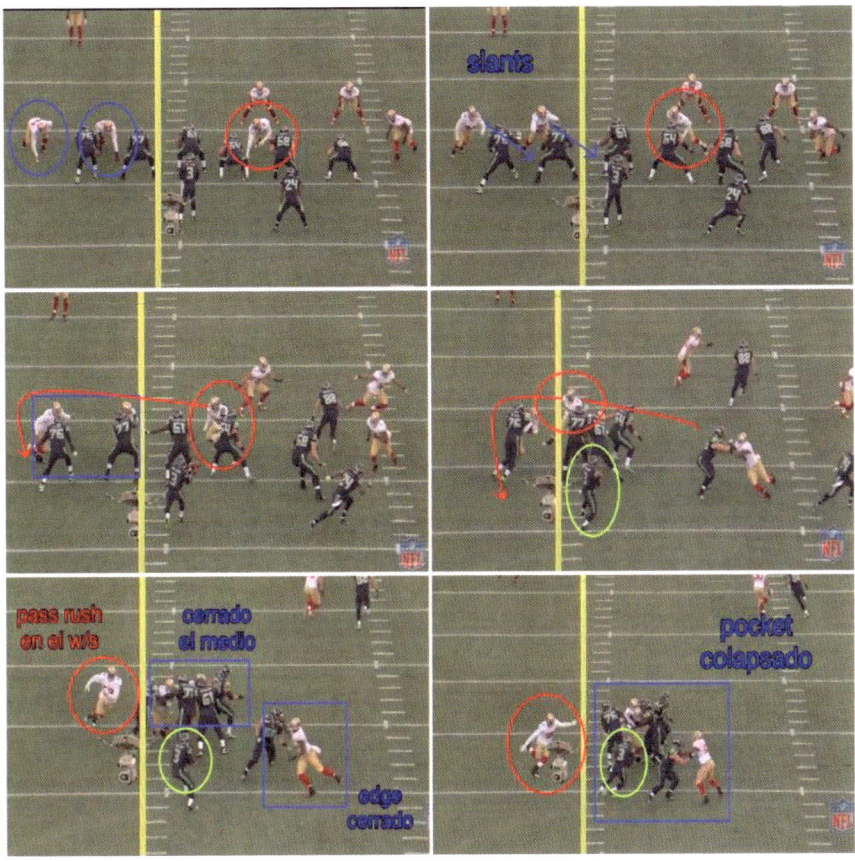

En la imagen de arriba, observamos a los dos líneas defensivos del *weakside* (en azul) y al DT en *3-tech* del *strongside* (en rojo). Se inicia el *snap* y los DLs del lado débil atacan en diagonal el *gap* que tienen más interior. El DT en *4i-tech*, asignado al *gap B*, ataca el *gap A* y el DE en *7-tech*, asignado al *gap C*, ataca el *gap B*. Mientras esto sucede, el DT del lado fuerte, rodea a sus compañeros para entrar por el *gap C* del *weakside*, aprovechándose del agujero que ha provocado el movimiento de los DLs en ese lado de la línea.

El *quarterback* no tiene ninguno de los *edges* abiertos, y el centro de la línea está colapsado, así que no le queda más remedio que asumir el *sack*. En este caso, hemos visto involucrados a tres hombres de la línea defensiva.

Otro de los movimientos específicos que más vemos en el emparrillado son los *twist*. En los *twist*, un DL juega por delante de un compañero que, a su vez, juega por la espalda del otro, rodeándolo para entrar por el *gap* que dejó libre. Estos dos *DLs* deben cruzarse provocando la confusión en la línea ofensiva y, aprovechando esa ventaja, para entrar en el *pocket*.

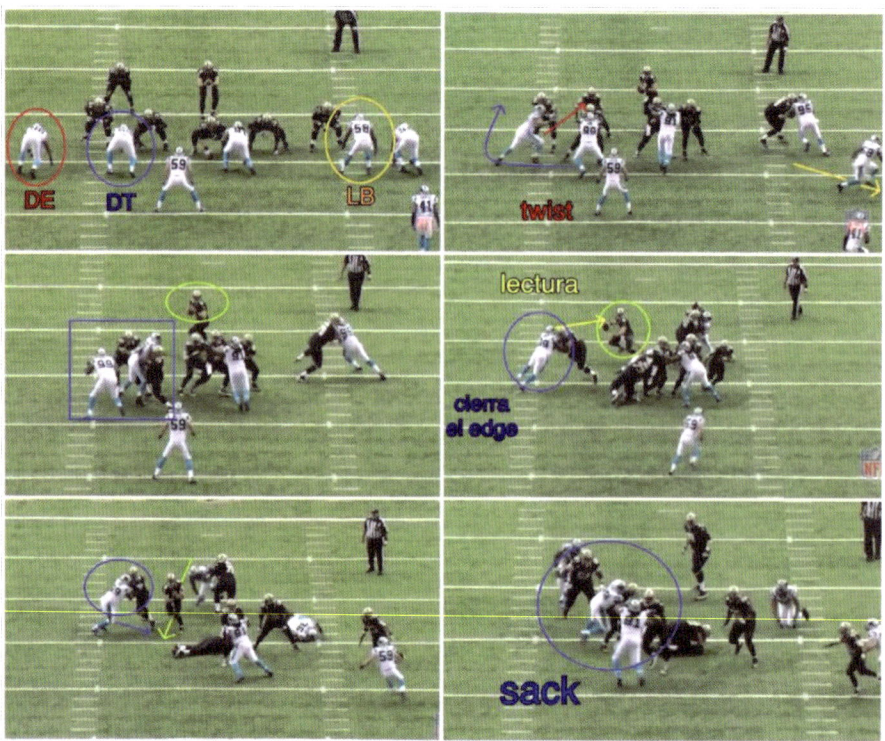

Esta vez, nos quedaremos con la línea defensiva de los **Panthers**. Vemos a cinco hombres situados en la *línea de scrimmage*. Uno de ellos es el excelente linebacker **Thomas Davis**, el cual caerá en cobertura una vez iniciado el *snap*. Al otro lado vamos a ver lo que de verdad nos interesa. Tenemos al DE atacando el *gap B* (ocupado por el DT) y al DT atacando el *gap* más exterior, el cual estaba ocupado por su compañero. Este movimiento en el que se cruzan dos DLs simultáneamente, y cambiando *gaps*, es al que llamamos *twist*. El DT muestra una gran lectura de juego y velocidad de manos para zafarse del OL y llegar a cazar al pasador.

Por último, hay que hablar sobre las posibilidades que este tipo de *stunts* le da al resto de defensores. Muchas veces, los *stunts* se combinan con algún *blitz* de los *linebackers*, o incluso de los *defensive backs*, para crear agujeros en la línea ofensiva y que sean aprovechados por jugadores más rápidos.

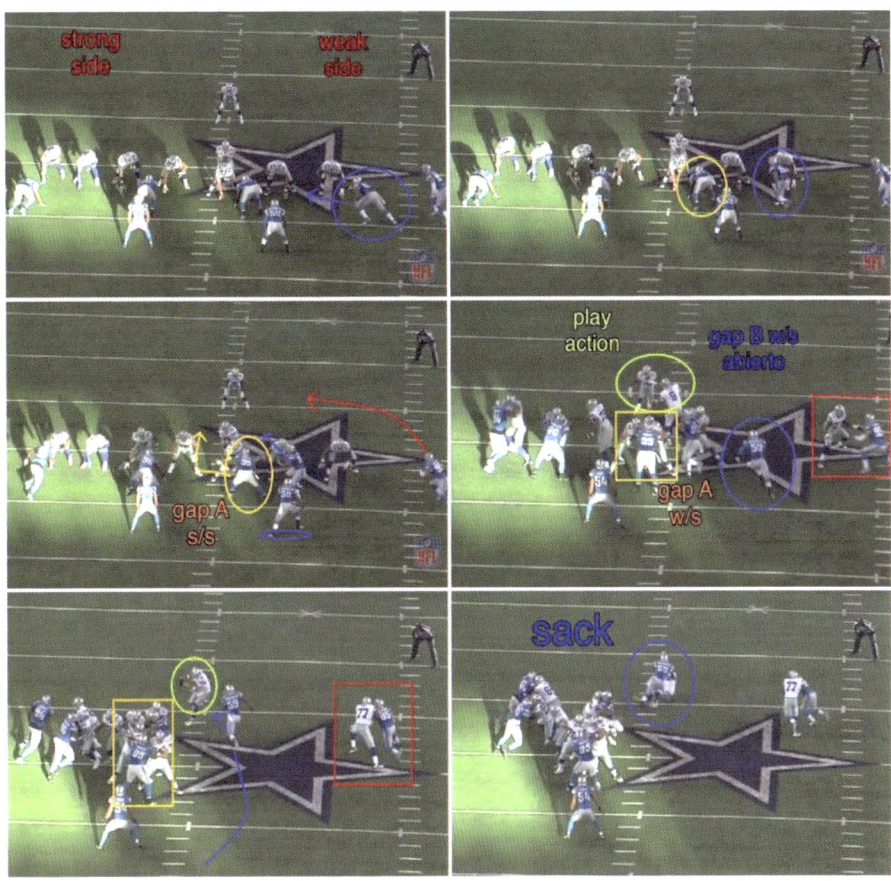

Vemos como el DE se mueve y cambia de *technique* antes de que se inicie el *snap*. Una vez que empieza la jugada, el DT ataca el *gap A* del *strongside* y el DE ataca el *gap A* del *weakside*. El *linebacker* del *weakside* (en rojo) ataca el *gap* más exterior y todo esto provoca un agujero gigante para que el MLB (*linebacker* central) tenga el camino libre para atropellar al *quarterback*. Tanto el *center*, como el *guard* izquierdo y *tackle* izquierdo, están ocupados cerrando *gaps* interiores, pero dejan el *gap B* abierto, el cual es aprovechado por la velocidad de este *linebacker*.

Las batallas que se crean en la *línea de scrimmage* son épicas y suelen inclinar la balanza de la victoria en un partido a la unidad que más y mejor juega sus cartas. Estos tipos son mucho más que gorditos empujándose unos a otros.

LINEBACKERS

Para hablar de la siguiente posición, tengo que quitarme de encima varios prejuicios que he ido adquiriendo con el paso del tiempo. Mi relación con los *linebackers* ha pasado por varias estaciones: del amor absoluto, hasta el odio y vuelta a empezar. No hay una posición defensiva más completa en el *football* que ésta, pero no es la que mejor se ejecuta actualmente. Me explico. Las estadísticas en torno a estos defensores, a veces, pueden llegar a confundirnos, pero lo que es indudable es su impacto en el terreno de juego. Los *linebackers* pueden arreglar los problemas que deriven de lo que pasa delante (línea defensiva) o de lo que ocurra detrás (secundaria) y eso conlleva una gran responsabilidad. Responsabilidad que se ve acentuada si los que fallan son ellos.

Existen varias clases de *linebackers* y, dependiendo de su situación en el campo, sus asignaciones serán unas u otras. Son jugadores que necesitan ser muy fuertes, duros y pesados, pero, a su vez, también deben de ser rápidos y explosivos. Ése es su destino.

La primera obligación de un *linebacker* es parar la carrera. La segunda, defender el pase. O sea, el paquete completo. Defendiendo el pase deben ser capaces de perseguir a hombres más veloces que ellos en rutas profundas, así como cerrar cualquier intento de pase en zonas más cortas. Por el contrario, deben cerrar cualquier hueco abierto en la línea defensiva que haga salir de la *línea de scrimmage* a los *running backs*, así como obligarlos a cambiar de dirección para no dejarles ir por donde quieren.

Se denominan *inside* linebackers (ILB) a los que se sitúan en el medio. Por ejemplo, en una defensa base 3-4, los ILBs serán los dos jugadores que se sitúan por detrás de la línea defensiva. En cambio, en una defensa 4-3 base, solo habrá un jugador en medio, quien se llamará *middle linebacker* (MLB o *Mike*).

Por otro lado, los *outside linebackers* (OLB) serán aquellos que se sitúen por fuera. Es decir, en una defensa 3-4, los OLBs son los dos jugadores más exteriores de la línea defensiva, mientras que en la 4-3, tenemos al *weak linebacker* (WLB o *Will*) y al *strong linebacker* (SLB o *Sam*). Esta nomenclatura puede ser cambiada dependiendo del coordinador defensivo que la use, pero ésta es la más generalizada. Podéis ver las posiciones, en la imagen de abajo.

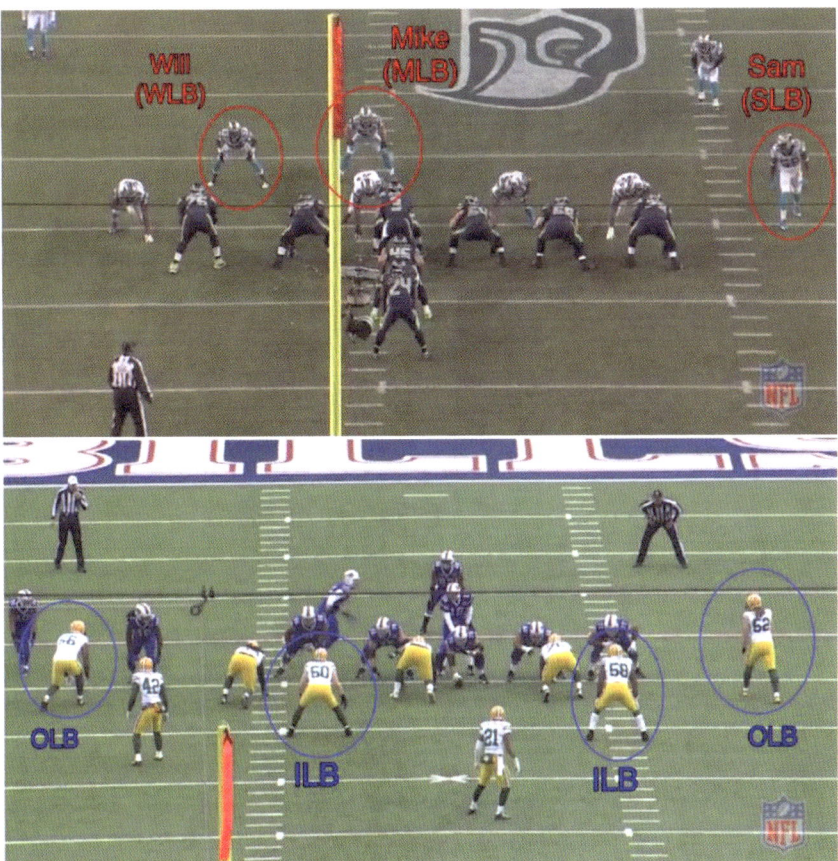

En términos generales de la defensa 4-3, el *middle linebacker*, muchas veces, es referido como el *quarterback* de la defensa. El Mike mantiene contacto con la banda sobre los cambios que debe realizar la defensa en un determinado momento Además, tiene muchas responsabilidades, porque debe ser capaz de parar la carrera, de caer en cobertura, de situarse en *spy* (vigilando a *quarterbacks* corredores) e, incluso, de jugar el *blitz*. Suelen ser los que lideran a sus respectivos equipos en número de *tackles*.

El *Sam* es el *linebacker* que se sitúa en el lado fuerte del ataque (*strongside*). Es el encargado de cerrar ese *edge* y de forzar al corredor a coger caminos interiores, por donde es más complicado pasar. En cuestiones de defensa al pase, se tiene que ver, en varias ocasiones, con las rutas de los *tight ends*, así que debe poseer un físico más corpulento que el resto de linebackers, pero, a su vez, tener unos pies rápidos y ágiles. Muchas veces es el encargado de caer a las *flats* (laterales del campo) cuando la cobertura es zonal. También debe ser capaz de aguantar bloqueos de TEs o FBs en jugadas de carrera.

El último ingrediente de los *linebackers*, en defensas base 4-3, es el *Will*. Él debe ser el más rápido de los tres, ya que se mueve mucho en cobertura de pase. De su rapidez para caer a zonas *flat* o *hook* en el lado débil, se basa gran parte del éxito de la defensa contra el pase. Se encarga de los *cutbacks* de los corredores frente a la carrera y muchas veces le veremos alineado a la misma profundidad que el *Mike*, ya que no suele jugar contra los bloqueos de los líneas ofensivos, salvo que estos jueguen algún *pull*.

Para defensas 3-4 base, los OLBs son los encargados de cerrar ambos *edges* contra la carrera y de ser muy agresivos en el *pass-rush* al *quarterback* en jugadas de pase. Deben tener una buena fluidez de caderas para caer en cobertura, ya sea a las *flats* o a alguna zona corta/media (*hook*, *curl*). Estos OLBs usan los mismos *pass-rush moves* que los líneas defensivos para intentar cazar al pasador.

STANCE

Cuando hablamos de los *stances* en los *inside linebackers* siempre será el mismo. Tendrán lo pies abiertos a la altura de los hombros, con el peso del cuerpo en las puntas y no en los talones. Rodillas semiflexionadas, manos encima de las rodillas, espalda recta y la cabeza levantada, leyendo cualquier movimiento de la línea ofensiva, de los *running backs* o del *quarterback*.

Sin embargo, para un *outside linebacker*, el *stance* será muy parecido al de un línea defensivo (los cuales ya vimos en el capítulo de la línea defensiva).

HIT & SHED

Éste es el fundamento más complicado de aprender por parte de un *linebacker*. Más allá de su visión de juego, la lectura de las *keys* (claves) contra carrera o pase, o de su velocidad cayendo en cobertura, el saber zafarse del intento de bloqueo es vital para conseguir su objetivo. Junto con el *tackling*, es el aspecto técnico obligatorio que tienen que dominar.

Este fundamento consiste en contactar con el bloqueador, manteniendo una buena posición, mientras sigue optando a parar el balón. Para conseguir esto, es básica la posición de sus pies. Siempre deben estar plantados sobre el terreno, porque, de lo contrario, es muy posible que el *shed blocking* no sea efectivo. Para jugarlo correctamente, el *linebacker* necesita que el primer pie que se planta (*lead foot*) sea el del mismo lado de la superficie con la que se contactará con el bloqueador, ya sean las manos, los antebrazos o los hombros. Es decir, si el *linebacker* busca el contacto con el bloqueador en el hombro derecho, el *lead foot* deberá ser el derecho. Es muy común ver como los *linebackers* usan el pie contrario, y eso hace muy poco eficaz el *shed*.

Una vez sabido esto, el *linebacker* debe mantener su centro de gravedad más abajo que el de su rival. Esto es básico en casi todos los fundamentos del *football*, "low man wins" (el hombre más bajo, gana). Si la base de pies es correcta, pero está más elevado que su oponente, el atacante va a conseguir mover al *linebacker*.

Las caderas son otro aspecto que se debe dominar. El *linebacker* debe intentar no mover sus caderas sino en la dirección a la que su *lead foot* le está indicando. Mover las caderas a los lados, provocará un desequilibrio y, por lo tanto, una mala ejecución en el *shed blocking*.

Por último, hay que indicar que, muchas veces, el *linebacker* no estará tan cerca del bloqueador y vendrá desde una distancia más lejana. Esta aproximación (*approach*) debe ser medida muy bien por el defensor. Ir demasiado rápido, o demasiado lento, puede provocar que todo lo anteriormente citado falle (mala posición del *lead foot*, de las manos, estar más elevado que el rival, etc).

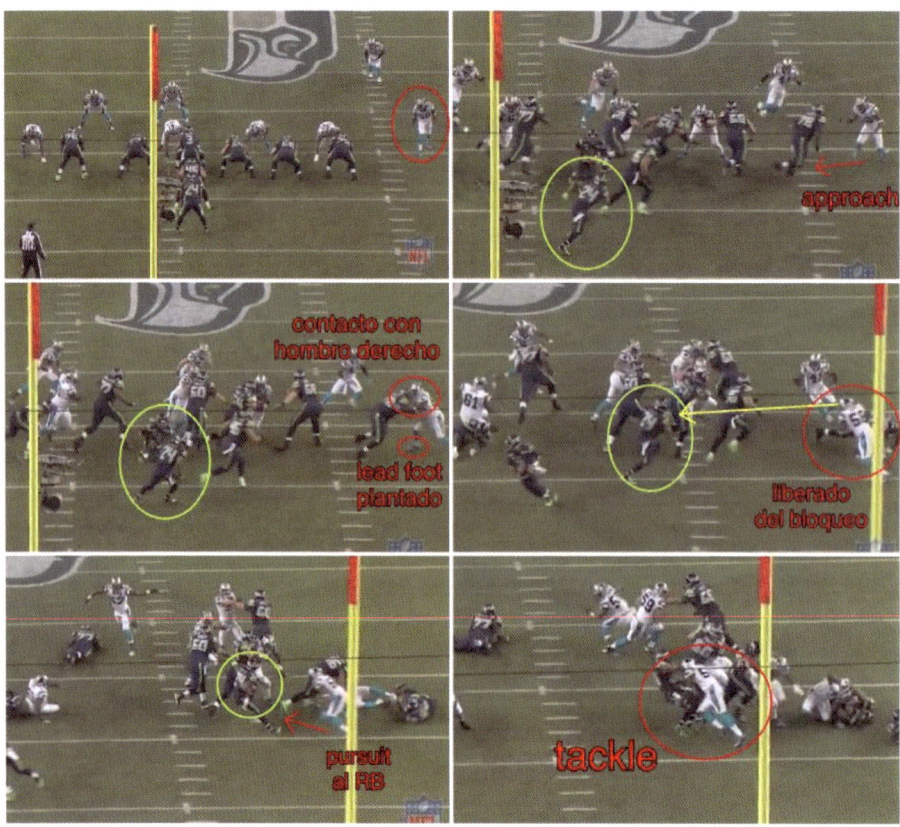

PURSUIT

Antes del *tackling*, y después del *hit & shed*, el *linebacker* tiene un fundamento más que debe realizar bien si quiere detener el balón. Estamos hablando del *pursuit* (persecución). Como su propio nombre indica, el *pursuit* es la fase en la que, el *linebacker*, intenta cerrar el camino del hombre que lleva el balón persiguiéndole y delimitando su trayectoria. El *pursuit* se puede realizar de diferentes formas y dependiendo del área que rodea al LB, de la distancia con el portador del balón o del tráfico que interfiera entre sus caminos. Yo os hablaré de alguna de ellas como el *shuffle*, el *alley*, el *press* o el *break before the ball*.

El *shuffle* es el control del balón con un movimiento paralelo a la *línea de scrimmage*. Es mucho más sencillo realizar este movimiento cuando tienes un gran área de acción, el cual no te impide el movimiento lateral por esa zona. También se realiza el *pursuit* cuando el balón se mueve un poco más lento de lo habitual. Para realizarlo, es necesario mantenerse "encuadrado" con el hombre del balón (*stay square*). Es decir, tus hombros, caderas y pies, siempre deben estar enfrente de tu objetivo. Se deben mover los pies lateralmente (*slide feet*), sin cruzarlos, porque así será más fácil mantenerse "encuadrado". El *shuffle* permite un cambio de dirección rápido, así que previene muy bien los *cutbacks* de los *running backs*. Al no cruzar los pies, cualquier cambio de dirección, es contestado con solo mover un paso hacia esa dirección.

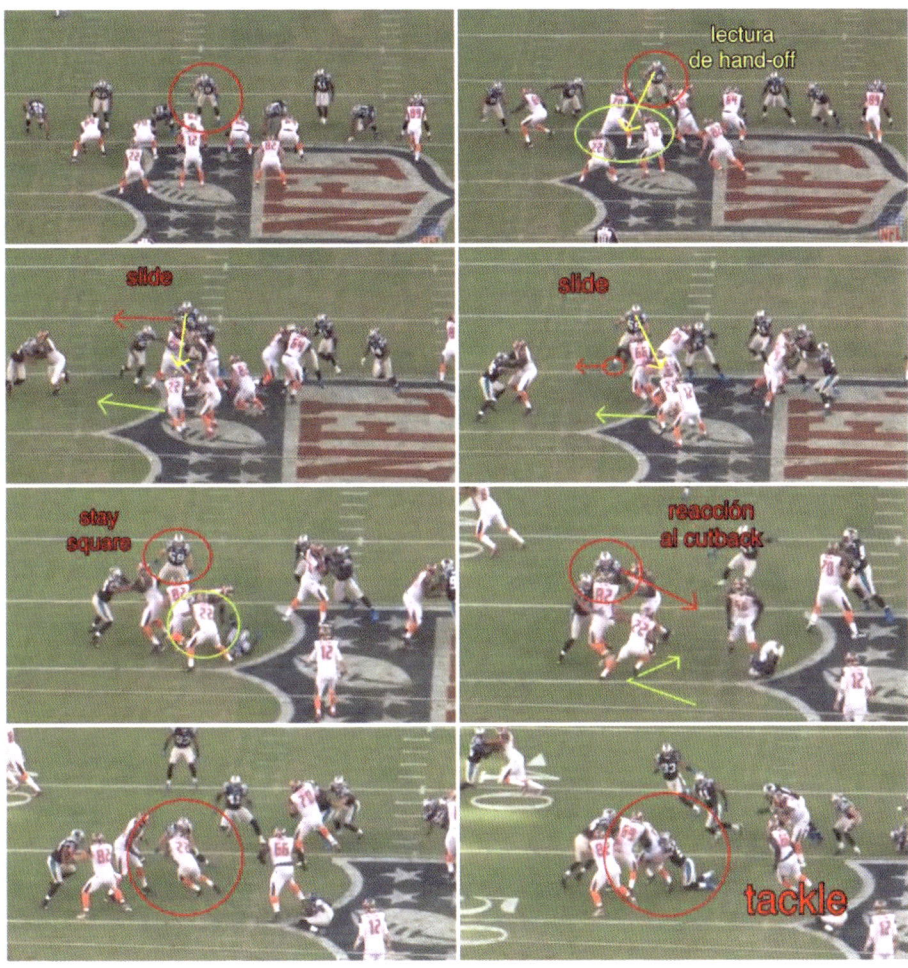

El *alley* es el siguiente tipo de *pursuit* que voy a explicar. Este movimiento lo utilizan los *linebackers* cuando la velocidad del balón ya no permite al defensor mover sus pies lateralmente y necesita más velocidad. En este momento, el LB debe girar sus caderas y correr de dentro a fuera para perseguir el balón, ganando más velocidad. A pesar de esto, debe ser capaz de mantener sus hombros en *stay square* con el portador de balón o, en su defecto, debe mantenerse en el hombro más atrasado del *running back*, porque cualquier *cutback* será mucho más difícil de contrarrestar debido a que el defensor va cruzando sus pies. Esto conlleva al peligro de que el corredor pueda ganar yardas si el *linebacker* no es lo suficientemente rápido para ganar terreno. Con el *alley*, el *linebacker* es más vulnerable al bloqueo que en el *shuffle*. Esto se debe a que el defensor tiene más difícil establecer una buena base de pies para jugar el *hit & shed*.

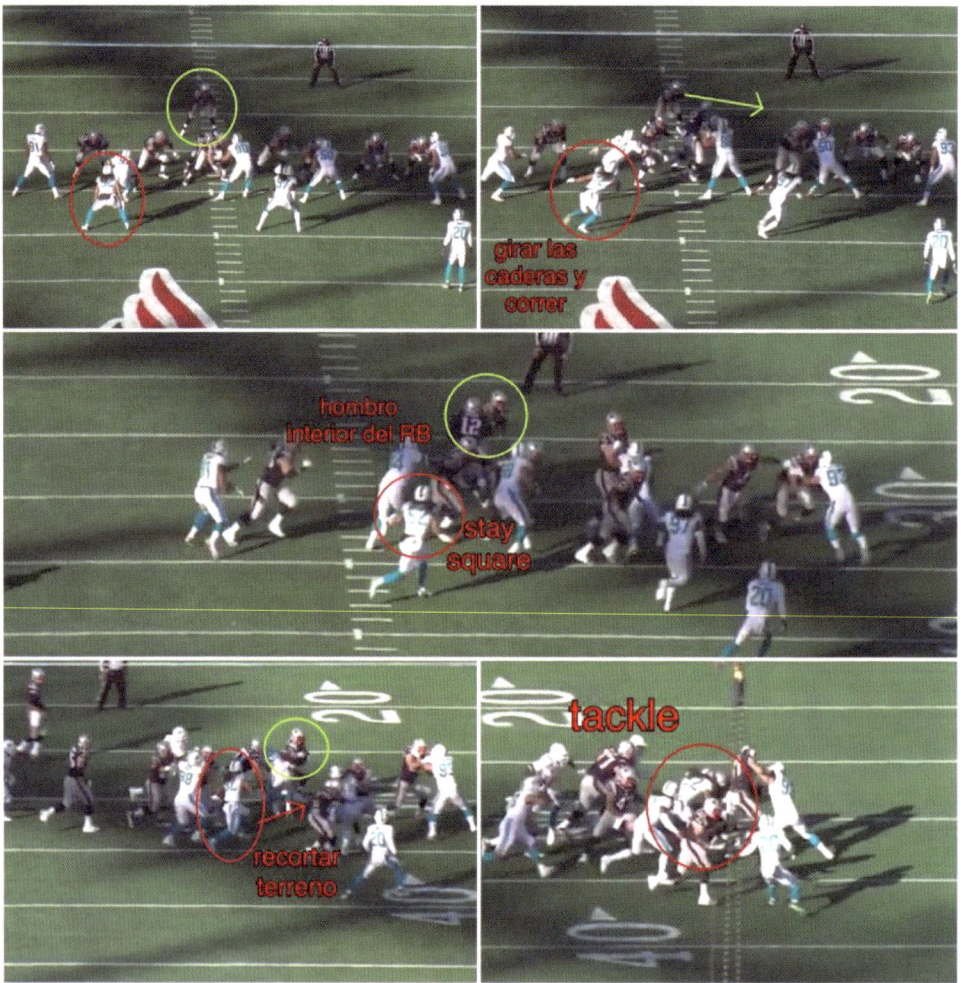

El *press* es el movimiento más rápido para perseguir el balón. Se basa en la lectura y en los instintos que posea el defensor. Cuando el *linebacker* ve una ventana abierta en la línea ofensiva, atacará ese *gap* para parar al corredor incluso por detrás de la *línea de scrimmage*. Esto suele producir una de las jugadas más espectaculares que se dan en la defensa y no es necesario nada más que una buena lectura y muchísima explosividad.

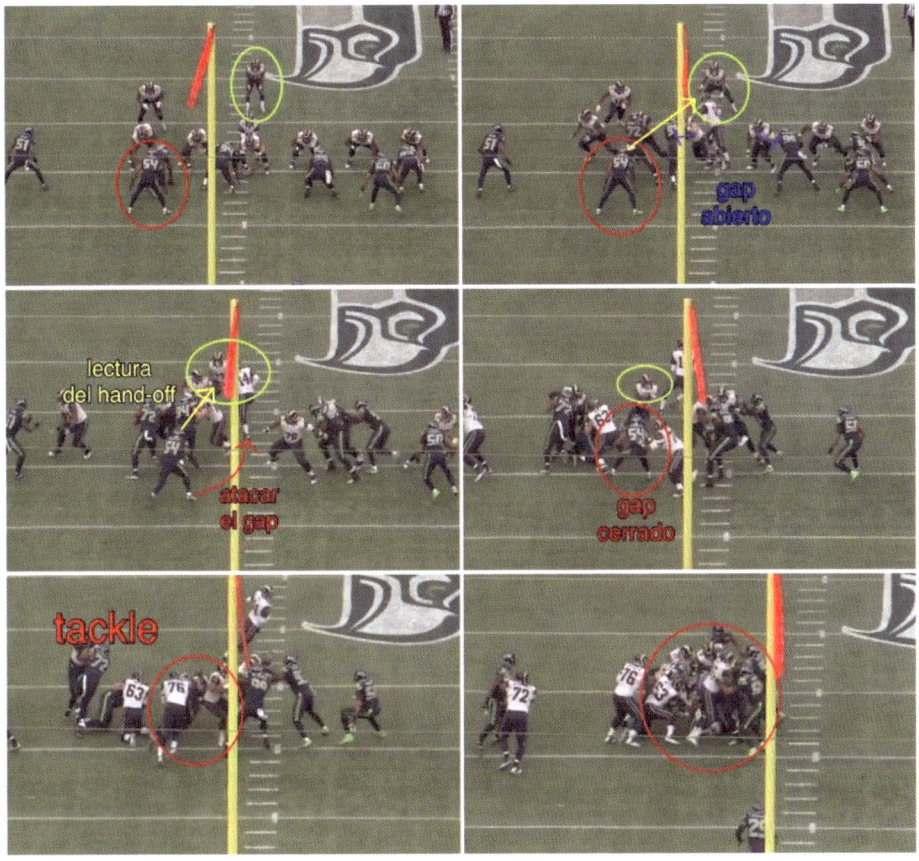

El ultimo estilo de *pursuit* que voy a explicar, es el *break before the ball*. Para esto, los *linebackers* deben llevar una carga importante de video de su rival. Deben tener claro en qué momento y a dónde va a lanzar el *quarterback*, leer sus ojos y romper hacia el receptor escogido antes de que el pasador lance el balón. Podemos ver a *linebackers* situados diez yardas por detrás de la LOS, dándoles una perspectiva más amplia de lo que sucede, y arrancar instintivamente al lugar donde el balón va a caer.

TACKLING

Sin embargo, todo lo explicado anteriormente se quedaría en nada si el último fundamento falla. El *tackling* es lo más importante para un linebacker. Puede haber un mínimo error en lo demás, pero en el *tackling*, un pequeño fallo te cuesta un número de yardas vital. El *tackle* es la marca de este tipo de defensor, a estos jugadores les encanta cazar al corredor y golpearle lo más duro posible, pero, como en todo, el *tackling* también tiene su técnica.

Lo primero que debe hacer el jugador que va a realizar el *tackle* es centrarse en los números de la camiseta del rival, no en algunas partes del cuerpo. Su obligación es focalizar los números. Eso sí, jamás debe de ir a golpear con su casco en esa parte. Además de ser ilegal, conlleva un gran peligro para ambos jugadores.

El *tackle* ha de hacerse con la vista siempre arriba, viendo dónde y cómo avanza el portador del balón. Esto produce dos posibles beneficios: el *linebacker* siempre verá todo lo que sucede, evitando la "elusividad" del acarreador y, por otro lado, podrá permitir que el *face mask* del casco puede golpear al balón provocando el *fumble*.

El peso del cuerpo debe ir hacia delante. Si espera al contacto, será más complicado parar a un jugador que viene con una determinada inercia. El *linebacker* debe bloquear sus caderas y "abrazar" con los dos brazos a su rival. No deben intentar agarrar, porque, aunque a veces sea una solución, es mucho más complicado derribarlo así. Rodear las caderas del portador del balón suele ser una de las mejores maneras para conseguir el *tackle*.

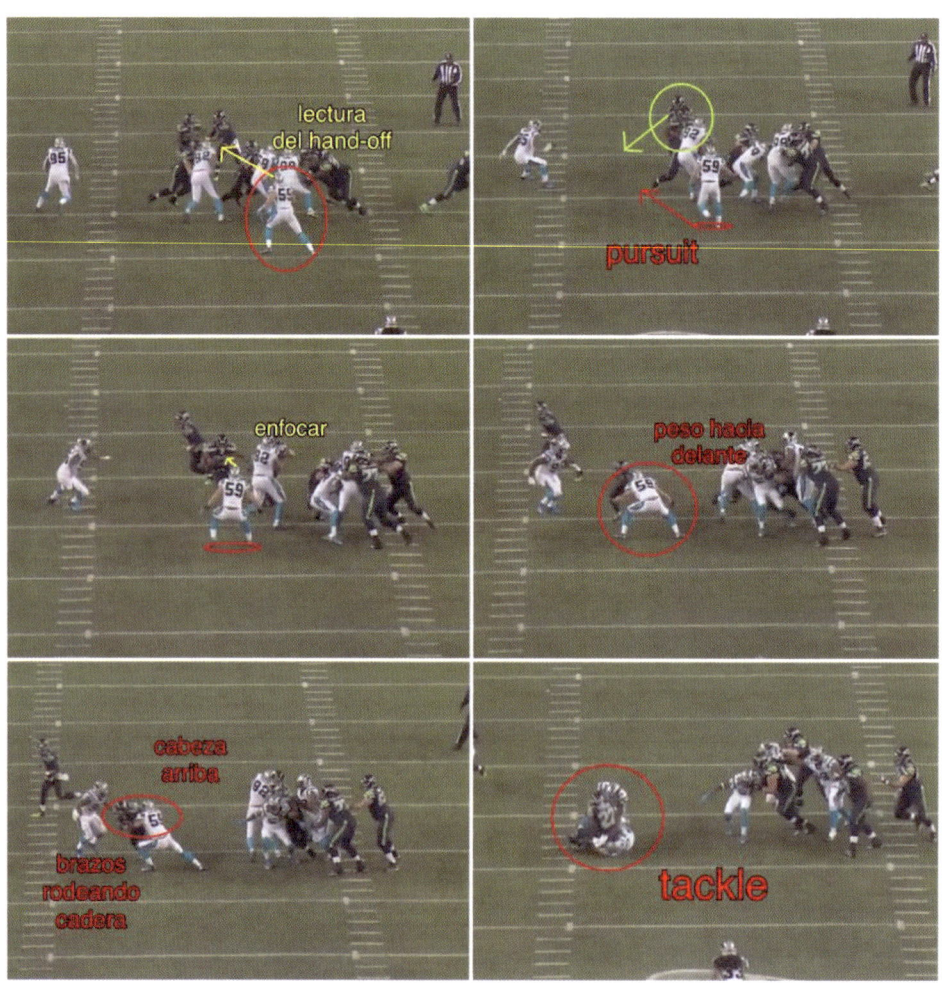

Una vez visto sus fundamentos, en el siguiente apartado, hablaremos de cómo se mueven los *linebackers* dependiendo de si la jugada es de carrera o si, por el contrario, es de pase, haciendo lecturas *pre-snap* dependiendo de lo que les muestre el ataque.

CLAVES PARA LAS LECTURAS

Ya os dije, anteriormente, que la primera misión de un *linebacker* es frenar el juego terrestre, pero también tiene que ser capaz de saber interpretar el juego aéreo y poder contrarrestarlo cuando la ocasión lo requiera.

Al igual que el ataque tiene una serie de "pistas" que le dan una idea de lo que propone la defensa, la defensa puede fijarse en pequeños detalles para discernir por dónde van a ir los tiros en el *snap* que se va a jugar. A esto, lo llamaremos *keys* (claves).

KEYS

En un partido de *football*, todos intentan mentir antes de que comience cada *snap*. El ataque mueve jugadores para destapar a la defensa y la defensa hace lo propio, con los suyos, para confundir al quarterback. Es un juego de engaños. Sin embargo, una vez que el *center* le entrega el balón al pasador, todo se descubre y el más rápido en las lecturas saldrá victorioso.

Para un *linebacker* hay varias claves que aparecen delante de él y que debe ser capaz de reconocer. Yo os voy a nombrar algunas de estas claves dependiendo del jugador al que observemos. Empezaremos por el *backfield*.

La acción del *running back*, una vez que recibe el *hand-off*, lleva al *linebacker* a tomar hasta tres decisiones distintas. Normalmente, el *linebacker* tiene asignados dos *gaps* que debe defender. Si el corredor se aleja del *linebacker*, éste atacará el *gap* del *backside* asignado a él. Si el *running back* viene directo hacia el *linebacker*, el defensor atacará el *gap* del *frontside* que tenga asignado. Y, por último, si el corredor se queda en *pass-protection*, o sale en ruta de pase, el *linebacker* caerá a su zona de cobertura asignada. Lo vemos mejor en la imagen de abajo.

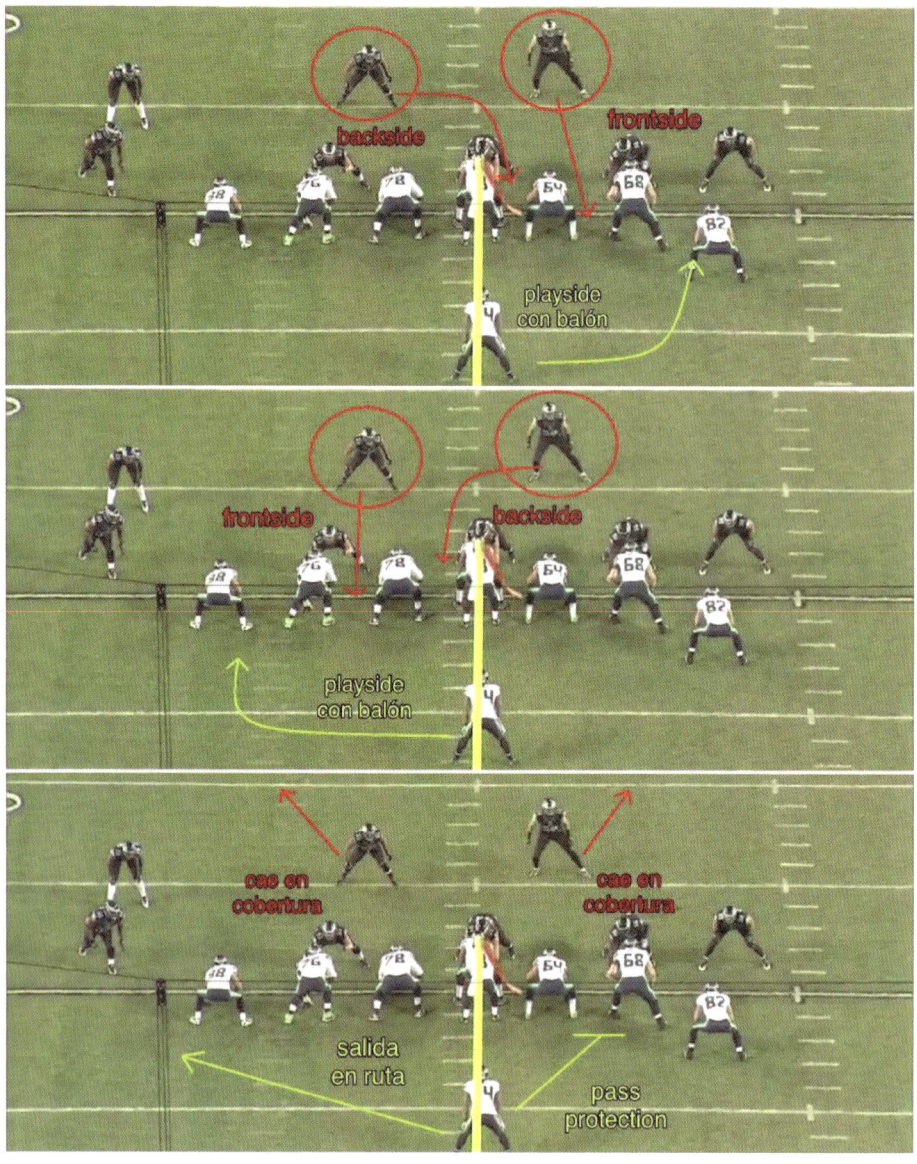

Los líneas ofensivos también dan claves para que el *linebacker* pueda descifrar la jugada que viene a continuación. Antes del *snap*, el LB debe fijarse en la posición del línea ofensivo en cuestión. Si la jugada es de carrera, ese hombre de la línea tendrá un *stance* en el que la cabeza estará un poco abajo, el peso del cuerpo sobre las puntas de los pies y el talón del pie más atrasado estará ligeramente levantado. Por el contrario, si la jugada requiere protección de pase, el OL tendrá el peso del cuerpo sobre los talones y su cabeza estará un poco más levantada. En la actualidad, los líneas ofensivos mantienen un *stance* con el que no dejan entrever su próxima acción. Es por ello que, los *linebackers*, tras el *snap*, deben seguir leyendo a los hombres de la línea ofensiva.

Levantar las manos muy rápidamente, levantar el tronco, mover el pie más atrasado hacia detrás, o salir de la línea en *pull*, puede darle pistas al *linebacker* para tener una idea de lo que sucede con el ataque.

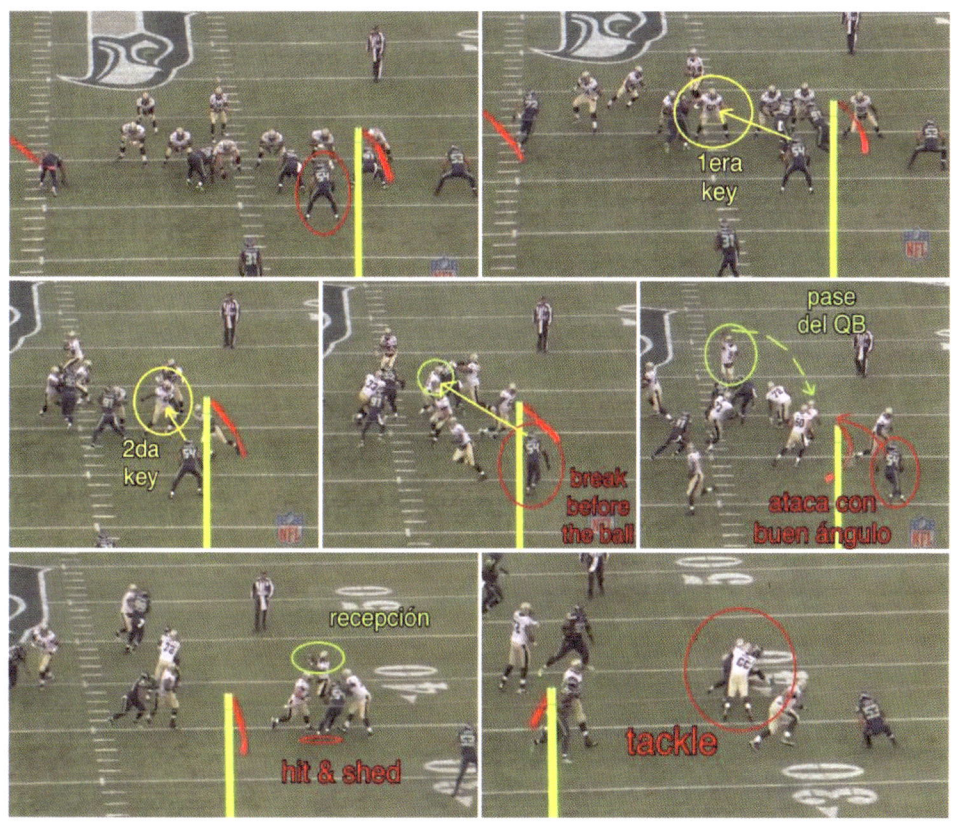

En esta imagen, vemos como, una vez que se inicia el *snap*, la primera *key* que puede leer el *linebacker* es al *center* de esa línea ofensiva. Éste refleja una posición de protección de pase, por lo que lo más seguro es que la jugada sea un lanzamiento del quarterback. La segunda *key* es la salida del *guard* para bloquear en el segundo nivel. Esto le da una pista al *linebacker* de que, el quarterback, puede jugar un pase corto al *running back* para jugar una *screen*. Todo lo demás son fundamentos del jugador defensivo. Arranca antes del pase, juega un muy buen *hit & shed* y realiza un *tackle* perfecto.

Otra clave importante es reconocer la formación que presenta el ataque. Obviamente, con un *backfield* vacío, será muy complicado que la jugada sea de carrera. Por ejemplo, las *formaciones en I*, en *pistol*, en *shotgun*, los motions, etc, tienen que ser leídas por los *linebackers* y actuar en consecuencia. Es por esto que un *linebacker* debe estar constantemente analizando lo que sucede enfrente de él. Su reacción es vital para el devenir de la defensa y cualquier paso en falso puede traer consecuencias devastadoras para su equipo.

CAYENDO EN COBERTURA

Los *linebackers* son el pegamento que une a la secundaria con la línea defensiva. Se encargan, en muchos casos, de la zona media cuando de caer en cobertura se trata. Un *linebacker* tiene que reconocer la jugada de pase y debe caer a su zona (en caso de defender zonal), o de pegarse al hombre con el que debe caer (en caso de ser una defensa individual). Indudablemente, en este último caso, son varias las veces que está en desventaja con el atacante. Ya sea por velocidad frente a receptores más pequeños, o por envergadura cuando se las tiene que ver con *tight ends*, los *linebackers* deben ejecutar a la perfección sus fundamentos para no verse superados. Y esto no es nada fácil.

Primero, vamos a ver como caen en zona. Para esto, antes que nada, tenemos que conocer las zonas medias en las que se divide el campo de defensa. En la imagen de abajo las podéis ver. Las zonas más laterales, se denominan *flats* (en rojo). Las zonas entre el lateral y el centro son las *curl* (azul). Y, por último, las zonas más centrales son las *hook* (naranja). En cada defensa, los *linebackers* tienen asignadas unas zonas y tienen que defenderlas de las posibles rutas que vayan ahí.

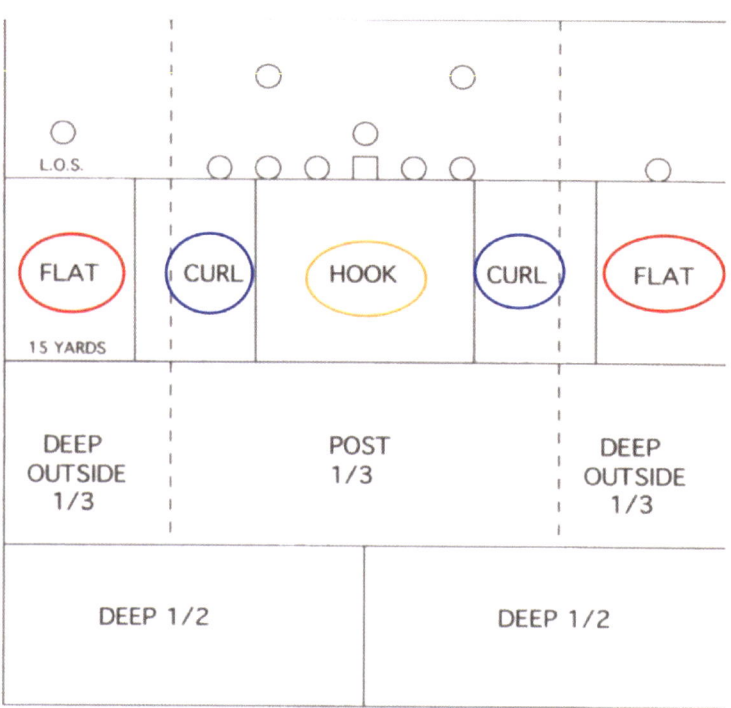

Para caer a estas zonas, podemos ver a los *linebackers* utilizar varias técnicas. Las más comunes son el *backpedal* y el *crossover*. El *backpedal* se juega dando pasos hacia atrás, ligeramente flexionado, y manteniendo el *stay square* respecto a la *línea de scrimmage*. Esta forma de caer en cobertura beneficia las lecturas tanto del *quarterback*, como las de los *wide receivers* o *tight ends*.

La otra forma de moverse, el *crossover*, consiste en girar las caderas, cruzar el pie interior por delante del exterior y correr hacia atrás mirando lo que ocurre desde el *backfield* sin perder de vista las rutas de los posibles receptores.

Una vez llegado a su zona de cobertura, el *linebacker* tiene que romper hacia donde vaya el pase. Anteriormente, os hablaba del *break before the ball* y, en muchas ocasiones, es lo que realiza el defensor para llegar hasta el receptor, evitando la recepción o minimizando las yardas que se puedan ganar una vez que el atacante atrapa el balón.

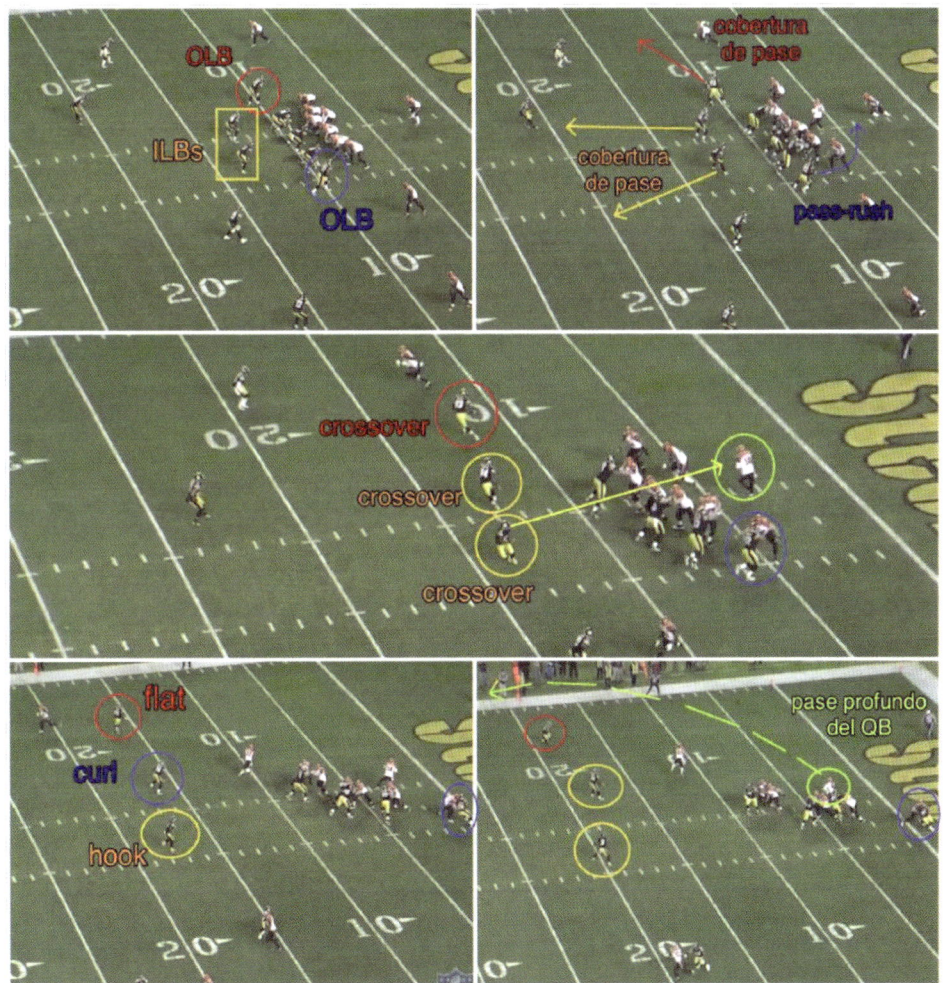

En la imagen de arriba, tenemos una acción de los cuatro linebackers de la defensa. Cada OLB tiene una asignación diferente. Uno atacará al *quarterback* con el *pass-rush*, mientras que el otro caerá en cobertura a la zona *flat*. Los ILBs serán los encargados de caer al medio, uno a la zona *hook* y el otro a la *curl*. La mecánica que utilizan los tres jugadores que caen en cobertura de pase es la misma. Todos van a jugar el *crossover*.

Una vez que se inicia el *snap*, giran la cadera, cruzan la pierna interior y corren hacia atrás. Cuando han alcanzado su zona, leen al pasador y a los receptores y esperan la solución que tomará el *quarterback*.

Otra cosa diferente es cuando el *linebacker* está asignado a un determinado hombre en defensa individual. Como todo, las defensas individuales tienen sus "pros" y sus contras. En el lado positivo, sabemos que, estar hombre a hombre, le da a la defensa una cobertura más ajustada más agresiva. El *release* del receptor, y la ruta que corre, se hace con el defensor pegado, por lo que el *quarterback* tiene que realizar un pase más complicado. Al hilo de esto, tenemos que añadir cómo el *pass-rush*, con defensas individuales, tiene un poco más de tiempo para entrar en el *pocket*, ya el pasador tardará más en lanzar. Esto provoca que el porcentaje de pases completados sea más bajo frente a este tipo de defensas.

Sin embargo, en el lado negativo nos encontramos con ganancias más grandes. Es decir, el ataque siempre buscará el *mismatch* (la ventaja) que puede provocar situaciones en las que los receptores más rápidos se alineen frente a los *linebackers*, los cuales son, en su mayoría, más lentos. Hay menos intercepciones que en defensas zonales y los *quarterbacks* corredores se pueden aprovechar de que los encargados de la zona media (nuestros queridos *linebackers*), estén ocupados persiguiendo a receptores y dejen un agujero para los *scrambles* de estos *quarterbacks*.

La técnica para defender en hombre a hombre depende de la ruta que corra el receptor. Si el atacante busca una *inside route* (ruta interior) el *linebacker* debe dominar los siguientes fundamentos:

Alinearse en el interior del receptor antes del *snap* o, en su defecto, tratar de saltar hacia dentro, para romper el timing, inmediatamente después del *snap*.
Iniciado el *snap*, el *linebacker* debe contactar con el receptor para retrasar su ruta y poder ajustar mejor. Este contacto se tiene que realizar dentro de las cinco primeras yardas después de la LOS, de lo contrario, será ilegal. A esto lo llamamos *jam*. Si no hay contacto, el *release* del receptor será muy fácil y podrá ganar ventaja sobre su defensor desde el inicio.
Tras el *jam*, el *linebacker* debe situarse en el interior del receptor y mantener la visión sobre él. No ha de girarse a mirar al *quarterback*, o al balón, hasta que el receptor lo haga. Si lo hace antes, no verá cualquier *break* que pueda jugar el atacante.

Estas *insides routes* son las más cercanas al pasador y, además, son pases cortos, por lo que su porcentaje de completados será muy alto. El *linebacker* tiene que ser muy rápido en el inicio de la ruta y jugar muy físico para contrarrestar la velocidad inicial del receptor. En las rutas verticales (*vertical routes*) es donde pueden tener más dificultad, pero también saben que tendrán cierta ayuda en todos esos lanzamientos profundos.

Cuando el ataque mande rutas profundas, el *linebacker* deberá seguir los siguientes pasos:

Necesita jugar el *jam* al inicio del *snap*. Una vez que no puede haber más contacto, correr junto al atacante manteniéndose en el interior, entre el receptor y el quarterback, y siempre en su "oído" interior (*chew ear*). Además, debe evitar que el receptor corte hacia dentro, cuidándose muy mucho de que no lo haga también para detrás. Por eso, su posición debe ser interior, pero nunca por delante del atacante.

Por último, debe esprintar junto a su hombre, intentando alejarlo lo más posible del pasador y dando tiempo a que venga la ayuda por parte de la secundaria. Dentro de este sprint, el *linebacker* tiene que focalizar su mirada en los ojos y los brazos del receptor. Cuando vea al atacante levantar sus manos para poder atrapar el pase, el *linebacker* tiene que girar su espalda e intentar tocar, o atrapar, el balón. Cualquier contacto en ruta, entre el defensor y el atacante, será sancionada por los árbitros.

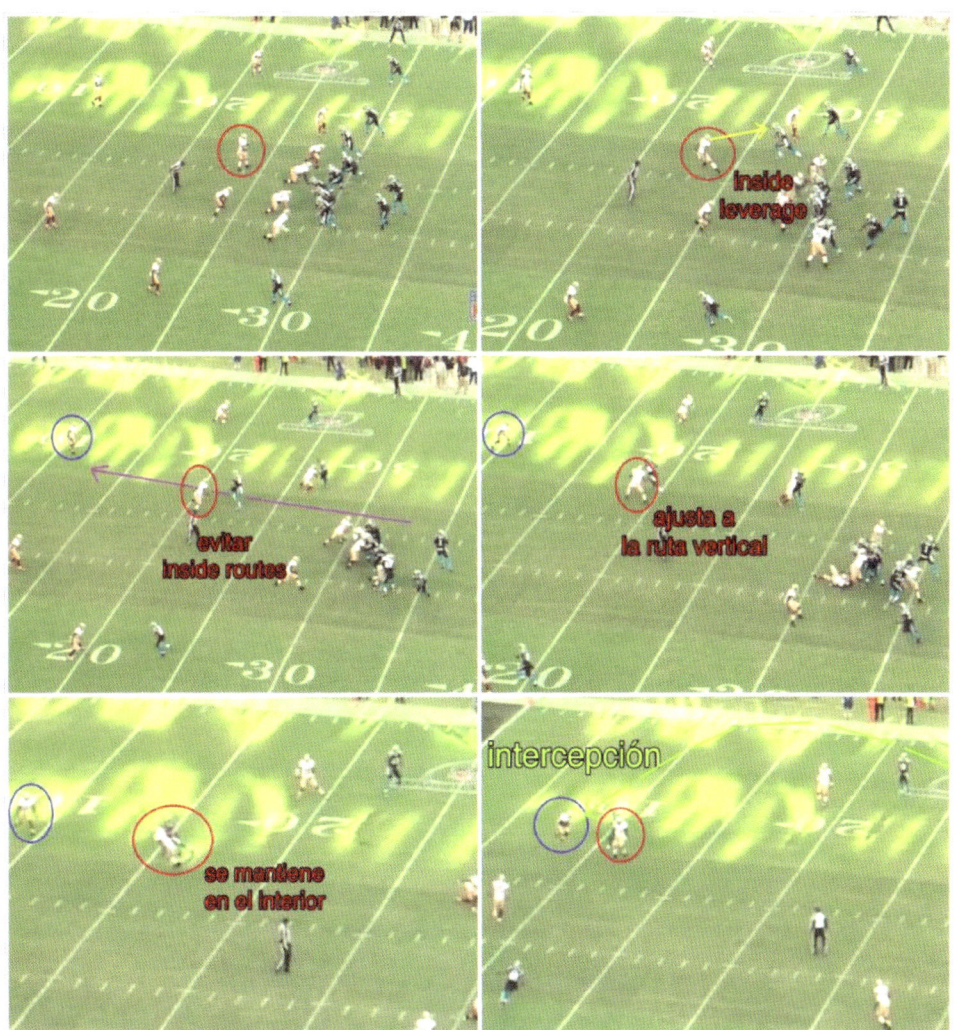

En esta situación, el *linebacker* no juega el *jam*, pero, aun así, es capaz de controlar la ruta del *tight end*. Evita, con su *inside leverage* (colocarse en el interior), que el receptor corte hacia dentro, manteniéndole pegado con la ruta vertical. A su vez, es capaz de aguantar el sprint y cerrar la ventana al pase del *quarterback*. Al no ser un pase fácil, la ayuda del *safety* provoca la "intercepción".

Para acabar, he dejado las rutas exteriores (*outside routes*). Estas rutas tienen una cosa buena y otra mala para los *linebackers*. Lo bueno es que son rutas que no son fáciles para el pasador siendo el pase más complicado, ya que el receptor se va alejando de él. Lo malo es que el *linebacker* debe anticiparse muy rápido al pase o estará muy lejos del receptor. Vamos con los fundamentos:

El inicio es el mismo que los anteriores, es decir, el *linebacker* tiene que contactar con el atacante para dificultarle la ruta. Esta vez, utilizará su mano más exterior para frenar al receptor.

Una vez que el receptor corta hacia fuera, el defensor tiene que acelerar sus pies para ponerse entre el *quarterback* y el receptor. Esto es vital para que el pasador dude en lanzar. Al ser un pase difícil, porque se aleja su objetivo de él, tener al *linebacker* en medio hace aún más pequeña la ventana por donde lanzar.

Mantenerse por debajo del atacante dificulta al defensor un posible corte vertical del receptor. Por ello, debe intentar mantenerse lo más próximo a él. No debe mirar al *quarterback* hasta que el balón no haya salido de sus manos. Lo vemos en la imagen de abajo.

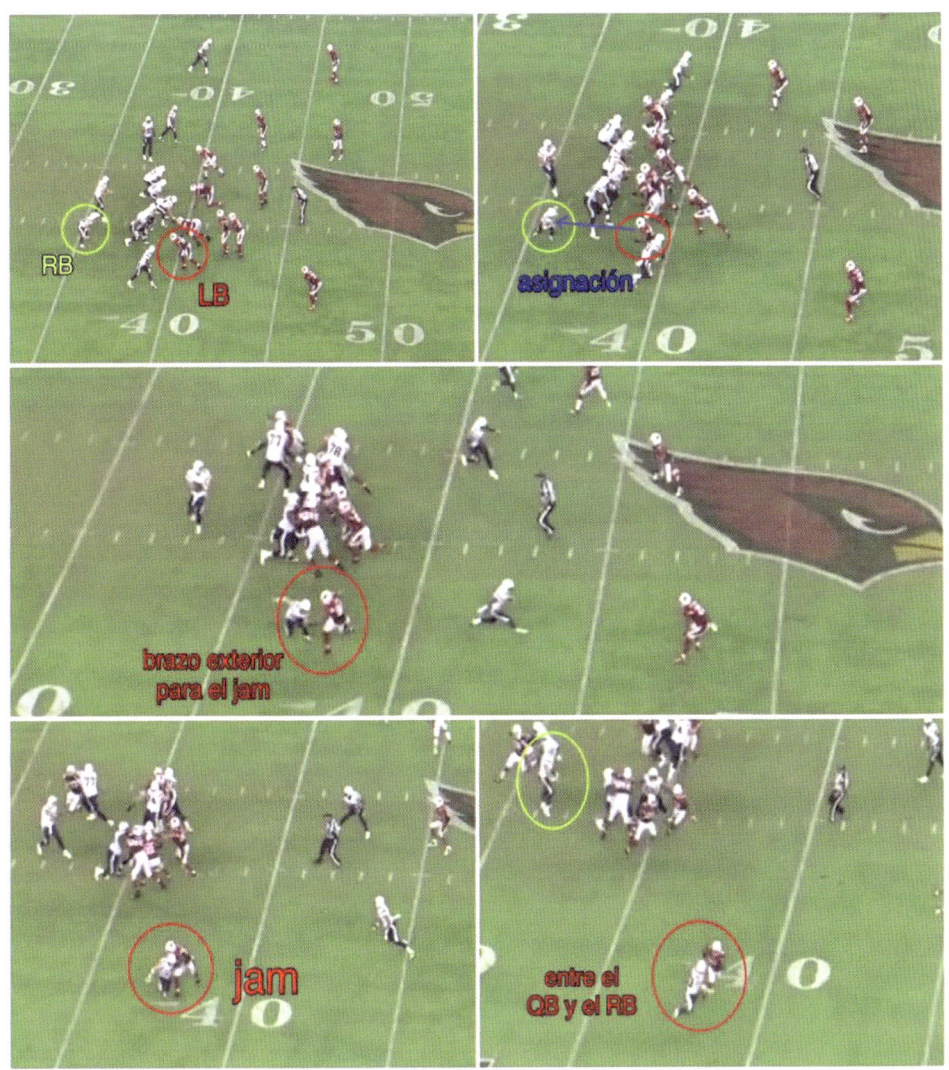

Pero ¿qué ocurre si su hombre asignado no sale en ruta? Aquí puede darse el caso en el que un linebacker tenga, como defensa individual, la marca de un *running back*. Si el corredor no sale en cobertura y se queda en protección de pase, el *linebacker* puede jugar el *blitz* para sumar más gente a presionar al *quarterback* (esta técnica se llama *green dog*) o puede caer a la zona media, ayudando a cualquier ruta interior que realicen los otros receptores. También, si su hombre se queda bloqueando, el *linebacker* puede estar preparado para parar un posible *scramble* del pasador.

Esto es, a grandes rasgos, como los *linebackers* pueden responder al ataque aéreo. Y, amigos, seguro que empezaréis a amarlos como yo lo hice en su día, aunque os deis cuenta de que, odiarlos, puede ser el final del camino. Lo que no se puede negar es que la vida sin *linebackers* sería muchísimo más aburrida. Cuando lo hacen bien, son uno de los mayores espectáculos que se pueden ver sobre el emparrillado. Ahora, cuando fallan, pónganse a temblar.

CORNERBACKS

Son, junto a los *safeties*, la retaguardia de un equipo defensivo. El último bastión antes de que el rival consiga sumar puntos en el marcador. Los jugadores más veloces de la defensa. Si todo lo demás falla, siempre estarán ellos para intentar minimizar el daño y salvar el pellejo a los de la vanguardia. En esta liga, cada vez más orientada hacia el pase, se han convertido en jugadores vitales dentro de sus equipos. Los focos apuntan hacia ellos más que nunca, y sus números bancarios están subiendo como la espuma.

Velocidad y agilidad, éstas son las dos facultades físicas más importantes para poder batallar frente a los *wide receivers*. En este capítulo, veremos qué fundamentos deben desarrollar y dominar los *cornerbacks*. Los *safeties* son los jugadores que completan la secundaria (*defensive backs*), pero vamos a mirar hacia los costados en primer lugar.

La principal obligación de un *cornerback* (CB) es defender el pase y, en muchas ocasiones, lo hará a campo abierto y frente a los jugadores más rápidos del ataque. La cosa empieza a estar difícil.

Aunque su estatura no sea tan determinante, cada vez se ven *cornerbacks* más grandes y más físicos. Las nuevas defensas presionantes necesitan de jugadores que sean capaces de encimar a su par por todo el campo y los *cornerbacks* no pueden ser menos. Dentro de este apartado, es necesario tener una gran comunicación con los demás miembros de la secundaria e incluso con los *linebackers*.

Algo que me llama la atención cuando leo sobre ellos, es lo que los especialistas llaman como *short memories*. Un *cornerback* va a ser batido alguna vez, eso es inevitable, y cuando esto suceda, el equipo rival conseguirá una ganancia importante de yardas. Si no lo olvida y se centra en la siguiente jugada, volverán a batirle. No hay tiempo para remordimientos, la siguiente jugada está a punto de empezar.

Aunque su primera misión sea contra el pase, habrá veces que se requiera a los *cornerbacks* jugar contra la carrera o jugar en *blitz* para atacar al *quarterback* rival. Sus fundamentos para placar serán puestos a prueba en estas situaciones y no deberían ser defectuosos.

Otra parte fundamental de su éxito se encuentra fuera del campo. Estos jugadores deben estudiar horas y horas a sus rivales, ser conscientes de sus debilidades y sus fortalezas, y saber qué paso dan en cada momento del partido. Conocer perfectamente a su oponente y ser capaces de resolver lo que se van a encontrar cuando estén en el emparrillado.

Identificar formaciones, leer la situación de los WRs en esa formación, saber si la jugada será de pase o de carrera, si van a recibir algún bloqueo, etc. Todo este trabajo "fuera del campo" se antoja básico para que el resultado de su enfrentamiento acabe siendo positivo.

Pero vamos a dejarnos de hablar y vamos a verlos más de cerca. Vamos con sus fundamentos.

STANCE

Es el *stance* menos poderoso de todos los que hemos visto. De hecho, se podría decir que es el más "relajado". Se pueden ver diferentes formas de posicionarse antes del *snap*, pero yo voy a explicaros la más común y la que en mayor número de veces veréis en los partidos.

Lo primero son sus pies, los cuales deben estar separados y a la misma altura que sus hombros. A veces, también los veremos con el pie más exterior un poco más retrasado que el interior. Sus rodillas estarán semi-flexionadas, con la espalda inclinada hacia delante y la cabeza arriba. Los brazos relajados y con las manos a la altura de las rodillas. Hubo una época en la que los *cornerbacks* situaban sus manos arriba, preparadas para el contacto con el receptor en caso de ser una defensa presionante. Esto se ve menos ahora, pero no os extrañéis si lo apreciáis en algún momento de un partido. Aquí os dejo una imagen.

BACKPEDAL

Cuando la fiesta comienza (lanzamiento del *snap*), el *cornerback* debe iniciar su *backpedal*. Esto lo vimos en el capítulo de los *linebackers*, aunque con los *cornerbacks* lo veremos mucho mejor.

El primer paso debe darse con el pie más exterior, el segundo paso con el interior y seguir caminando hacia detrás siempre moviendo un pie antes que otro. Este movimiento debe hacerse sobre la punta de los pies, ya que, si se apoya en los talones, su habilidad para romper hacia donde vaya el balón se verá disminuida. Tiene que mantenerse flexionado, con la cabeza arriba leyendo su *key* (ya sea el receptor u otra asignación que tenga) y sus brazos en la misma posición de inicio. Si está demasiado erguidos, o sus pies se levantan mucho del suelo, perderán velocidad. Frente a una jugada de pase, el cornerback mantendrá el *backpedal* hasta que su *cushion* (la distancia que ha adquirido entre él y su atacante) se vea amenazada. Frente a la carrera, el *cornerback* cortará el *backpedal* cuando sea capaz de leer la jugada terrestre y tenga que reaccionar en consecuencia.

Este *backpedal* se utiliza para mantenerse enfrente del receptor y así leer lo que está jugando. El *cornerback* puede variar la velocidad de su *backpedal* dependiendo de lo rápido que el receptor vaya. Es posible que, si tiene que leer al *quarterback*, el *cornerback* use dos pasos más lentos para esta lectura y vuelva a ganar velocidad una vez que sus ojos regresen a su receptor.

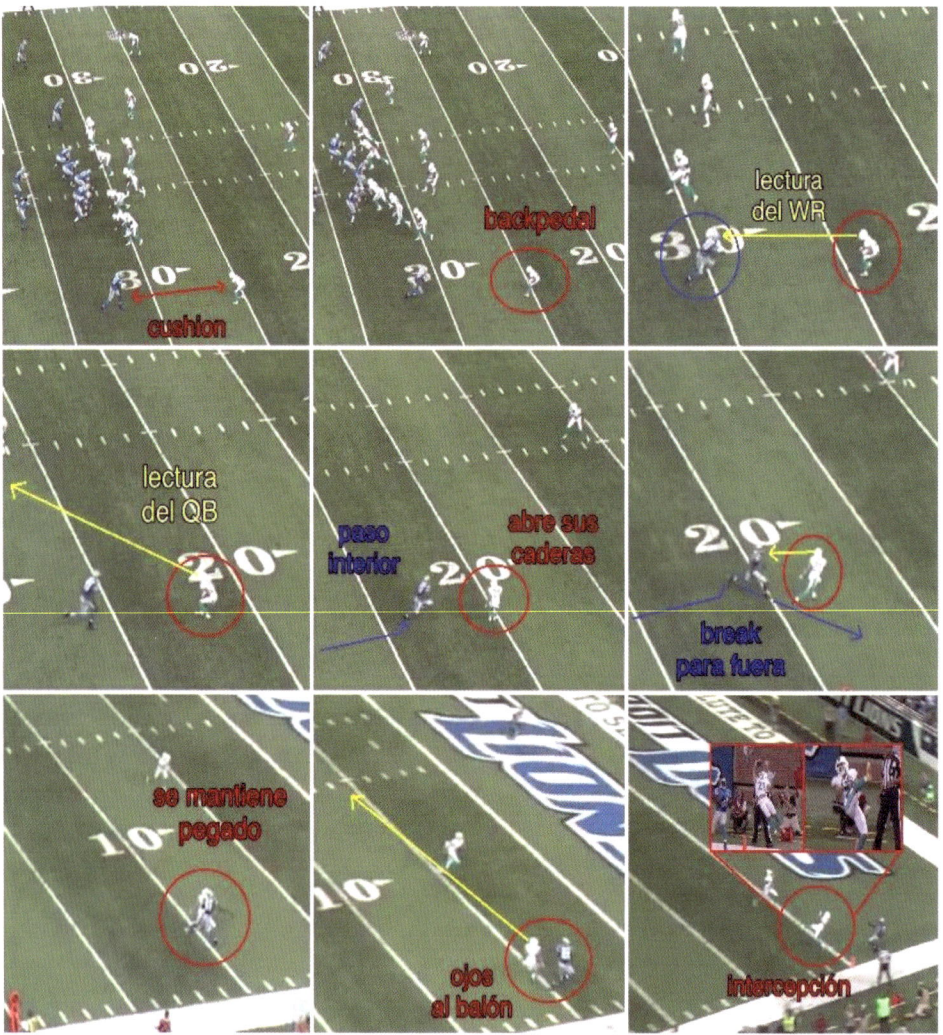

En esta situación, vemos al *cornerback* defendiendo a **Calvin Johnson**, uno de los *wide receivers* más poderosos que han jugado en la **NFL**. Antes del *snap*, el defensor se sitúa en *off-man* (dando distancia a su atacante) a unas cinco o seis yardas con respecto al receptor. Ese será su *cushion*. Se inicia el *snap* y el *cornerback* comienza su *backpedal* flexionado, con la cabeza arriba y leyendo todo lo que sucede. Una vez que **Johnson** ha roto el *cushion* y se ha movido un paso para dentro, el defensor abre sus caderas y finaliza su *backpedal*. Sin embargo, el primer paso de **Johnson** es una finta, y lo que en realidad juega es otro corte hacia fuera. El *cornerback* no ha cambiado su trayectoria y se mantiene en el interior, pegado al WR. Lee el pase y acomoda su cuerpo a la velocidad y dirección del lanzamiento. La última foto es una definición perfecta de las habilidades del *cornerback* para atrapar el balón.

SLIDE STEP

Otra técnica que pueden usar los *cornerbacks* al inicio del *snap* es el *slide step*. El *slide* se utiliza en muchas situaciones zonales y es bastante similar al desplazamiento defensivo en el baloncesto. El *cornerback* se mantiene flexionado y se mueve lateralmente deslizando los pies, uno después del otro, mientras gana profundidad. Nunca debe cruzar los pies, porque esto imposibilitaría una salida rápida y explosiva al corte del receptor. Esta técnica permite al defensor mirar al *backfield* mientras cae en cobertura y, a su vez, le posibilita estar atento a lo que el atacante propone. El problema del *slide step* es la flexibilidad de caderas que posea el *cornerback*, ya que, si tiene que girarse 180 grados para seguir a su atacante pegado a su espalda, la posición del cuerpo no sería la idónea.

Veremos esta técnica cuando el *cornerback* se sitúe en una posición muy exterior (casi pegado a la banda) y quiera impedir que el atacante corra por fuera.

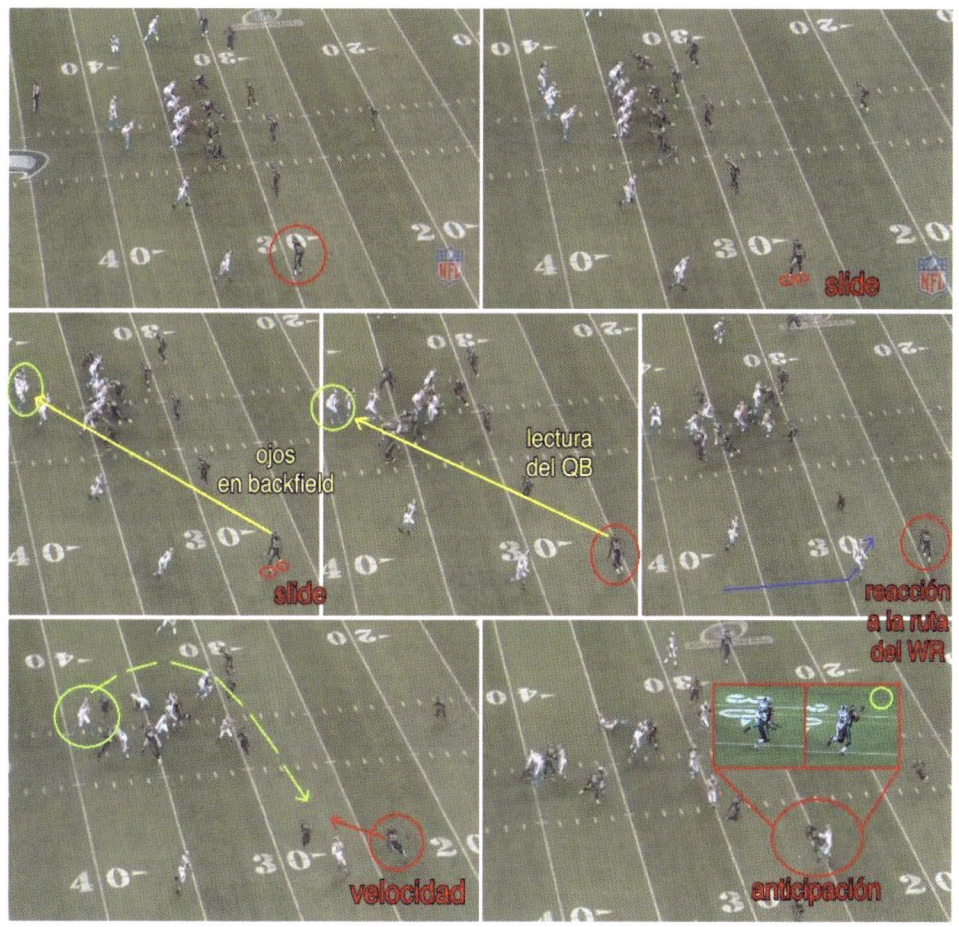

En la imagen superior vemos cómo, una vez que el *snap* arranca, el *cornerback* se mueve lateralmente mientras lee lo que ocurre en el *backfield*. Gracias a su *slide step*, el CB puede ver a su receptor y puede leer los ojos del *quarterback*. Cuando el WR corta hacia dentro, el defensor finaliza el *slide step* y arranca en dirección al pase. Su lectura de juego, y velocidad, le permiten anticiparse a la recepción, evitando que el balón llegue a su destino. Cualquiera de estas dos técnicas pueden jugarse en defensas zonales o individuales, pero el *slide step* será más eficaz cuando se trate de defender zonalmente.

BREAK TO THE BALL

Uno de los aspectos más importantes en el juego de un *cornerback* es el ser capaz de reaccionar instantáneamente al corte del receptor. La diferencia entre un buen *cornerback* y uno excelente radica en esta técnica. El *breaking* es sumamente importante para detener el intento de pase. Para ello, el *cornerback* tiene varias maneras de hacerlo, y yo os voy a explicar algunas de ellas.

El *T-step break* es una de las maneras más veloces para ejecutar el *breaking*. Cuando el CB se encuentra realizando el *backpedal*, y reconoce el corte del receptor, debe plantar el pie del lado opuesto hacia dónde va el atacante (*plant step*) y, seguidamente, clavar el talón del otro pie y direccionarlo hacia donde corta el jugador que busca el balón (*directional step*). Estos dos pasos dejan sus pies en una especie de "T", y hacen abrir las caderas del *cornerback* en la dirección correcta. Para finalizar el movimiento, el CB cruzará el primer pie (*plant step*), por delante del otro, y comenzará a ganar velocidad para pegarse al receptor. Este último movimiento lo conocemos como *crossover step*, el cual vimos en el capítulo anterior sobre los *linebackers*.

Una vez abiertas las caderas, e iniciado el *breaking*, el CB tiene que mantenerse flexionado y estar continuamente moviendo sus pies hasta que la jugada acabe. El *breaking* es un movimiento muy explosivo, por lo que se necesita de una gran potencia de piernas y de un centro de gravedad bajo. Os dejo una secuencia para que lo veáis mejor.

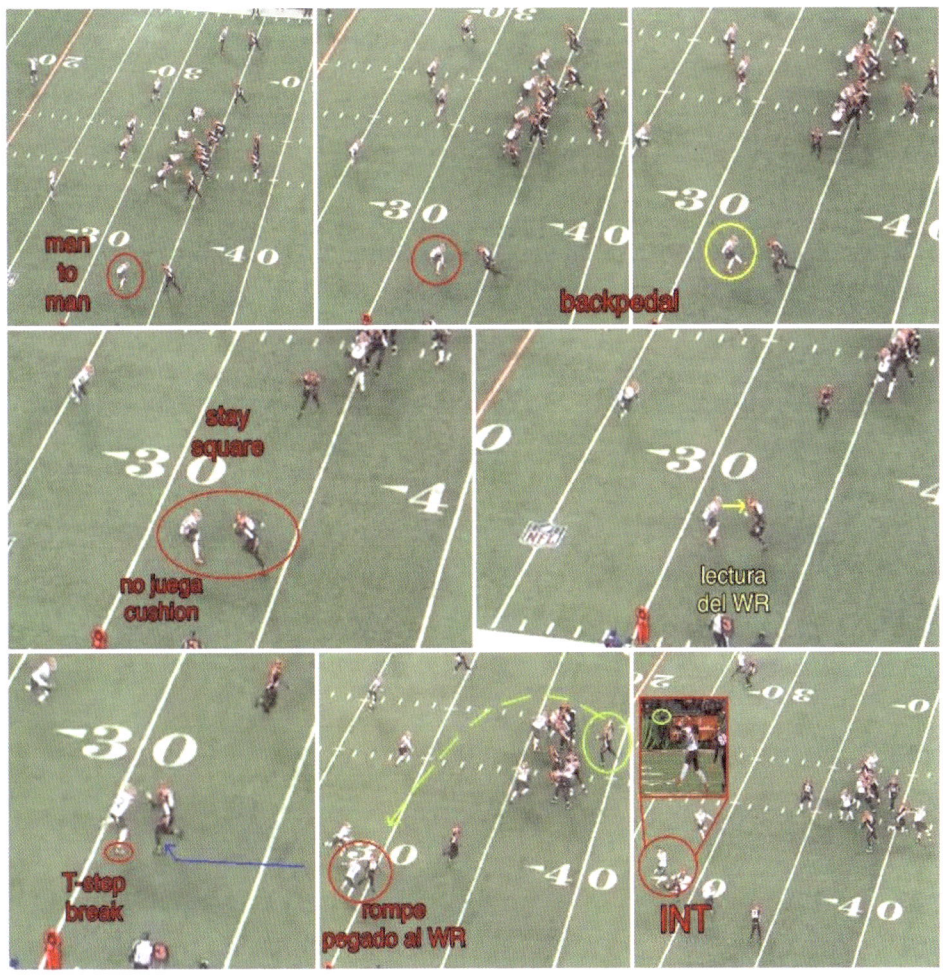

En la imagen de arriba, vemos una acción de un *cornerback* de los **Cleveland Browns**. Situado en defensa individual con su WR, inicia el *backpedal* tras el *snap*. Se mantiene "encuadrado" (*stay square*) a su atacante y cuando el WR inicia el corte hacia dentro, el *cornerback* planta el pie de fuera, mueve su pie interior en la misma dirección que el rival, abre sus caderas y cruza el pie de fuera para seguir la ruta del *wide receiver*. Tras acelerar, y mantenerse pegado a su hombre, es capaz de atrapar el balón y conseguir la "intercepción".

La otra técnica de la que voy a hablar es el *quick step break*. En esta técnica se requiere mucha velocidad de pies y unos tobillos muy flexibles para girar en la dirección correcta. Al contrario que en el anterior movimiento, el *quick step* no necesita de ningún paso determinado. Cuando el WR corta, el *cornerback* debe frenar su *backpedal* sobre la punta de los pies, con dos o tres pasos muy cortos, y ser capaz de frenar la fuerza de su cuerpo para arrancar a perseguir la ruta del receptor. Sin duda, es mucho más complicado dominar esta técnica que la otra, además de ser un poco más lenta en su ejecución. Dominar ambas técnicas, le da al *cornerback* cierta versatilidad para poder defender diferentes tipos de rutas.

CUANDO EL BALÓN VUELA

Una vez visto todo lo demás, lo último que nos queda es lo que ocurre cuando el balón es lanzado en dirección al hombre que busca recibirlo. Aquí, pueden suceder tres cosas: recepción, *break the pass* (tocar el balón antes de que lo reciba el receptor) o "intercepción".

En el caso de que el WR reciba el balón, el CB debe derribar a su hombre lo más rápido posible. Para ello, la ejecución del *tackle* tiene que ser excelente. La técnica para completar el tackle debe ser exactamente la misma que la de los *linebackers*. Una secundaria con problemas para placar, es una secundaria abocada al fracaso. Cuando un WR recibe cerca de la línea de banda, el CB puede empujar al atacante, y echarlo fuera, antes de que éste plante los dos pies dentro del emparrillado y el pase sea completado.

Para evitar esta recepción, el *cornerback* puede interponer sus manos a las del receptor para tocar el balón (o al menos obstaculizar el *catch*), evitando así que el lanzamiento se complete. Ningún *cornerback* debe dejar que su rival pueda atrapar el pase sin una lucha previa. Si, aun así, el atacante agarra el ovoide, el *cornerback* no puede perder el control de su cuerpo, y debe ser capaz de derribar al receptor.

Por último, y más importante, un *cornerback* puede, y debe, interceptar el pase, devolviéndole así la posesión del balón a su equipo. Para esto, debe colocar sus manos exactamente igual que lo hacen los receptores cuando se les aproxima el balón. Juntar los dedos gordos, e índices, con la palma de la mano hacia fuera, y coger el ovoide con las dos manos, no dejar que pegue en el cuerpo antes. Si el pase es muy profundo, y bombeado, el *cornerback* tiene que saltar a por el balón y atacarlo en su punto más alto.

Habrá veces en que la "intercepción" será más sencilla que otras, pero, en muchas ocasiones, veremos a los *cornerbacks* coger balones como si fueran auténticos *wide receivers*, dejándonos imágenes espectaculares.

JAM

Ésta es una técnica que se utiliza al inicio del movimiento defensivo del *cornerback*, es decir, justo cuando el *snap* comienza. Su función es la de interrumpir el *release* inicial del receptor, dónde el defensor utilizará su mano, o antebrazo, para contactar con el receptor y obstaculizar su ruta original, rompiendo así el timing entre WR y QB. Dependiendo del tipo de cobertura que va a jugar el *cornerback*, se usará el *jam* de una manera o de otra. Si se juega correctamente, una buena parte del trabajo defensivo estará completado. Sin embargo, si el *jam* falla, el *cornerback* se encontrará en una situación complicada de recuperar.

Si la cobertura es zonal, el cornerback jugará el *jam* y, rápidamente, caerá a la zona asignada. Mientras que, si la defensa es individual, el *cornerback* contactará con el receptor y seguirá pegado a él durante toda la ruta. A esto (cuando se juega en individual) lo llamaremos *bump and run*.

Ver a uno de los más grandes jugando en individual no tiene precio, y **Darrelle Revis** no podía faltar en este libro. Tenemos, en la imagen, una defensa individual, presionante, y ejecutada con un gran resultado. Se inicia el *snap* y el *wide receiver* juega un *release* por el exterior. **Revis** abre sus caderas, juega el *jam* (mano en el hombro interior) y corre hacia detrás junto al receptor. Su cabeza no gira hasta que no lo hace la mirada del atacante. Además, se mantiene pegado con su hombro, con lo que hace muy difícil la recepción.

Vistos los fundamentos que deben tener los *cornerbacks*, nos iremos a ver como los plasman en las distintas coberturas que juegan dentro de la defensa, qué técnicas usan para controlar a los receptores y cómo ayudan a sus compañeros frente a la carrera.

CORNERBACKS COVERAGES

Para acabar con esta posición, quiero hacer un breve resumen de todo lo que puede aportar un *cornerback* a la defensa. Ya dije, anteriormente, que el principal trabajo de los *cornerbacks* es la defensa contra el pase. Cada vez se baten más récords de yardas de pase, *touchdowns* y todo tipo de registros aéreos. Es por ello que las defensas siguen inventando la manera de contrarrestar este juego y, para conseguirlo, existen muchísimas variantes en cobertura. Aquí haré un breve repaso de las principales coberturas y de cómo funcionan los *cornerbacks* dentro de ellas. Pero antes de esto, hablaré de la posibilidad de formar con más de dos CBs en una situación defensiva.

Las defensas bases se componen del *front seven* (los líneas defensivos y los *linebackers* forman siete hombres en ese *front*) y una secundaria que está compuesta por dos *cornerbacks* y dos *safeties*. Sin embargo, cada vez se ven formaciones con más *defensive backs* dentro del emparrillado. Se sustituye un *linebacker*, o un hombre de línea defensiva, y se coloca un *defensive back* más. Cuando el equipo defensivo forme con cinco DBs, lo llamaremos defensa *nickel*. Cuando se sitúa un DB más en la defensa, casi siempre lo hará sobre el *slot* (receptor que se alinea entre la *línea de scrimmage* y el receptor más abierto). A este *defensive back* extra lo nombraremos como *nickel* (sí, como la formación). En la foto de abajo, el *nickel* será el número 2.

También hay entrenadores que quitan a otro defensor del *front seven* y meten a un hombre de secundaria más, formando con hasta seis hombres de la secundaria. Cuando esto sucede, la formación la llamaremos *dime*.

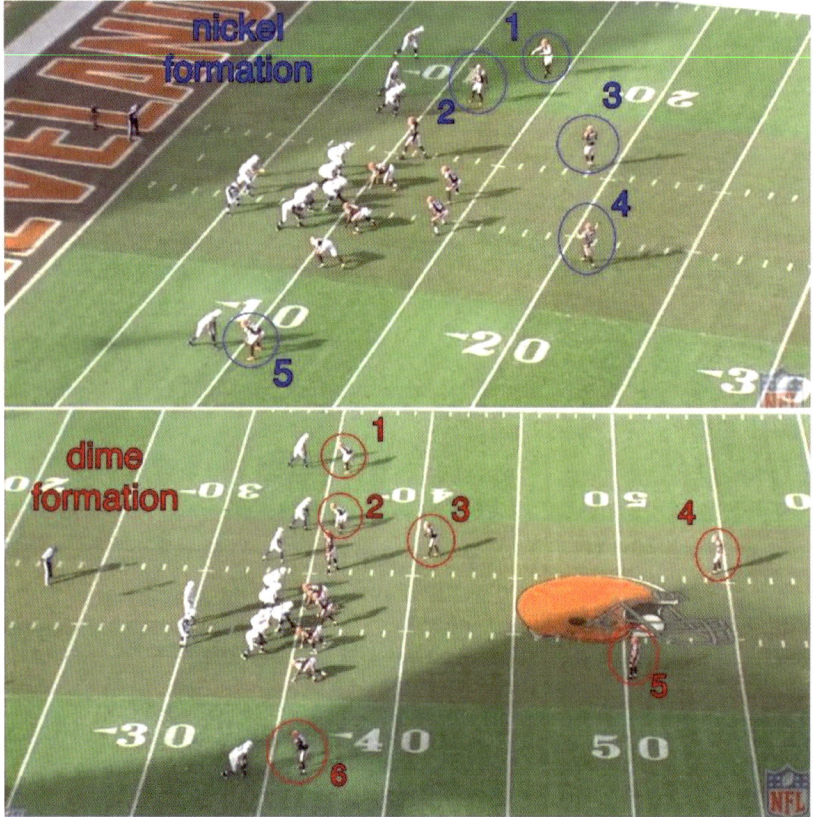

Una vez visto lo que podemos encontrarnos en distintas situaciones defensivas, vamos a ver cuáles son las diferentes maneras de caer en cobertura y cuáles son las formaciones más importantes en la **NFL**. Las tres coberturas que más se pueden ver en un campo de *football* las tenéis en el gráfico que os dejo debajo.

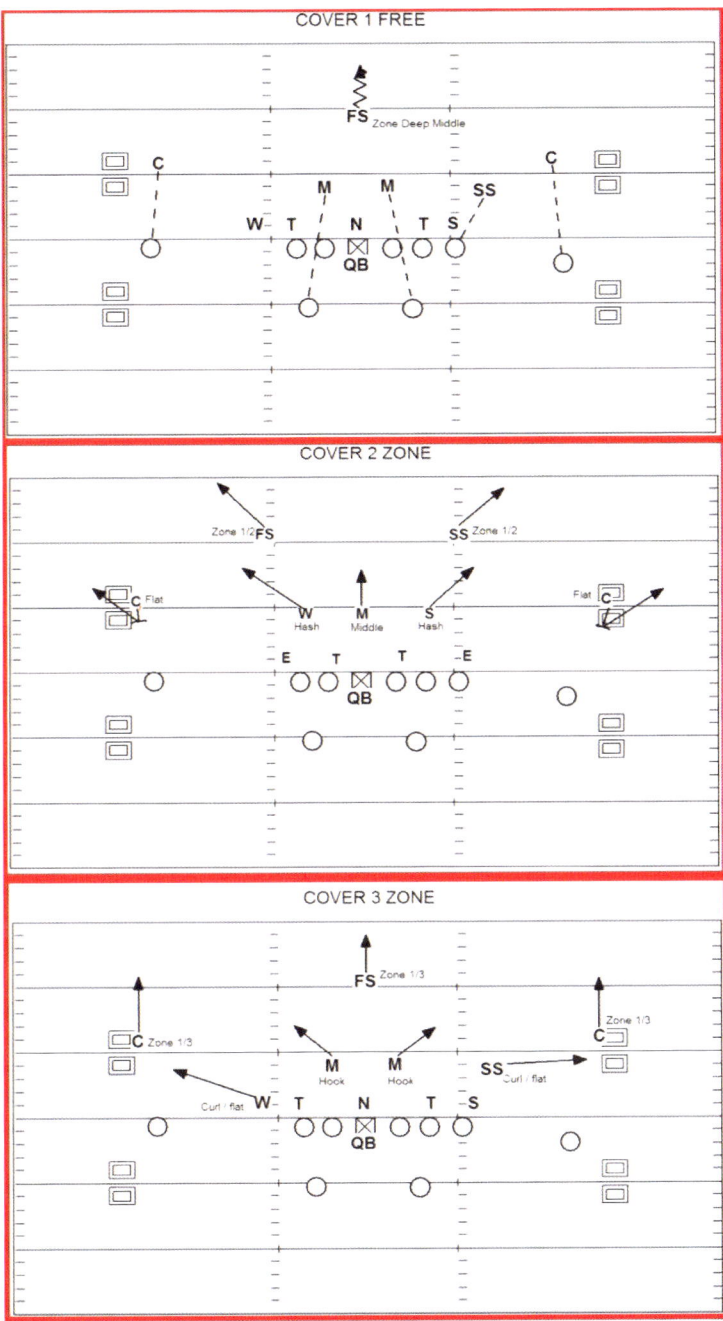

En este gráfico, podéis ver la *Cover-1*, la *Cover-2* y la *Cover-3* base. Vamos a profundizar un poco más en cada una, pero siempre fijándonos en la secundaria y, más concretamente, en los *cornerbacks*.

Lo primero que tenemos que identificar, cuando vemos una cobertura, es el número de *safeties* que juegan profundos. Vemos cómo en la *Cover-1* y en la *Cover-3* solamente tenemos un *safety* (FS, *free safety*, *single high safety*) en la zona profunda. Sin embargo, en la *Cover-2* podemos apreciar a dos jugadores profundos, el *free safety* y el *strong safety*.

COVER-2

Para defender en esta cobertura, los equipos pueden jugar en zona o en individual. Primero vamos a ver como los *cornerbacks* se mueven cuando es zonal y después lo haremos viendo cómo lo hacen en hombre a hombre.

La parte del campo defensivo de la que es responsable cada *cornerback* es la zona *flat* (el lateral de la zona media del campo, la cual comienza justo detrás de la *línea de scrimmage*). Los dos *safeties* profundos serán los que se encarguen de toda la zona profunda, la cual se divide en dos y donde cada *safety* es responsable de una mitad.

El *cornerback* debe evitar que su receptor pueda jugar una ruta por fuera (pegado a la banda) y para conseguir esto tiene dos maneras de hacerlo. Una es haciendo el *jam* y hundirse con él jugando *funnel technique*. La otra manera consiste en situarse separado del atacante (*off-man*), pero con *outside leverage*.

La posición que adoptan los *cornerbacks*, antes del *snap*, puede ser de tres formas diferentes: en el exterior del receptor (*outside leverage*), enfrente de él (*head up*) o en el interior (*inside leverage*). Si el *cornerback* mantiene el *outside leverage*, evitará que el receptor corte hacia fuera y dará más tiempo al *safety* para que llegue a su zona en caso de que el balón vaya muy profundo. Antes os hablé de la *funnel technique*, la cual consiste en pegarse al hombro más exterior del receptor y guiarlo hacia dentro, donde es más fácil para el *safety* saltar y ayudar con la ruta del atacante.

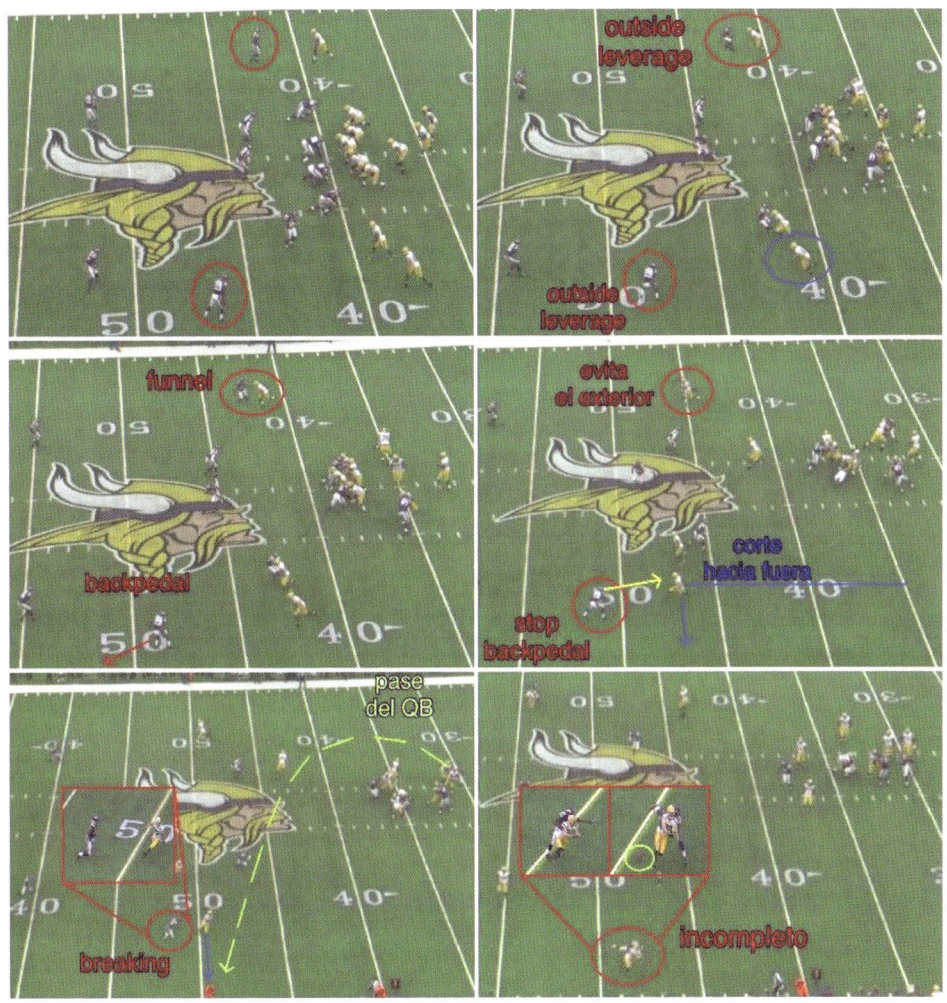

Para verlo aún más claro, vamos a fijarnos en la imagen de arriba. Los **Vikings** forman en *Cover-2*, con el *cornerback* de arriba en *funnel technique* y con el de abajo en *off-man*, ambos con *outside leverage*. Vemos como el de arriba juega *funnel technique*: abre sus caderas y juega por fuera del receptor, guiándolo hacia dentro y evitando que corte hacia fuera. Por el lado contrario, el otro *cornerback* juega el *backpedal*, pero siempre manteniendo su *leverage*, leyendo la ruta del receptor y los ojos del *quarterback*. Cuando el receptor corta hacia fuera, el defensor de los **Vikings** juega el *breaking* de una manera excelente y consigue evitar que el atacante atrape el balón.

Dentro de la *Cover-2* existe una variante en individual. Es decir, los dos *safeties* profundos siguen encargándose de cada mitad de la zona profunda, pero los *cornerbacks* y los *linebackers* se ocupan de asignaciones en hombre a hombre. Esta defensa la llamaremos *Cover-2 Man Under*. Para esto, los *cornerbacks* deben posicionarse en *inside leverage* (evitando que el receptor juegue por el interior) y alinearse pegado a la *línea de scrimmage*. Tienen que ser muy duros en el *release* del atacante, jugar el *jam* y adoptar la *trail technique* una vez que hayan arrancado los receptores. Esta técnica consiste en situarse detrás del receptor (pegado) e invitándole a que siga profundo, donde le espera la ayuda de uno de los dos *safeties*. Jugando así, la defensa provoca que el *quarterback* lance el balón entre el *cornerback* y el *safety*. Cualquier corte hacia fuera, debe ser perseguido por los hombres que están en individual.

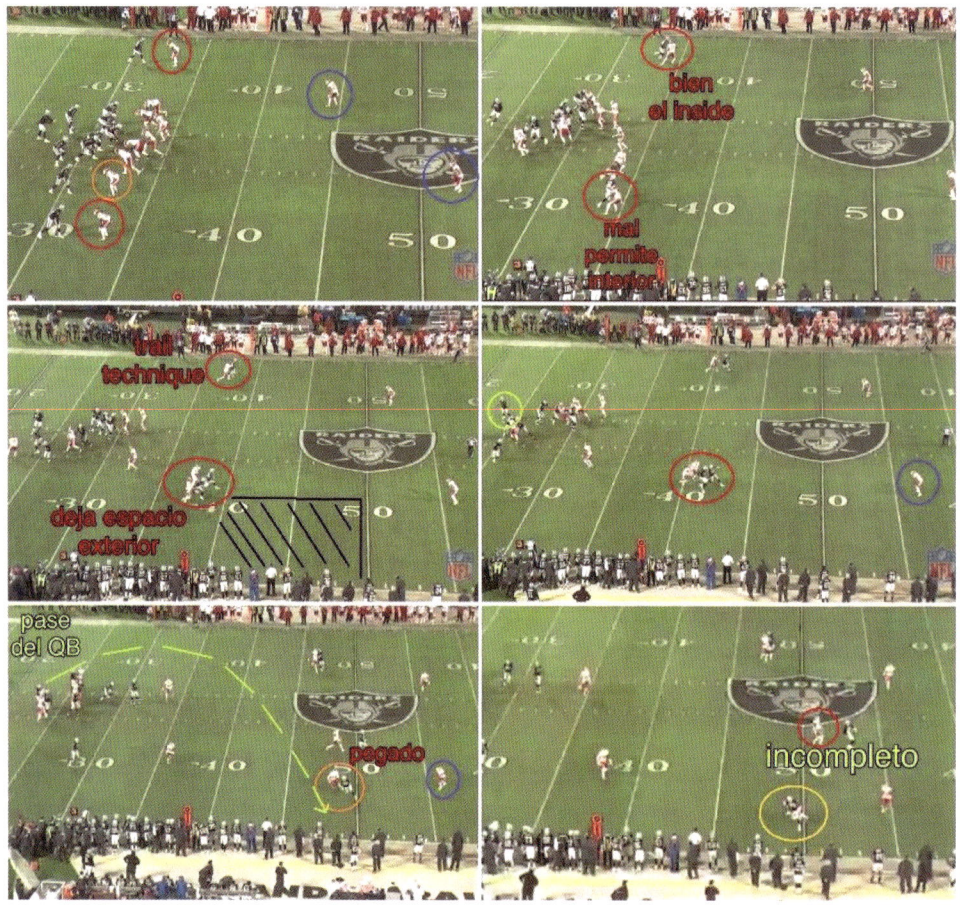

En la imagen de arriba, podemos ver una gran acción por parte del *cornerback* del *weakside* (arriba en la imagen) y una mala acción del *cornerback* del *strongside* (abajo en la imagen). Vemos como los dos adoptan el *inside leverage*, pero mientras que el CB del *weakside* obliga a su atacante a jugar por fuera, el CB del *strongside* cae en la finta del WR y permite que vaya por dentro. Esto provoca que la zona *flat* de ese lado quede completamente abierta.

A esto le sumamos la ruta de un tercer receptor (defendido por el *nickel*, en naranja), la cual provoca que el *safety* de ese lado no pueda iniciar su ayuda hasta que el *quarterback* decida el pase. A pesar del error inicial, tanto el *cornerback*, como el *nickel*, logran ejecutar una buena *trail technique* y hacer que el objetivo no sea muy fácil para el pasador, consiguiendo que el lanzamiento sea incompleto.

COVER 1

En esta cobertura veremos a un solo *safety* defendiendo toda la zona profunda y a los dos *cornerbacks* jugando en hombre a hombre. Por norma general, los *cornerbacks* jugarán en *outside leverage*, invitando a los receptores a ir al medio, que es donde les esperará el *free safety*. Sin embargo, este *leverage* dependerá de la situación del atacante a lo largo de la *línea de scrimmage* (*split*). Si su *split* es muy abierto (por fuera de los números que indican las yardas del campo), el *cornerback* tendrá que jugar en *inside leverage* y utilizar la línea de banda para cerrar la ventana de pase al *quarterback*. Cada *cornerback* tiene que jugar muy físico frente a su receptor.

En esta cobertura, se busca que el *strong safety* baje al medio de la defensa, a la caja, y se una a los *linebackers* formando un *front* de ocho defensores en vez de siete.

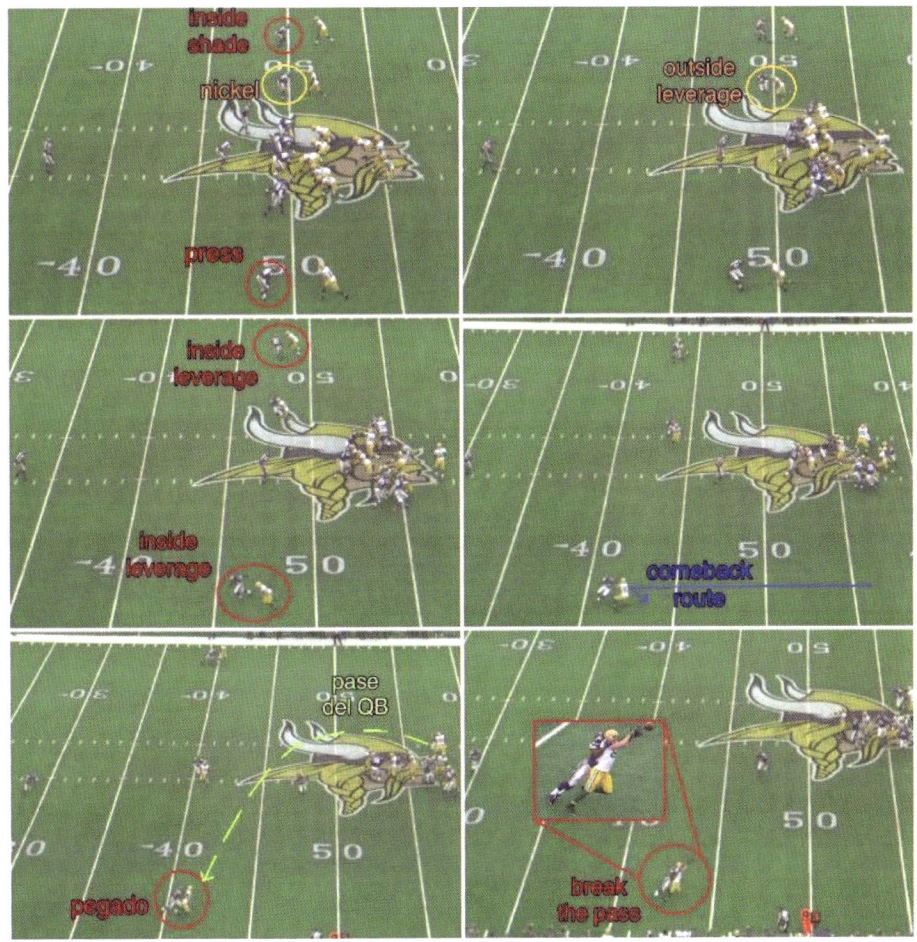

La imagen lo deja bastante claro. En esta ocasión, los dos receptores más exteriores se alinean con un *split* por fuera de los números, así que los CBs tendrán que adoptar un *inside leverage* para llevarlos a la banda. Sin embargo, el *nickel* sí que se posiciona en *outside leverage* para llevar a su hombre a la ayuda del *safety* profundo.

COVER 3

En la *Cover-3*, la disposición será la misma que en la *Cover-1*, es decir, habrá un *safety* profundo. Sin embargo, la zona de retaguardia se dividirá en tres partes, y cada *cornerback* será el encargado de un tercio de esa zona (las más exteriores), mientras que el FS tendrá que proteger la más central. (Ver la imagen anterior de los esquemas de las coberturas)

Para caer en cobertura a esta zona, los CBs deberán jugar en *outside leverage* protegiéndose de cualquier ruta vertical que vaya por fuera y dejando las rutas interiores profundas para el *free safety*. Podemos ver una posición del CB en *off-man* (unas siete u ocho yardas separado del receptor) o podemos ver al *cornerback* en *press* (algo que usan mucho, pero jugando *bail technique*.

Esta técnica consiste en jugar a tres o cuatro yardas del receptor, con la espalda a la banda, y caer con él, cruzando las piernas, pero manteniendo la espalda en paralelo a la banda. En *bail technique*, el *cornerback* tiene mucha mejor visión de lo que ocurre en el campo de juego y es más efectiva contra rutas verticales profundas.

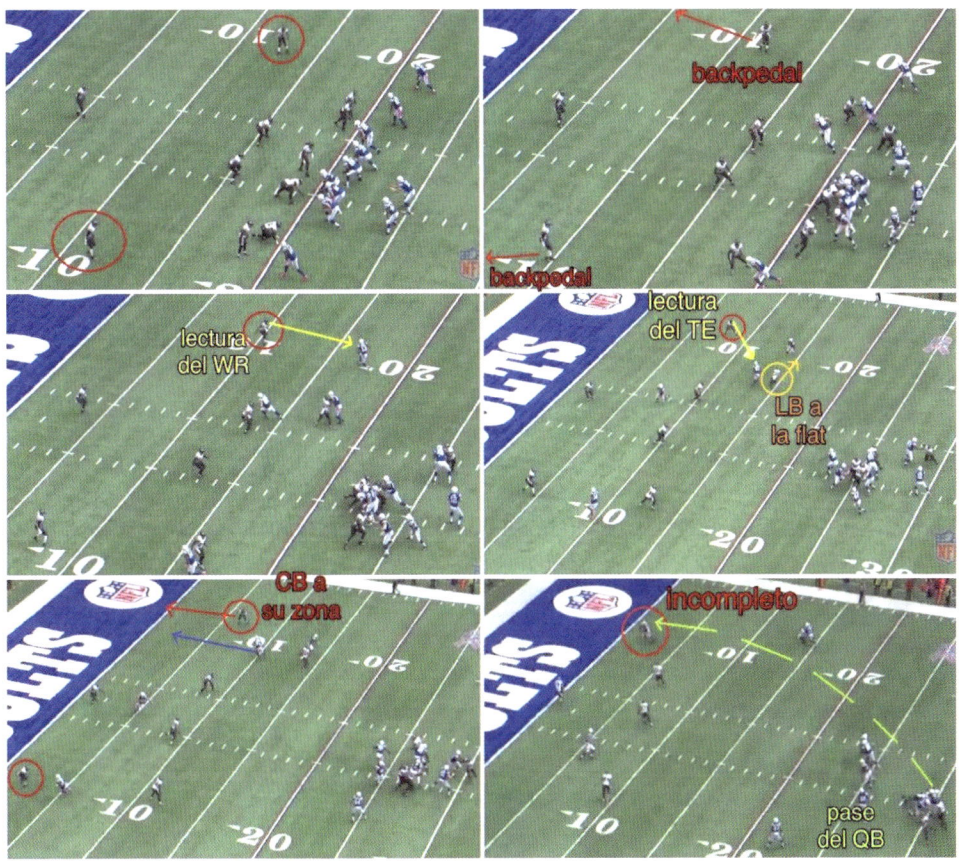

Vamos a ver una *Cover-3* en los **Ravens**. Tenemos a los dos CBs en *off-man*, con un *cushion* de unas ocho o diez yardas. Se inicia el *snap* y los dos *cornerbacks* comienzan su *backpedal*. El *cornerback* lee la ruta del receptor que viene a su zona, sin embargo, este WR corta al interior y automáticamente su lectura va hacia el *tight end* que corre por la *seam*, que es el que realmente llegará a su zona. Este defensor reconoce la jugada e inicia el *breaking* para intentar que el pase no se complete. Su velocidad y buena lectura de juego hacen que su objetivo se cumpla.

Dentro de las coberturas, podemos encontrar infinidad de estilos. *Quarters*, *Cover-0*, *Cover-3 Sky*, *Cover-3 Buzz*, *Cover-4* o muchas más. Cada vez hay mayor número de sistemas defensivos que contrarrestan el poderoso juego aéreo del que dispone casi cualquier equipo de la liga y cada vez deben estudiarse más y más a los rivales del siguiente partido. La comunicación con tus compañeros, en defensas zonales, es básica. No puedes dejar que nadie vaya de una zona a otra sin que el encargado de esa zona lo sepa. El CB no debe perseguir a su receptor hasta una zona que no sea la que tiene asignada, pues dejaría su propia zona liberada para que otro receptor recibiese allí. Y, por último, el CB siempre tiene que estar leyendo rutas que vengan desde otra zona del campo, pero que su final sea donde él espera. Su zona debe ser su terreno, y nadie puede dominarlo allí.

OTROS EMPLEOS DEL CORNERBACK

Aunque su misión principal sea contra el pase, el *cornerback* puede ser requerido para otras facetas de la defensa. Contra la carrera, son los encargados de mantener cerrada la zona exterior o intentar hacer que el corredor cambie su dirección y que ataque el centro de la línea defensiva. Para ello, los *cornerbacks* tienen mucha facilidad en reconocer una jugada de pase o de carrera cuando están alineados en *off-man*. Desde allí, una vez que arranca el *snap*, un simple vistazo a lo que ocurre en el *pocket* les da la pista para saber si es una cosa o la otra. Otra técnica que favorece esta lectura es la *bail technique*.

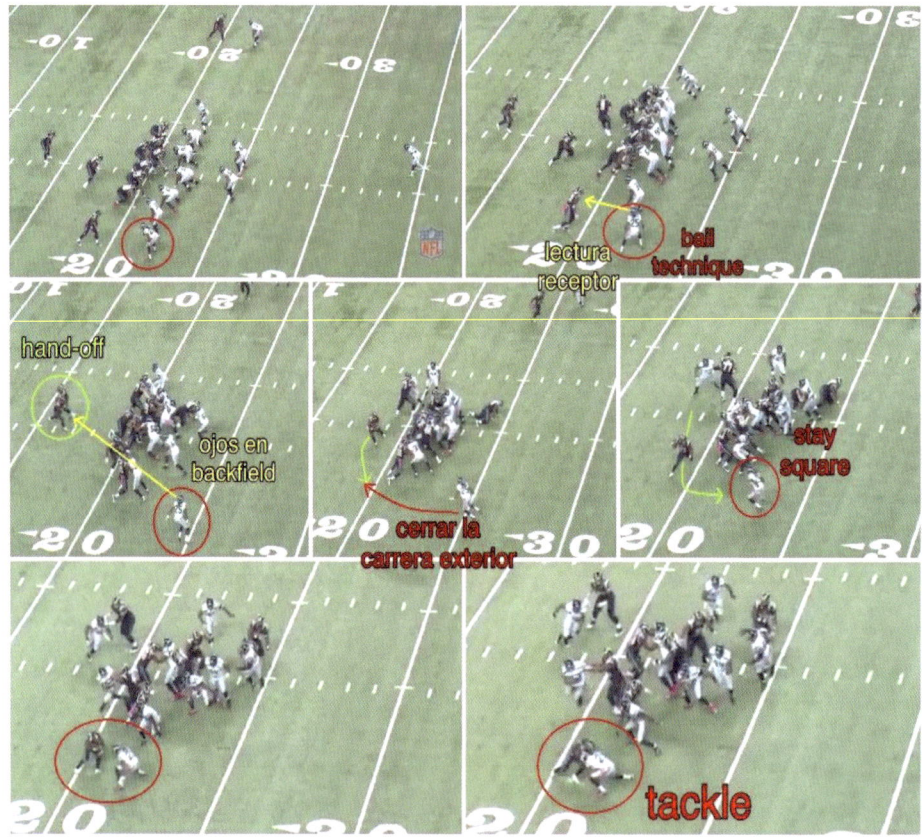

Aquí vemos un ejemplo de esto último. **Richard Sherman** adopta una *bail technique* para defender esta jugada. Cuando el *snap* se realiza, **Sherman** lee a su receptor y comprueba que el WR va a bloquear a uno de los LBs, esto es una prueba inequívoca de que la jugada tiene un alto porcentaje de que sea terrestre. Nada más comprobar esto, **Sherman** posa sus ojos en el *backfield* y lee el *hand-off* entre el QB y el RB. El *cornerback* inicia el *pursuit* para cerrar el exterior de la OL. Lo demás son fundamentos puros y duros para conseguir el *tackle* y evitar que el ataque no obtenga apenas yardas de ganancia.

A parte de contra la carrera, muchos coordinadores defensivos inventan situaciones en las que utilizan a los *cornerbacks* para atacar al *quarterback* y presionarlo. A esto lo llamaremos *corner blitz*. En estas situaciones, el CB aparenta una defensa *press* sobre uno de los receptores rivales, pero cuando el balón sale de las manos del *center*, su misión será la de entrar al *pass-rush* y llegar hasta el pasador, dejando la marca de su receptor a otro compañero. Un ejemplo de esto lo podemos ver en la imagen de abajo.

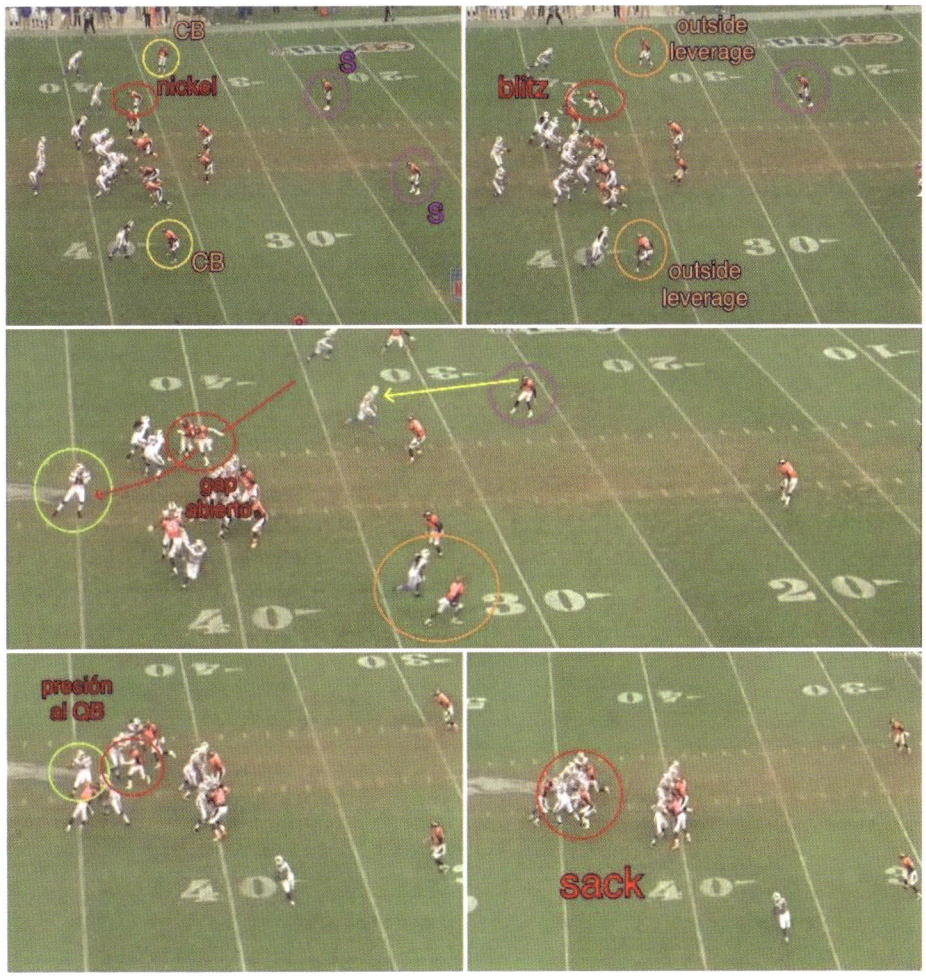

En naranja tenemos al *nickel*, situado en lo que parece una *Cover-2 Man Under* (los dos *safeties* profundos y los demás defensores de la zona media en individual). Sin embargo, cuando el ataque comienza la jugada, el *nickel* se olvida del receptor y ataca el *gap* que queda abierto. Su velocidad, muy superior a la de cualquier hombre de la línea ofensiva, le favorece para llegar hasta el *quarterback* antes de que éste pueda ni siquiera pestañear.

Ser *cornerback* en esta liga es algo muy difícil. Su preparación física debe ser excelente. Su trabajo diario en la sala de video tiene que ser constante y sus instintos para reconocer rutas, y lanzamientos, no pueden estar equivocados. Un mal paso en su elección puede condenar el trabajo de toda la defensa, así que su concentración debe ser máxima. El espectáculo en la defensa tiene muchos protagonistas, y algunos de los que más lucen están situados a los lados del campo, moviéndose a una velocidad endiablada, pero teniendo que ser igual de contundentes que compañeros más grandes y pesados. Será una dura misión, pero se verá recompensada cuando los focos de las cámaras estén posados en ellos y sus fans griten enaltecidos por esa jugada espectacular que acaban de realizar.

Para finalizar con la unidad defensiva en la **NFL**, y con todo este manuscrito, hablaré de la posición del *safety*. Un jugador que ha ido evolucionando de tal manera su juego que los podemos encontrar de muchas formas distintas. Diferenciaré a los *free safeties* de los *strong safeties*, y veremos cómo se mueven y de que manera facilitan el trabajo al resto de compañeros.

SAFETIES

Llegamos al final del trayecto y lo hacemos con la última posición que nos queda por ver: los *safeties*. Entender esta posición no es fácil. Todos habéis oído hablar de cómo esta posición se divide en dos jugadores. Por un lado, tenemos al *strong safety* y, por el otro, al *free safety*. Aunque se nombre a ambos como *safeties*, su puesta en escena sobre el emparrillado es muy distinta.

La posición de *safety* tiene dos funciones claras y, a su vez, distintas. Obviamente, estas dos funciones son: parar la carrera y defender el pase. Para ello, se divide la posición en esos dos jugadores que nombré anteriormente, aunque ambos deben saber jugar cada una de ellas. Dependiendo del esquema defensivo y de las formaciones que se jueguen, su situación en el campo tendrá una determinada profundidad. Al ser en muchas ocasiones los jugadores más retrasados en el campo, deben ser excelentes "tackleadores". Vamos a verlos más de cerca, posición por posición.

STRONG SAFETY

El SS suele ser el *safety* más físico de los dos. Suficientemente rápido para abarcar mucho terreno cuando cae en cobertura de pase frente a WRs o TEs receptores, pero debe ser muy duro para pelear los bloqueos de TEs, FBs (*fullbacks*) e, incluso, líneas ofensivos en el juego de carrera. Además, debe ser un gran *hitter* (golpeador) para realizar buenos *tackles* frente a los *running* backs. En situaciones de *blitz*, podemos verlo presionando al *quarterback* entrando al *pass-rush*. Se alinearán generalmente en el *strong-side*, a unas seis o siete yardas de la LOS y fuera del último hombre de la OL, permitiéndole estar preparado para una jugada de pase o de carrera.

Su principal misión es ayudar frente al juego terrestre, parando o forzando al corredor para que vaya por dentro de la línea defensiva. Cuanto más rápida sea la lectura del SS sobre la jugada que se está produciendo, mejor oportunidad tendrá para evitar yardas al ataque. Es muy importante que tenga claras sus *keys* y reaccione a ellas.

Una de las principales *keys* es el último hombre de la *línea de scrimmage*. Si ese atacante carga contra un defensor de la DL, o busca bloquear a un LB saliendo al segundo nivel, la jugada de ataque se basará en una carrera. Si, por el contrario, se yergue o mueve sus pies hacia detrás, se viene una jugada de pase.

En el primer caso (jugada de carrera), el *safety* tiene dos responsabilidades si la jugada camina hacia su lado. Si el corredor ataca uno de los *gaps* interiores, el SS debe cerrar el *gap* abierto y conseguir el *tackle*, evitando que el balón avance más de la cuenta. Si el corredor ataca el *gap* exterior, el SS debe forzarlo a cambiar de dirección y que vuelva al interior o, en su defecto, placarlo también. A esto lo llamaremos *force*. Muchas veces, un hombre de la OL (o un FB, o un TE) saldrá al segundo nivel a bloquear al SS y, en este caso, el *safety* necesita tener una buena técnica de *shed blocking*, cerrar el exterior del bloqueo y obligar al corredor a cortar hacia dentro.

Sin embargo, si la jugada camina hacia el lado contrario de donde está situado el SS, éste debe aguantar su posición un segundo para no ser quemado en un *cutback* (cambio de dirección y de sentido del corredor) o en una *reverse play*. Una vez asegurada la dirección del corredor, debe jugar el *pursuit* desde dentro hacia fuera, atacando el *gap* que hay entre el último hombre de la OL y el receptor de ese lado. A esto lo llamaremos *alley*.

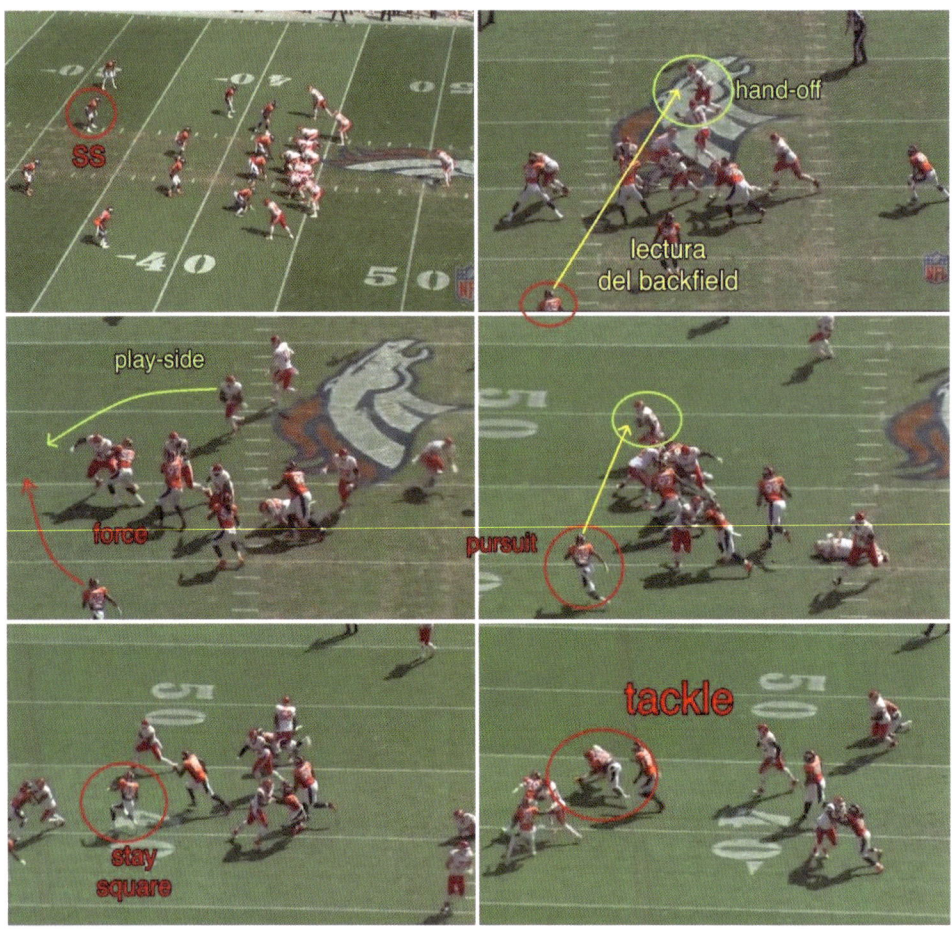

Vemos un ejemplo de un *strong safety* parando la carrera. Una vez que se inicia el *snap*, el *safety* lee el *backfield* en la entrega de balón del QB al RB y, cuando el corredor elige el lado donde atacar, el *safety* inicia el *force*. Su velocidad, y el ajuste de los ángulos, le deja en una posición perfecta para hacer el *tackle*. La gran acción defensiva de este *strong safety* no permite al ataque avanzar ninguna yarda.

Cuando la jugada sea de pase, su misión dependerá de si la defensa es en zona o es en individual. Si es zonal, deberá caer a su zona asignada tras del *snap*, leyendo al QB y al receptor que vaya a caer por su lugar. Por ejemplo, si fuese *Cover-2*, el SS será el encargado de la mitad de la zona profunda del campo. En *Cover-3*, dependiendo de su asignación, caerá a la zona *flat*, a la zona *curl-hook*, o incluso puede ser el encargado de caer a una de las zonas profundas de un *cornerback*. Si el SS tiene que jugar en hombre a hombre, puede situarse cerca de la LOS para recibir a su atacante lo antes posible y aguantar su ruta. Usará los mismos conceptos de los que hablábamos en el capítulo de los *cornerbacks*.

FREE SAFETY

El *free safety* es un jugador diferente. Con el *strong safety* necesitas un jugador duro y poderoso. Sin embargo, el FS debe ser más veloz, ser un gran conocedor del juego aéreo y que entienda los ángulos precisos para llegar hasta el balón. Es mejor que sea alto y que posea un gran salto, ya que esto le facilitará la defensa contra lanzamientos muy bombeados ante el peligro de esos receptores gigantescos que circulan por la liga.

Localizar el balón, ajustar la ruta con el receptor y llegar hasta él en el punto de ataque más alto, le hará terminar con una buena defensa la jugada aérea. Sin embargo, debe tener una buena técnica de *tackle* y ser un placador eficiente cuando se trata de parar al corredor a campo abierto, que es donde más veces se lo encontrará. Así mismo, tiene que estar físicamente en muy buen estado, pues es el jugador que cubre una mayor cantidad de yardas.

El FS se situará, por norma general, sobre diez o doce yardas por detrás de la línea de scrimmage. Muchas veces, se colocará en el centro del campo defensivo siendo el único hombre profundo, pero con la capacidad de acudir a cualquier zona del campo según sea la jugada ofensiva. El *free safety* se alinea tan profundo para ayudar a los *cornerbacks* en rutas campo abajo si éstos están defendiendo en hombre. Casi siempre defenderá en zona, unas veces compartirá la zona profunda con alguien (*Cover-2* o *Cover-3*, por ejemplo) y en otras estará en solitario para esa misión (*Cover-1*). Es posible que se le reclame para defender individual en defensas que contemplen el blitz, así que deberá dominar los fundamentos y técnicas de los *cornerbacks*.

La primera responsabilidad del FS es la defensa frente al pase, pudiendo bajar a la caja si la amenaza de juego aéreo se ha ido y así ayudar a parar la carrera. Una de las *keys* más importantes que debe dominar un free *safety* es el *high-hat*, *low-hat*. Es decir, si el línea ofensivo se mantiene erguido para bloquear (*high-hat*), lo más normal es que sea una jugada de pase. Si el OL se mantiene agachado para bloquear (*low-hat*), lo lógico es que haya una acción terrestre.

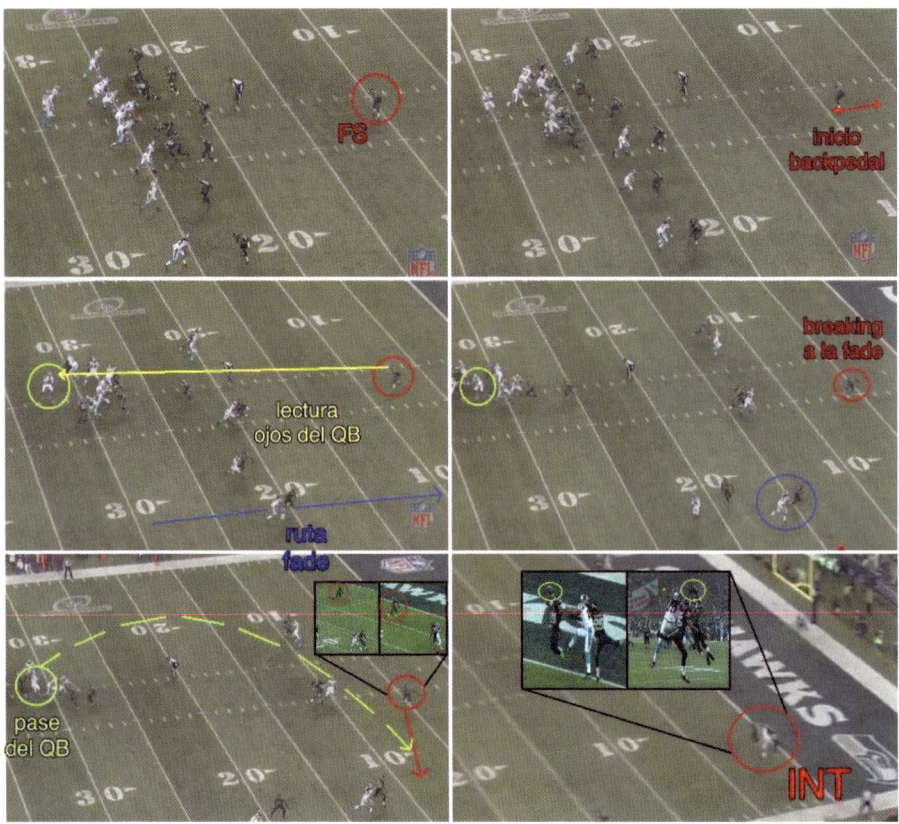

Aquí tenemos a **Earl Thomas** demostrando todo el rango, fluidez, lectura de juego y *ball skills* que posee. Nada más llegar el balón a las manos del QB, él ya inicia su *backpedal*, escaneando el campo y leyendo los ojos del pasador. **Thomas** sabe dónde el *quarterback* quiere poner el balón, así que rompe hacia ese lado antes de que el lanzamiento salga de sus manos. Su velocidad le permite llegar hasta la ruta *fade* del receptor y atacar el balón para conseguir interceptarlo.

Si la jugada es de pase, el FS debe iniciar su *backpedal*, escanear el campo buscando al receptor que vaya profundo y leer los ojos del QB para predecir donde puede ir el pase. Como dije antes, otra de sus misiones es ayudar a los demás DBs (e incluso a algún LB) cuando éstos estén en individual. No puede permitirse un paso en falso, ya que la amenaza profunda es su obligación y, si falla, el equipo rival avanzará muchas yardas, pudiendo llegar a conseguir una anotación. El FS debe evitar las *big plays* en ataque. Cuando lea la amenaza, debe hacer el *breaking* en esa dirección, y cuando el balón sea lanzado, buscar la manera de que no llegue a manos del receptor.

Si el FS lee el *low-hat*, y la jugada es por tierra, se asegurará de cuál es la dirección correcta del corredor (la lectura será: primero al OL, pasará al RB y acabará con el lado hacia donde corre el RB), arrancará en esa dirección intentando llevar el ángulo correcto y guiando al corredor hacia el exterior, sin permitir el *cutback* para que no juegue por el medio, donde podría tener más espacio para escapar. En la imagen de abajo vemos una situación en la que podemos apreciar cómo se mueven los dos *safeties* frente a una situación terrestre.

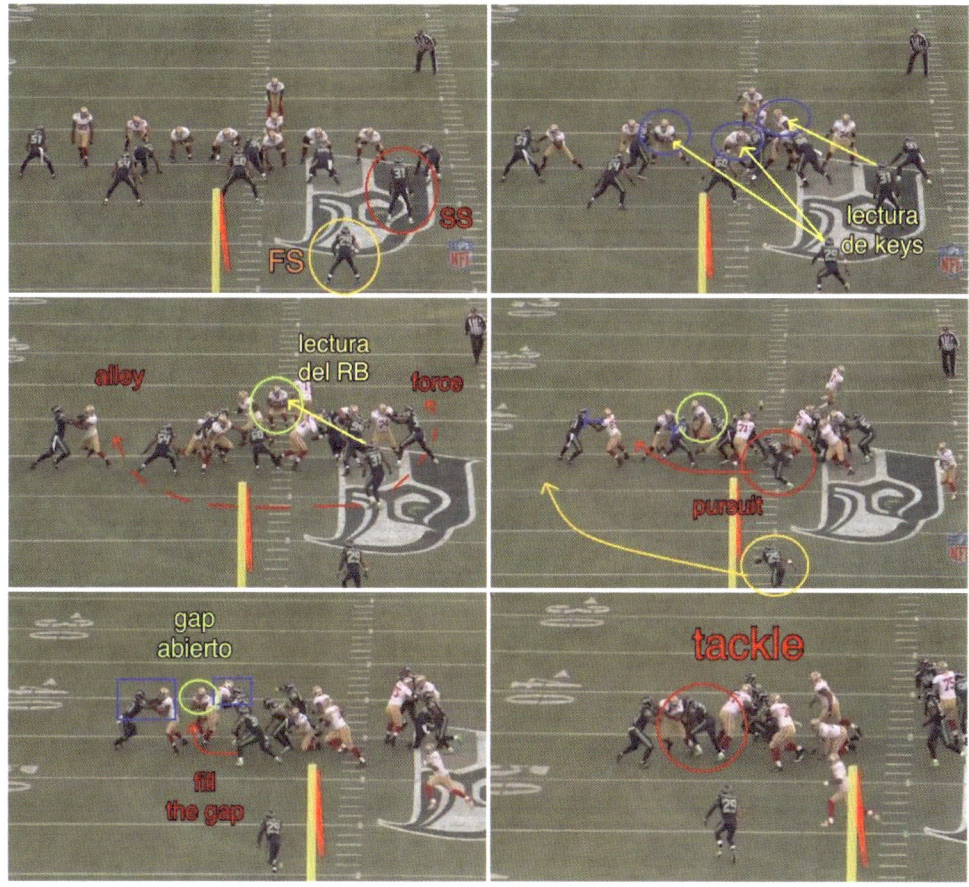

Cuando vemos jugar a **Seattle**, son muchas las veces que podemos ver a **Kam Chancellor** situado en la caja ayudando contra el juego de carrera. Esta vez, lo vemos en el *weakside*. Cuando se inicia el *snap*, tanto **Kam** como **Thomas**, leen sus respectivas *keys* cerciorándose de que se viene una carrera. Sin embargo, el *running back* elige el lado contrario de **Kam** para atravesar la LOS. Al no ser necesario el *force*, **Chancellor** comienza a jugar el *alley* e inicia el *pursuit* buscando el *gap* que se abrirá para que pase el corredor. Una vez identificado, la misión del SS es cerrar ese *gap* (*fill the gap*) y conseguir el *tackle*. Como vemos, la acción es perfecta. Por si acaso, **Thomas** estaba en una inmejorable posición para minimizar daños en caso de que su compañero hubiese fallado.

Para acabar quiero mostraros como el *free safety* debe actuar en caso de que sea el encargado de caer a zonas medias. Como dije antes, el FS se alineará profundo, pero habrá ocasiones en que el coordinador defensivo querrá sorprender a su rival y moverá a sus *safeties* de manera diferente. Lo vamos a ver mejor en la siguiente secuencia.

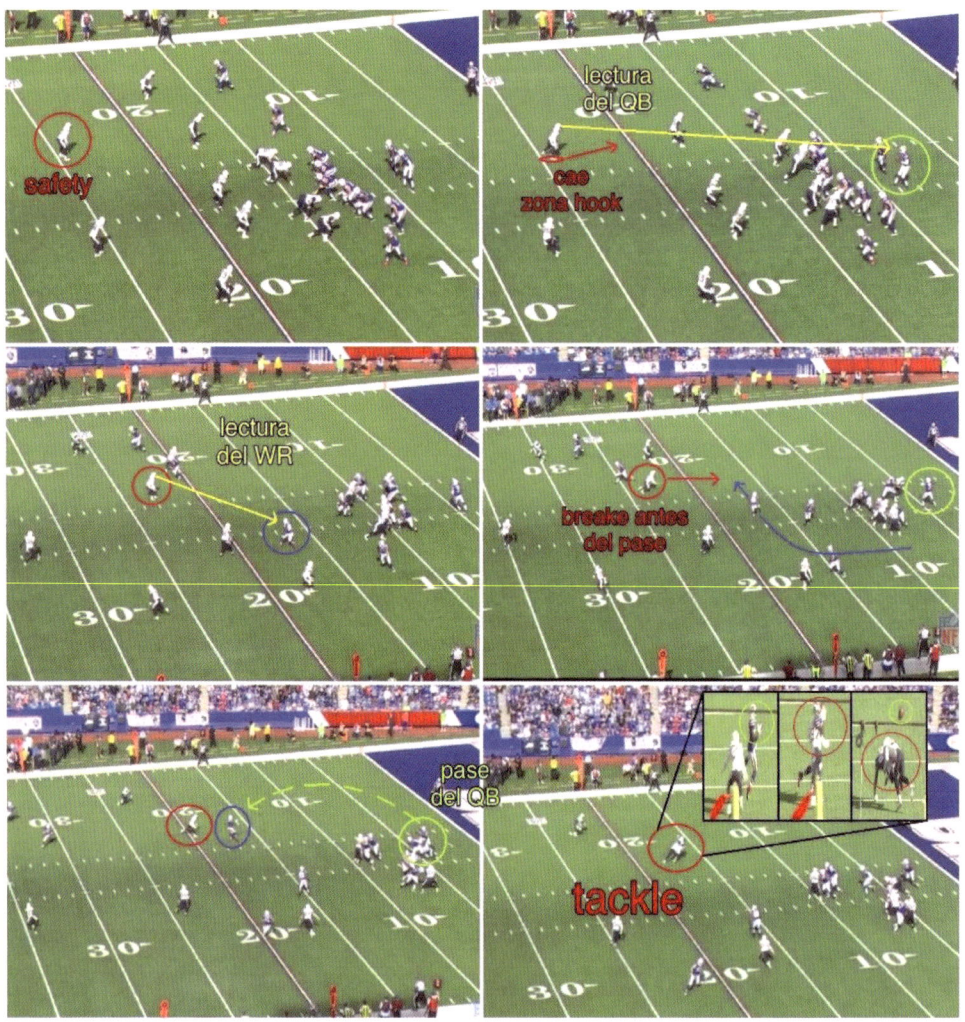

Los **Chargers** presentan una *Cover-2*, pero cuando la jugada de ataque comienza, la cobertura pasa a ser una *Cover-3* (el SS cae al medio y los dos CBs caen a su zona profunda). El FS cae a la zona *hook* asignada, leyendo al QB y viendo qué posible receptor puede llegar hasta allí. Una vez adivinado lo que va a suceder, arranca para encontrarse con el receptor. El QB lanza, y cuando parece que el pase se va a completar, el *free safety* realiza un *tackle* brutal haciendo perder la posesión del balón al WR y provocando el incompleto.

La posición de *safety* ha ido evolucionando a una velocidad estratosférica y ahora podemos encontrarnos a *safeties* que dominan todo tipo de situaciones, que pueden ser alineados en el exterior, o que juegan durante todo el partido como si fueran *linebackers*. El "atleticismo" que demuestran los hacen imprescindibles en los esquemas defensivos, los cuales son cada vez más presionantes y sofisticados.

Espero que este libro os haya ayudado a comprender un poco mejor este fantástico deporte y que, a partir de ahora, lo veáis con otros ojos. Esto no es un juego de gente muy fuerte que se golpea sin parar. Este es un deporte donde el físico es importante, pero con la misma importancia que la técnica y táctica que cada jugador posea. Aun así, os aconsejo una cosa, no intentéis verlo todo, porque os perderéis algo importante. Es inevitable. En este deporte suceden cosas extraordinarias en cada trozo de césped, y es por esto que es tan maravilloso.

Printed in Germany
by Amazon Distribution
GmbH, Leipzig